重庆邮电大学人才引进基金项目资助出版

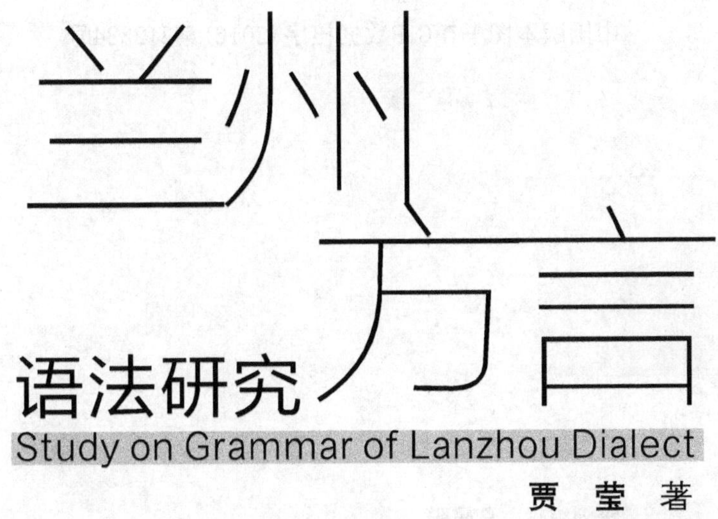

兰州方言语法研究

Study on Grammar of Lanzhou Dialect

贾莹 著

兰州大学出版社
LANZHOU UNIVERSITY PRESS

图书在版编目（CIP）数据

兰州方言语法研究 / 贾莹著. -- 兰州 : 兰州大学出版社, 2016.12
ISBN 978-7-311-05059-7

Ⅰ. ①兰… Ⅱ. ①贾… Ⅲ. ①西北方言—语法—方言研究—兰州 Ⅳ. ①H172.2

中国版本图书馆CIP数据核字(2016)第312334号

策划编辑 马媛聪
责任编辑 锁晓梅 马媛聪
封面设计 郇 海

书 名 兰州方言语法研究
作 者 贾 莹 著
出版发行 兰州大学出版社 （地址:兰州市天水南路222号 730000）
电 话 0931-8912613(总编办公室) 0931-8617156(营销中心)
0931-8914298(读者服务部)
网 址 http://www.onbook.com.cn
电子信箱 press@lzu.edu.cn
印 刷 虎彩印艺股份有限公司
开 本 710 mm×1020 mm 1/16
印 张 16
字 数 297千
版 次 2017年10月第1版
印 次 2017年10月第1次印刷
书 号 ISBN 978-7-311-05059-7
定 价 32.00元

（图书若有破损、缺页、掉页可随时与本社联系）

贾 莹

1985年生，籍贯兰州，重庆邮电大学人文教研部讲师。2008年毕业于西北师范大学中国语言文学专业，2011年获汉语言文字学硕士学位，2015年毕业于中国人民大学，获得语言学及应用语言学博士学位。主要研究方向为句法语义和西北方言。

本书由重庆邮电大学人才引进基金项目资助出版。

序

我国学者的方言语法研究可以追溯到20世纪20年代赵元任的《北京、苏州、常州语助词的研究》,此后半个多世纪都处于半休眠状态,许多领域(特别是句法领域)几乎是一片空白,许多方言调查报告或方言志只是描写语音和词汇,对语法一笔带过,甚至完全没有语法的内容。直到20世纪80年代,语言学界才开始重视方言中的语法现象,此后出现了一批描写方言语法的著作,取得了丰硕的成果。但是,这些研究还是侧重于南方方言的语法研究,北方方言,特别是西北地区的方言语法研究,尽管也出了一些成果,有的还产生了较大影响,但总体来看,相关研究还是不够深入。

兰州是甘肃省省会,是古丝绸之路的重要贸易中转站,至今仍是西北地区举足轻重的枢纽之地。兰州方言(含语法)受到周边汉语方言的影响较大,还有少数民族语言的渗透,颇有特色,是一座方言宝库。然而,长期以来,兰州方言的研究相比于东南地区的一些方言研究,明显滞后。20世纪60年代,黄伯荣等人发表的《兰州方言概说》开始注意兰州方言的语法现象,但是基本只涉及词类问题;80年代以后陆续发表了一些研究兰州方言语法的单篇论文,这些论文发现、解读了一些有趣的语法现象,但还是比较零星,更没有相关专著面世。贾莹的博士论文以兰州方言语法为研究对象,选题具有一定的理论价值和实用价值。现在她在博士论文《兰州方言语法研究》的基础上完成此同名专著,即将付梓,作为她攻读博士学位期间的导师,毫无疑问,我感到这是一件令人欣喜的事。

下面说说我对贾莹这本著作的几点主要印象。

本书在写法上不同于一般的方言调查报告,并不是泛泛地、面面俱到地介绍兰州方言语法的一般情况,作者在给出了兰州方言的语法概貌之后,着力于挖掘兰州方言中比较有特色的语法现象。词法部分在简明扼要地交代了兰州方言的词类体系之后,重点讨论比较特殊的虚词现象,当然也涉及少量封闭类实词。例如,代词"这""那",框式介词"往……里",表持续体的动态助词"的"(人们打的灯笼过来了)、"上"(那脸红上走了)、"到"(一天就上到学了),还有可以表示近的过去、先时以及后时的时助词,等等。这些都与普通话的情况不一致,颇有特色。与词法现象相比,对有特色的句法现象的探讨更深入,内容更丰富,这里不再赘述。

该著作对兰州方言的研究,有不少独到之处,可以说既有新材料,又有新方法,还有新结论。就材料而言,尽管作者是土生土长的兰州人,能说地道的兰州话,但是在做这项研究的过程中,她仍然做了大量田野调查,获得了根据录音等转写的13万字语料,为本研究提供了颇为扎实的语料基础。就方法而言,除了运用传统的语法研究方法外,作者采用刘丹青教授的《语法研究调查手册》(2008)的体系,辅以《方言语法调查问卷》(2003),对个别问题的讨论还借助了认知语法学的理论指导。在研究具体问题时,又引入表达范畴,即从语义的表达追踪句法音位的实现,等等。这样,就建立了一个比较前沿的方言语法研究平台。至于新的结论,则散见于本书主体部分的不少地方。例如,兰州方言的"了",除了有普通话中的"$了_1$""$了_2$"的用法,还有"$了_3$"的用法:经常处于动词性成分之间,充当状语标记,这个助词还可以进一步语法化为话题标记。兰州方言中的"把"字句的功能,以往的研究只是罗列出了大类,对一些小类没有进一步探索,因而对一些重要相关句式有疏漏,例如"把XV"句式,其中V是光杆形式,整个句式可以不表示处置义,这是颇有特色的用法。这样的发前人之所未发的内容还不在少数。贾莹注意到了这些现象,并且做了比较深入的考察,结论大体上是可信的。可以说,通过这些工作,作者把兰州方言语法研究大大地推进了一步。

这部著作还有一个突破点是:第一次专门讨论了兰州方言受藏语影响的情况,并初步得出了几条有价值的结论。例如,作者指出:在虚词方面,前缀"阿"和后缀"收"(借字音,本字待考)受到了藏语的影响,可能就是借自藏语的相似词缀。又如,兰州方言中动词后的虚词"给",除了有与普通话类似的用法之外,还有很复杂的功能,譬如可以作动态助词,表示动作的结果。例如:

(普通话)早上起来,先把茶泡上。

(兰州话)早上起来,先把茶泡给。

而临近的藏语里表示自主完成的意思时,也使用一个来源于表动词"给"的意思的虚词"[taŋ]"。结合兰州的藏民和汉民在历史上长期、频繁的接触,甚至曾经在一定程度上的融合,我们可以推测和判定兰州方言里"给"的这个用法受到了藏语的影响。此外,作者通过分析和例证,说明兰州方言的其他某些虚词和句法现象(如语序)也受到了藏语的影响。其中,否定副词位置的比较很有意思:兰州方言中可以说"你给我章子不盖给"(你不给我盖章),作者认为这一结构形式可能受到了藏语里类似表达形式的影响。考察藏语影响的这些内容在本书中所占篇幅很少,但是对于追溯西北地区乃至北方方言的某些语法现象的来源很有参考意义，因此有较高的学术价值。

毋庸置疑，作为第一部也是迄今唯一一部兰州方言语法研究专著，此书称得上是考察兰州方言的一部集大成之作，同时又是一部精编之作。它的出版将推进兰银官话的研究，也能丰富我国的汉语方言语法研究，甚至对整个汉语语法研究具有积极的参考意义。

需要说明的是，由于我不懂藏语，贾莹研究藏语对兰州方言语法的影响时，我只是给了她基本的原则以及宏观上的思考和写作建议，后期也有一些文字上的加工，至于具体的对比、考察，则有幸得到了我尊敬的老师、著名藏语专家瞿霭堂教授的悉心指导与把关。作为贾莹的导师，我在此要对瞿老师深表谢意！

贾莹是一个做事认真、踏实而又勤快的人，她是中国人民大学文学院最后一批三年制的博士生，三年时间要做出合格的博士论文实属不易，但是她还是按时拿出了厚厚的、扎扎实实的一篇论文，三年内顺利通过了博士论文答辩，其中的辛苦可想而知。贾莹毕业以后在重庆邮电大学就业，时常与我保持联系。前一段时间她说想出版这篇博士论文，并请我作序，尽管我原来希望她能对论文有更深入的加工、打磨后再出版，现在我拿到、读着此稿时仍然很为她感到高兴，当然也很乐意作序，于是就有了这篇文字。

希望贾莹能在此基础上不断取得学术进步！

陈满华

2016年12月11日

目 录

绪 论

一、兰州概况

(一)兰州地理概况

兰州地处东经102°30′—104°30′、北纬35°5′—38°之间,处在中国大陆地理版图的几何中心,是甘肃省省会、中国西北地区的中心城市和交通枢纽,距西北其他省(自治区)的省会平均距离最近,辐射陕、甘、宁、青、新、藏等省区,交通便利。市区南北群山环抱,东西黄河穿流而过,平均海拔1500米,具有带状盆地城市的特征,地处黄河上游,属温带大陆性气候。兰州现辖城关、七里河、西固、安宁、红古5个区和永登、榆中、皋兰3个县,总面积1.31万平方公里,其中市区面积1649平方公里①。

(二)兰州历史沿革

兰州,始建于西汉昭帝始元元年(公元前86年),秦始皇统一中国后,兰州一带属于陇西郡地。西汉元狩二年(公元前121年),霍去病率军西征匈奴,为打通河西四郡的道路,在兰州西设令居塞驻军。西汉昭帝始元六年(公元前81年),置金城郡。东汉建武十二年(公元36年)并金城郡于陇西郡。安帝永初四年(公元110年),西羌起义,金城郡地大部分被占,郡治也迁至襄武(今甘肃陇西县),十二年后又迁回。隋文帝开皇三年(公元583年),因城南有皋兰山,改金城郡为兰州,始有兰州之名。唐代宝应元年(公元762年),兰州被吐蕃所占。大中二年(公元848年),河州(今甘肃省临夏回族自治州)人张义潮起义,收复陇右十一州地,兰州又归唐属,但此时的唐朝已衰落,无力西顾,不久兰州就被党项族占据。康熙二年(公元1663年)复设兰州卫,康熙五年(公元1666年)陕甘分治,设甘肃行省,省会由巩昌(今陇西)迁至兰州。从此,兰州一直为甘肃的政治中心。乾隆二十九年(公元1764年)陕甘总督衙门移驻兰州,兰州自此成为控驭西北的政治、军事、经济、文化中心(邓明,2009)。

---

①兰州市人民政府门户网站,网址:http://www.lz.gansu.gov.cn/zjlz/lzgk/lzgk/,2015年5月。

兰州自古人口流动性大，一方面它是丝绸之路与唐蕃古道上的重要关卡，商队、使节、僧侣、边塞诗人等沿丝绸之路东来西往，使兰州成为中西文化交流的要冲；另一方面历史上兰州也是兵家必争之地，自汉武帝至元，这里战乱频繁，人民不断迁徙，并先为鲜卑、吐蕃、党项占据，后又为西夏、金、宋所争夺。元末由于饥荒，人民流离失所，饿殍遍野，明清两代大规模屯田，山西等地居民大量迁入。同治光绪年间，回民起事，致使兰州西部城区十室九空。“七七事变”之后，国家工业重心转向战争后方，山东、河南、山西、陕西等地难民涌入。新中国成立后，兰州作为国家重点建设地区之一，汇集了东北、山东、河南、上海、北京等地的数十万建设者和科教人员（张文轩、莫超，2009）。

二、兰州方言概况

（一）兰州方言的声韵调

首次用现代音标记录兰州方言例字声韵的是瑞典学者高本汉。他以《切韵》音系为纲，调查、收集了包括北京、兰州等地在内的26个地区的例字读音，写成了《方言字汇》。张文轩（2006）指出，高氏的标音与今天的兰州音相比，有很多明显的差异之处，这与高氏个人以及发音人发读书音等因素有关，因此，这里不采用高氏所记兰州音。1963年，兰州大学中文系语音研究小组编写《兰州方言》一书，描写兰州方言的声韵调，符合兰州音的事实。2008年，张文轩、莫超编写《兰州方言词典》，在引论部分描述兰州方言语音情况，是目前最贴合语言事实的描写结果，由于本书不以语音为研究对象，故直接采用张文轩、莫超（2008）的体系。

1.声母

兰州方言声母共25个，包括零声母在内。

p	p‘		m	pf	pf‘	f	v
t	t‘		l	ts	ts‘	s	z
tʂ	tʂ‘	ʂ	ʐ	tɕ	tɕ‘	ɕ	
k	k‘	x		ø			

说明：[pf]、[pf‘]这两个声母是唇齿清塞擦音，当声母[tʂ]、[tʂ‘]与合口呼韵母相拼时，声母即变成[pf]、[pf‘]；兰州方言[f]声母属字包括北京话[f]声母属字以及北京话[ʂ]声母的合口呼字；凡北京话[tʂ]、[tʂ‘]、[ʂ]、[ʐ]四声母的合口呼字在兰州方言中读作[pf]、[pf‘]、[f]、[v]；[v]是唇齿浊擦音，凡北京话[ø]、[ʐ]声母合口呼字，在兰州方言中都拼[v]声母；[l]声母有[l]、[n]两个自由变体，一般读[l]；[z]声母是舌尖前浊擦音，只出现在两个音节中，即表示调皮、任性的□[zɿ^{51}]和表示舒服、惬意的□[zɔ^{51}]。

2.韵母

兰州方言韵母共32个。

ɿ	ʅ	ɯ	a	ɤ	ɛ	ei	ɔ	əu	an	ɔŋ	ən
i			ia		ie		iɔ	iəu	ian	iɔŋ	in
u			ua	uɤ	uɛ	uei		uəu	uan	uɔŋ	
y					ye				yan		yn

说明:[ɯ]韵母是舌面后不圆唇高元音,其属字与北京话[ɚ]韵母基本相同;兰州方言[ən]、[in]、[uəu]、[yn]属字包括北京话[ən]、[in]、[uəu]、[yn]、[əŋ]、[iŋ]、[uŋ]、[yŋ]八个韵母的属字;兰州方言没有儿化音,后缀“儿”是自成音节的,不是卷舌音,而是舌面后不圆唇高元音[ɯ]。

3.声调

兰州方言共有四个声调:阴平53、阳平51、上声44、去声13 。

另有轻声和变调:轻声一般出现在词组的最后一个或几个音节上,名词后缀、助词、方位词、动词补语等一般读轻声。关于变调,两个上声字组合,前字调值由44变成51,同阳平调;去声与其他声调字组合,前面的去声字调值由13变成11,即变成低平调。

(二)兰州方言的词汇

词的形式系统中,兰州方言因为其语音特点中的n、l不分,以及前后鼻音混读等现象,形成异形同音词较普通话更多,普通话中的多音节词在兰州方言中多为单音节词;在构词法方面,兰州方言与普通话在表达相同词义时存在词序不同、构词成分不同或者词尾的有无和不同等现象;词的意义系统中,兰州方言词汇意义与普通话词汇意义之间存在着同义、包含、交叉、全异关系;除了词,兰州方言也有自己独特丰富的固定用语。

三、兰州方言语法研究综述

兰州方言研究起步较晚,20世纪40年代才陆续有学者记录描写兰州方言的语音和词汇,到了20世纪60年代才有了一些针对兰州方言语法现象的初步描写性文章。就我们所能看到的文献来说,到目前为止,专门以兰州方言为研究对象的论著,内容涉及兰州方言语音的文章约有20篇,专著1本;内容涉及兰州方言词汇的文章约有13篇,专著1本;内容涉及兰州方言语法的文章约有12篇,尚未有专著面世。总体来说,针对兰州方言的研究还是很不够的。下面就对已有的分词法研究、句法研究及综合研究做简要的介绍和阐述。同时,其他方言论著中有将兰州方言作为材料提及或讨论的也一并介绍。

(一)词法研究

1.助词的研究

(1)“上”“下”

何天祥(1987)具体讨论了兰州方言中的“上”“下”两个基本词汇,关注它们的分布，在不同环境中的发音变化规律，由它们构成的固定词组以及在词组中所具有的语法意义和感情色彩。不过该文始终将“上”“下”放在一起对比，虽然指出动词之后的“上”与“下”都能表达动作的完成，但通篇都没有对“上”“下”除动词用法之外的其他用法做性质上的界定，只统称为非动词用法。

(2)“一个”

李炜(1988)考察兰州方言“一个”所具有的语法功能、分布特征、表达的意义以及它们的出现条件等。该文根据“一个”是否出现在判断句的名词性成分后将其分为两类，出现在判断句中的“一个$_1$”不表数量，仅表泛指，可以作为判断句的标志，其功能与判断句特征紧密相关。“一个$_2$”的适用范围没有“一个$_1$”广，“一个$_2$”一般流行于青年女性的口语中，只表示有限的几种语气。“一个$_2$”还成为切分兰州方言语气词的标准之一，但笔者发现用在判断句中的“一个”也有一定的语气功能，可以加强判断语气，而不仅仅只是泛指类的判断句标志。刘公望(1994)也考察句末语气词“一个”的种种用法，分析其来源并描述其使用范围的变化。

(3)“着”

张淑敏(1999)主要讨论了虚词“着”在兰州方言中的分布、功能和意义，首次观察到兰州方言中“着”的功能，并在近代汉语作品中寻找相应的证据证明兰州方言动补间的“着”与北京话的结构助词“得”同源。该文力图全面描写兰州方言中的虚词“着”，并归纳其功能小类。而笔者在对语料的进一步调查过程中发现，张淑敏的描述虽然基本能够得到语料支持，但也有遗漏之处，忽略了一些特殊现象。同时，该文对助词“着”的特殊用法没有再细分小类，都统一称作助词“着”。根据我们的考察，兰州方言“着”可以细分为时助词、体助词、结构助词、语气词四类，这也为本书的写作留下了空间。

(4)“们”

莫超(2004a)从实际语料出发，指出兰州方言“们”的用法的复杂性，进一步考察“们”的句法关系、语义关系，并且查阅了其他方言资料，发现“们”缀不仅在兰州及周边地区存在，还广泛分布在青海西宁，河北真城、满城等地。作者根据用法将“们”分为三类，从韵律、语用等方面考察“们”的共时特征，从元代文献考证“们”的历史来源，认为它是蒙化汉语在西北方言中的保留。该文首次在兰州方言词法领域运用“两个三角”的动态研究方法。莫超(2004b)还论及五个语法现象，其中两个与兰州方言有关，除前文所述的“们”外，关联助词“时”用于表示假设关系正是兰州方言所具有的语法特点。这两篇文章在描写的基础上，梳理了“们”“时”的历史源流，分析了它们的演变过程，为以后的研究提供了分析解释的参照点和可行性依据。

2.词类研究

(1)词法

高葆泰(1984)从结构上将兰州方言叠音名词分为六式，重点考察描写它们的词法特征，最后在结语部分简单阐述了每一个类型的句法功能。该文描述充分全面，为本书的写作提供了非常丰富的语料。何天祥(1984)关注兰州方言里能产性强的某些叠字结构，并根据其构成成分分为三类：重复名词、以形容词为中心的叠字结构、以副词为中心的叠字结构，从构成、意义、色彩运用等方面对其加以分析，观察每一类叠字结构的语法意义、重叠方式和限制，并做了多角度的分类描写。可以说，该文兰州方言词法部分的研究最为充分，可以直接为我们所用的就是重叠构词法。一虚(1994)论及包括兰州方言在内的甘肃方言词法现象，以普通话作参照，从甘肃方言语音的内部屈折、词的重叠和附加等词法方面对甘肃方言词法的一些特点做了系统的探讨。雒鹏(1997、2006)也论及兰州方言的词法。这些文章或选取一两个点来研究，或全面描写，所做的工作都是细致描写，归纳分类，以介绍为主，讨论为辅。

(2)代词

何天翔(1986)关注兰州方言里的两个第三人称代词，根据它们独用、并用以及和其他名词、代词并用的情况分成三类，分别描写每一类用法，描写它们的文体色彩和语法功能，内容翔实。该文将主语之后紧跟着的第三人称代词形式"那"看作是主语的同位语，这种处理结果似不妥，还需要更进一步讨论。

(3)其他词类现象

龙果夫(1958)采用比较的方法，描写相同语言现象在几种不同方言中的变化，多次提到甘肃方言词类的特点，比如名词的类别几乎完全统一，所有类别词都被"个"完全排挤了；"们"可以加在集体意义的名词后面；系词"是"已经失去强调意义，加强意义由语尾"的"担任，"是"的应用范围大为缩小，从独立的词变成后附词；一些语助词失去功能变成语尾；代词加亲属称谓可以省略代词而在亲属称谓后加"的"；动词用作主语，有时可以用名词语尾"是"作为其构形成分；语尾"的"排挤表示状态的语尾"着"；经常利用动词"去"作为词素限定成分。此外，还讨论了语气词"吵"，助词"呢"，谓语语尾"着呢"等等。由于作者曾多次考察甘肃东干村落，所以揭示的特殊语法现象是符合实际的。需要说明的是，书中所举的甘肃方言例子，虽然有些与兰州方言用法相似，但毕竟存在内部的差异，比如使用频率、使用场合，以及具体用法和功能等。作者所揭示的甘肃方言现象能够为兰州方言的研究提供一定的佐证，但是该书毕竟不是专门以兰州方言为研究对象的，而且作者对这些现象的分析、认识不一定都是大家所能接受的。

(二)句法研究

目前对于兰州方言句法的研究只局限在一些特殊句式上，其中研究最多的是兰州方言"给"字句，以往对"给"字句的研究，主要集中在以下几个方面：

1."给"字的特殊用法

刘公望(1986)讨论了兰州方言中"给"字的特殊用法"给给"。兰州方言的"给"

字可以从用法上分为三个：N_1+给$_1$+N_2+给$_2$+给$_3$。文章重点讨论“给$_3$”的用法，认为“给$_3$”由“给$_2$”演变而来，将其看作时体助词。这种处理思路实际上是认为“给$_3$”是具有动词性的时体助词，但根据我们的调查，“给$_3$”所具有的特点并不能在汉语中得到解答，因为有可能受到了藏语的影响，因此关于这一点，仍需要进一步探讨。

2.“给”字句中“给”的语义功能

王森、王毅（2003）详细列举了以兰州方言为代表的甘、宁、青、新方言“V+给”句中“给”所具有的9个义类的18种格式。文章论证了“给”的功用的发展过程，认为其功能由复指变为表示介引的形式标记再泛化为相关补语，最后由于具有排斥其他后置成分的作用又导致了某些句型的消长，“把”字句的大量使用与之不无关系，但文中对此结论只是一笔带过，没有展开论证。实际上“把”字句的大量使用和“给”的功能二者之间的因果关系还有待进一步考证，并且二者之间的关系是否是直接的，还是有其他影响因素也需要进一步考证。文中对动词后“给”的复指功能的论述是非常准确的，这也是兰州方言动词后“给”的一个明显的特点，但是该文认为动词后“给”在给予句中可以看作动词，“V给”构成连动关系。这种处理似有不妥，对于兰州方言动词后“给”的定性还需要更进一步探讨。该文同时指出：“‘给$_3$’的种种用法都是在句子的动态中呈现的……离开句子，它还是动词‘给’，其他用法，荡然无存。”我们赞同这一观点，因此在本书写作中，这个问题将作为一个专题来讨论。

3.“V给”的整体性质

贾莹（2013）在前人的研究基础之上，进一步考察作为整体的“V给$_3$”结构的性质，认为兰州方言里的“V给$_3$”结构是由句法运作产生的结果上的词，整体遵循“词汇完整性”原则，不可拆分，也不能插入其他成分。“V给$_3$”体现“词汇词”的特征，但生成方式和固化过程却可看作“句法词”。由于“V”和“给$_3$”经常一起出现，逐渐融合成整体，是通过句法上的附加运作构成的“句法词”。该文尝试给整体的“V给$_3$”在共时的平面定性，但是这个结构的形成与句式之间的互动关系如何，该文并未讨论。

4.“给”字句的整体讨论

李炜（1987）对比兰州方言和普通话给予句，描述兰州方言的“给”能够出现的环境为：一般不用于双宾语句，但可用于非给予句。文章指出，兰州方言与普通话的“给$_1$”不相等，二者在形式意义上都存在差异，兰州方言所有的“给$_1$”都包含一个共同的语法意义：引进与动作、行为有关的对象。兰州方言里可以三个“给”字共现，而普通话里没有“给给”的说法，兰州方言里给$_2$和给$_3$是分离的，且“给$_3$”总是要和它前面的动词一起出现，组成“V给”的形式，并讨论了“给$_3$”的词性问题。同时该文还关注了与“给$_3$”相联系的“N_3”问题，认为N_3的确指形式（在“V给”右端）和专指形式（在“V给”的左端）是构成给予句的条件之一。该文在理论上的贡献大于对语言事实的描述,作者认为给予义是一个整体意义,没有必要也不应当把本来作为整体意义的给予义理解为仅仅由某一个动词所承担的意义。当然,整体中的局部(句子格式中的各要素)在对表达整体意义所起的作用上还是有上下之分,主次之分的。这实际上相当于今天的"构式"概念,在当时的语法描写类文章中有很高的理论高度。

总体来说,以往对于兰州方言"给"字句的研究虽然比较多,但学者们一直没有对动词之后"给"的词性给出统一的结论。同时,"给"字在兰州方言中种种表现的来源也鲜被探讨,动词之后的"给"还要进一步分类,不能一概而论,这些都需要我们深入去探讨研究。

(三)综合研究

兰州方言语法研究比较薄弱,起步也比较晚。1958 年,兰州大学和甘肃师范大学组织人员对甘肃方言做了第一次大规模的调查。根据这次调查的成果,兰大中文系语言研究小组(1963)编写了《兰州方言》,该文的概要《兰州方言概说》由黄伯荣等(1960)撰写先期发表。这两篇文章都对兰州方言概貌的初次描述做出了贡献。

《兰州方言概说》共分四部分,比较全面系统地描写了兰州方言的语音、词汇和语法。前言部分就提到兰州方言受外地方言的影响正处在急速的发展变化之中;语音部分在系统描写之外还分别将兰州方言音与北京方言音、中古音做了比较;关于语法部分的发掘描写更是第一次揭示了兰州方言的一些语法特点。由于该文采用列举式的描写,因此并没有系统区分词法和句法,也没有深入分析,只是选取其中较为明显的十五个特征做了概况式的描写,但对大部分特征的描写都是第一次展示了兰州方言的面貌。其中对于兰州方言的"把"字句和"给"字句做了详细的归类。列举了兰州方言"把"字句不同于普通话的特殊用法,虽然分类的标准主要依据意义而非功能,但这些内容都是对兰州方言"把"字句和"给"字句的第一次细致归类描写,为后来的研究奠定了基础。兰大中文系语言研究小组编写的《兰州方言》,全文包括前言、兰州方言语音、同音字表、兰州方言音与北京方言音比较、兰州方言音与中古音比较、兰州方言语法、兰州方言词汇、例句、故事等九个部分。语法部分发掘描写了兰州方言词类,而句法部分只涉及宾语位置、疑问句格式的特殊现象,可以看出语法部分的主要内容实际上是词法,而针对句法的部分,仅用一页半的篇幅描述了两个特殊的语法现象,因此不是严格意义上的语法描写,这也为后来的研究留下了空间。该文较为全面地开发了兰州方言资源,得到了一些成果,启发后来学者更进一步思考。

20世纪末,中共兰州市委及兰州市人民政府编修《兰州市志》,凡六十四卷,其中方言志由赵浚、张文轩编撰。《兰州市志·方言志》系统全面地描写分析了兰州方言的语音、词汇面貌,为以后的研究奠定了材料基础,但语法部分仍旧是以较少的篇幅做了列举式的描写。张淑敏(1998)和雒鹏(2007)也先后大致梳理了兰州方言的语法特点。张文轩、莫超(2008)主编的《兰州方言词典》中也有关于语法部分的介绍,不过所占篇幅很小。以上各种概述性文章都是以列举的方式呈现特殊的几点,并未展开深入调查和描写。

作为一个大方言区的重要代表点,兰州方言虽然取得了一定的研究成果,但是相比于其他重要方言点的研究,还是很不够的,特别是在语法研究方面,更是显得薄弱。以作为吴语代表点之一的苏州话为例,根据我们2014年12月在中国知网论文库上查阅到的研究苏州话的论文,可以看到:1926年至今,研究苏州话语音的文章至少在50篇以上,研究苏州话词汇的文章至少有21篇,研究苏州方言语法的文章有34篇以上,从社会语言学角度观察语言接触、语言变异以及对语言生活做调查报告的文章有18篇以上,而这其中还不包括将苏州方言作为资料提及的论文。根据2014年12月在中国国家图书馆馆藏资源网站查询的结果①,目前研究苏州话的专著中,讨论语音的四部,讨论词汇的一部,专门讨论苏州方言语法的有两部,全面介绍包括语法在内的苏州方言面貌的五部,还有讨论苏州方言百年变化的论著两部。此外还有探讨苏州方言儿童语言,学说苏州话的教材等共三部。可见,苏州方言研究在论著的数量上远多于兰州方言,兰州方言的研究成果还很有限,特别是在语法方面,基本上是零星的小专题研究,尚未有系统反映兰州方言语法面貌的专题研究,这为本书的写作留下了很大的空间。

(四)其他零星的描写和解释

除了专门研究兰州方言,以及包含兰州方言在内的甘肃方言的论著外,兰州方言还作为语料出现在一些其他论著中,这里只列举以语法为研究对象的文章。

刘凯(1982)认为在民和、循化、同仁等地流行的“花儿”,其语言不可避免地受到甘肃兰州、临夏方言的影响。其中对“把”“们”“着”的描述符合兰州方言的相关特点。一些学者也深入探讨了北方个别方言中(包括兰州方言)表物名词复数的构形成分“们”的来源,如陈治文(1988)、孙锡信(1990)。徐丹(1995)提到在甘肃兰州方言中,“着”承担了两个功能,持续貌助词及地点介词,“着/的”有混用的现象。王景荣(2002)也将兰州方言的“把”字句作为材料之一。张安生(2003)探讨了西北方言“X吗Y”句式的来历,认为该句式可以从近代白话中找到其来源,而这一选择问句中的“吗”是兼有传信功能和关联性的语气词,其中也举到了兰州方言的例子。邢向东(2004)讨论方言中祈使语气词“着”的形成,认为“着”大多伴随着持续意义,“是唐宋以来‘着’表祈使用法单一化的结果,它在方言中的保留与西北官话和晋语等方言的陈述句中‘VO着’的语序有极大关系”,其中就提到兰州方言“着”的相关

①中国国家图书馆门户网站,网址www.nlc.gov.cn/f,2014年6月。

用法。王志敬(2007)讨论西北方言里特有的三个“给”并存的现象,认为西北方言中的“给$_3$”,无法在汉语内部得到合理的解释,只有依靠藏语找答案,因为二者有同源关系,其中提到兰州方言的例子。石毓智(2008a)提出,西北方言的句子语序明显有别于普通话,表现为受事名词出现在谓语动词之前的现象十分普遍,看起来像SOV语言,认为这种变化的动因来自于语言接触。论述处置式谓语可以是低及物性动词时,就举了兰州方言的例子。张邱林(2009)提到汉语西北方言的选择问句里常出现一个“曼”类助词,具体语音形式不同,兰州方言就有此现象。柯理思(2009)提到,“肯”在兰州方言里能表示习惯,但未确认。李蓝、曹茜蕾(2013a、2013b)介绍现代汉语方言中的处置式和“把”字句时,认为在一些西北方言里,“把”字是一个提宾标记,没有处置意义,其中举到兰州方言的例子,并在张文轩、赵浚的研究基础上对兰州方言的“把”字句做了进一步的归纳分类,指出兰州方言“把”字句所具备的致使义、对待义、引入比较对象、处置结构后置等多种用法,显示出“把”字句在兰州方言中用法多样、极具区域特点的显赫范畴地位。这是目前对兰州方言的“把”字句归纳最为全面的文章,就笔者所见,目前还没有以兰州方言“把”字句为专门研究对象的文章,对这种重点句法项目的内部差异、子类之间的联系以及句法特征、构成原因等也没有人做过专门研究,这也为本书的写作提供了一个重要素材。汪化云(2013)认为,西北方言和元代汉语中存在近指、远指代词都构成第三身代词的现象,这是中古阿尔泰语言的影响所致。其中提到兰州方言第三身代词来自“那”,这也是该方言的远指代词。此外,还有一些以甘肃方言、西北方言等为材料之一的硕博论文也提及兰州方言中的个别语言现象。

综合上面的文献可以看出,将兰州方言作为材料之一的论著,涉及了“那”“们”“给”等问题,与专门研究兰州方言的文章主题一致,同时这些文章还涉及了“把”“着”“曼”“肯”以及选择问句、语序等问题,是兰州方言具有的和西北方言一致或相似的特征,但这些问题并未在专门研究兰州方言的文章中出现,即兰州方言的这些特征到底如何,与西北方言完全一致还是有一定差异,还从未有过研究,这为我们以后的研究提供了线索,留下了空间。此外,上面这些文章中提到的兰州方言特征点也并非是完善的。徐丹(1995)和邢向东(2004)都论及“着”,前者的结论是兰州方言“着”承担两个功能:持续貌助词及地点介词,都是从“著”衍生而来。后者的结论是兰州方言所具有的“VO着”语序巩固了唐宋以来“着”的祈使功能。然而从实际语料出发,我们发现了兰州方言中“着”的更多功能,比如“着”可以用在连动结构中,“我把被子拆着洗着晾下”;还可以表示反复发生的行为,“一个月给着半斤油”;作语气词还有其他的用法,如“我不会做着,怎么办呢”,这些用法都没有讨论过。因此,发掘描写兰州方言的语法特征就成为本书写作的主要内容。

四、选题依据

(一)兰州方言语法研究具有较高学术价值

正如前文所介绍,兰州自古以来就是西北地区重要的交通枢纽,丝绸之路上不可或缺的贸易中转站,人口流动性大。兰州方言中有近代汉语的保留,又有周边汉语方言的参与,同时不可避免地受汉语共同语的影响,也在一定程度上受到少数民族语言的影响,是很有特色的一种方言。对兰州方言的研究可以深化对于汉语语法特点的认识,也可以为西北地区方言研究作出贡献,具有较高的学术价值。

(二)兰州方言语法研究滞后

关于兰州方言的研究大部分都集中在语音和词汇的描述和讨论上,针对语法现象做描述和解释的文章虽然80年代以后偶有所见,但是直至今日,仍未有关于兰州方言语法的专著出版。这有两个原因:一是整个甘肃省在方言研究方面人员不足,经费匮乏。二是与方言学界对方言语法的认识有关系。方言研究者倾向于认为方言的差异主要体现在语音和词汇上,句法方面尤其是北方方言句法基本一致。方言学界针对方言语法的研究至今仍然相对薄弱,但与其他方言区,特别是南方方言的语法研究比较,兰州方言的语法研究又更为滞后,至今没有一部关于语法的专门论著出版,研究兰州方言语法的文章数量仅为12篇左右。

(三)兰州方言语法有很多特点未被发现或有待深入研究

黄伯荣等人(1960)、赵浚(2002)、张文轩(2008)、莫超(2008)曾先后描述过兰州方言的大致语法面貌,但还有许多特点未被发掘或未被研究。

根据本人对兰州方言现有研究成果的初步整理,学者们已经描写的兰州方言语法特点有以下几点:

1.兰州方言名词一般没有不带“子”“儿”的重叠式,“子”尾结构应用十分广泛,如“碗碗子”“隔壁子”。

2.物量词“个”适用范围很广,如“一个花”“一个云”。许多量词后都可以加上后缀“子”,如“一把子面”“一块子糖”。

3.单音节形容词都可以带叠音后缀,如“红丢丢儿的”“脏哇哇的”。

4.表示复数的助词“们”可用于疑问代词、物类名词,甚至抽象名词,如“谁们”“笔们”“态度们”。

5.兰州方言第三人称代词有两套:单数有“他”和“那”;复数有“他们”和“那们”。没有“我们”(排除式)和“咱们”(包括式)的区别。

6.已经描写到的助词主要有以下这些:

(1)特殊的发语词“价”。

(2)结构助词只有“的”,它包括了“地”“得”的用法,并且有不同于普通话的用法,能放在称谓名词后面,表第三身领格,如“爹的他的爸爸”。

(3)数量词“一个”放在句尾有两种用法:一表判断肯定语气,如“那是校长一个”;二表青年女性口语中有限的几种口气,如“这个人讨厌的很一个”。

(4)副词“很”只能作补语,可以远离主要动词,放在宾语后面,如“那喜欢苹果机子的很”。

7.“把”字句高频使用并扩展出其他功能。

8.几乎所有动作性动词后都可以带“给”,如“吃给、睡给、给给”。

9.排斥双宾语句、普通话双宾语句,在兰州方言中一般用“把”字句或者“给”字句表示,数量补语前不能有代词宾语,如“我给那给了一个钥匙”。

10.兰州方言选择问句中的语气词与普通话不同,如“你来呢吗不来?”。是非问句的格式中有些与普通话不同,如“你是服务员不是?”。

以上这些特点在不同的论著中以描写的形式出现过,但是直至今天,分析、解释这些特点的文章却非常少。这些语法项目中,仍有许多是有待深入研究的。比如兰州方言高频使用的“把”字句,目前已有的成果只是将兰州方言“把”字句的各种类型列举出来,并未深入研究其中的小类,一些有特色的句法形式也不曾作为专题讨论过,如“把XV”句式,是兰州方言“把”字句句群中很有特色的一种,其动词取光杆形式,整个句式可以不表示处置意义等特点,都需要我们专门讨论。再如兰州方言中讨论最多的“给$_3$”问题,仍然有需要深入探讨的内容,如这个“给”的词性问题,至今没有定论,这个“给”的来源也没有得到充分认识。

除上述内容外,还有许多未曾描写、发掘和讨论的内容,如兰州方言中与动词相关的范畴,兰州方言比较句、疑问句、句子的复杂化手段,“了”“着”的更多扩展功能,句子的语序特征,句子的否定,句子的焦点范畴等等。其中有不少语法项目很有特色,比如兰州方言中存在一个框式介词“往……里”,经常构成“往A里V”的格式,出现在祈使语境中。兰州方言中否定词的辖域问题,一般认为否定词的辖域是其右边的成分,而包括兰州方言在内的西北方言中,否定词一般只出现于谓语核心之前,如果谓语核心有状语修饰,则状语部分一般会被否定词挤出,移至否定词之前,本身也成为焦点。兰州方言助词“了”的语法功能丰富,除了与普通话相同的用在词尾的“了$_1$”和用在句末的“了$_2$”之外,兰州方言还存在用于短语层面的“了$_3$”,经常处在前后相连的两个动词性成分之间,充当状语标记,表示前一动作是后一动作的方式、条件、目的等,还可以进一步语法化为话题标记。以上这些兰州方言的语法特点都是非常有特色的,能够反映兰州方言在内的西北方言特点或者兰州方言与民族语言相互影响的语法点,而这些内容都是前人未曾提到和发现的,因此兰州方言有很大的研究空间。

(四)兰州方言快速同化于普通话,需要加速研究

近半个世纪以来,由于社会经济以及大众传媒快速变革和发展,兰州方言向普通话靠拢的速度越来越快。方言快速同化于普通话,语法上的表现一方面是一些

能体现方言特点的语法形式使用频率大大降低，甚至趋近于消亡。举例来说，兰州方言的差比句，表示A比B大得多时，可以选用“A把B大下的多”这种说法，但这种说法在如今的年轻人口语中几乎听不到。另一方面表现为兰州方言的表达与普通话的表达相互杂糅，比如选择问句的表达，地道的兰州方言用“A(呢)吗B(呢)”格式，普通话使用“是A还是B”格式，受其影响，新派的兰州方言出现了“A(呢)吗还是B(呢)”这样杂糅的表达法。以上两方面的变化，最主要的还是第一类，即普通话说法直接取代兰州方言的表达，这使得目前城区中受过教育或社会地位较高的兰州人所说的话变成了普通话的表达，只是发音为兰州音，并不是地道的兰州方言，这种现象要求研究者加速对方言材料的挖掘和抢救。

(五)兰州方言中存在邻近民族语言影响的现象并未被发现或有待深入研究

由于兰州方言本身的语法面貌没有得到全面揭示，导致其中一些有可能受到邻近民族语言影响的特点也随之被忽略。莫超(2004a)证明了兰州方言“们”是蒙化汉语的遗留，王志敬(2007)讨论西北方言里特有的三个“给”并存的现象，认为“西北方言中的‘给$_3$’，无法在汉语内部得到合理的解释，只有依靠藏语找答案”，二者有同源关系，其中提到兰州方言的例子，但这些研究显然是不够的。根据我们的调查，兰州方言语法中还有一些特点明显异于普通话和其他北方官话，受到了藏语的影响。比如：

1.语序

兰州方言SOV和SVO都是可选的语序，“把”字句高频使用，不定成分可以充当“把”字宾语，也可以充当话题成分，宾语前置倾向明显。虽然兰州周边还有一些少数民族语言也采用SOV语序，但从地理、历史、经济角度看，兰州方言表现出的SOV特征应该主要是受到藏语的影响。

2.词缀

兰州方言名词后缀“收”直接来源于藏语，汉语中没有这样的词缀。

3.助词

上文所提及的兰州方言中的“给$_3$”、语气词“一个”、否定词“不是”都受到了藏语的影响，有些是直接从藏语中拿来用，有些是用了藏语的结构又考虑到汉语的要求，中间存在融合的过程。

总之，兰州方言中存在受邻近民族语言影响的现象，但关于这方面的研究至今还基本属于空白，并没有得到挖掘描写。因此本书也将在这方面进行一些初步的尝试和探索。

五、研究对象的界定

张文轩、莫超(2008)指出：“兰州方言分为城区、永登东、永登西、红古、榆中西、榆中北、榆中东七个片，内部差别主要表现在语音方面。与城区片差别最大的是受接壤方言青海话和甘肃临夏话影响的红古片和受接壤方言甘肃定西话影响的榆中东片。”可见，作者在比较兰州方言内部语音差别时，是以“城区片”为比较的基准的，“兰州方言指兰州市城区片(城关、七里河、安宁、西固四区)本地老派居民的口语，以城关区为代表。”张文轩(2006)也有类似表述：“兰州市辖五区三县，兰州方言以市治城关区为代表。”本书研究重点并非兰州方言的分区，加上本人并未系统分析了解过这方面的相关内容，所以在本书的写作中就继续沿用前人的分析标准，仍以兰州市城区的本地老派居民口语为调查和研究的对象。

六、研究任务和研究方法

(一)研究任务

前人对汉语共同语以及汉语方言做了大量卓有成效的研究，是我们开展兰州方言单点研究和比较研究的坚实基础。目前还没有发现以兰州方言语法为研究对象的系统研究成果，只有零星的论文以个别语法点为讨论对象，并且已有的以兰州方言为对象的介绍性文章，对语法部分的介绍都是笼统粗疏的，并未展开系统的项目调查比对，也因此遗漏了很多有特色的语法点。本书的研究力图弥补这方面的不足，但是任何一种方言的语法都是十分庞杂的系统，本书无法做到详尽阐述每一个语法点，如果面面俱到，势必分散用力，无法集中发掘和探索真正能够反映兰州方言语法面貌的特色项目。同时，如果要照顾到每一个语法项目，仅凭一人之力、一篇文章是很难做到的。因此，本书写作立足于兰州方言语法系统本身，以兰州方言口语为主要考察研究的对象，试图用比较朴实的观点来挖掘和探讨兰州方言中有特色的语法项目，总结出其中带有规律性的现象，丰富兰州方言语法研究的成果，为方言语法的比较研究提供第一手材料，同时探索兰州方言中语法现象受藏语影响的具体表现，为语言接触提供证据。

(二)研究方法

本书是对兰州方言语法的研究，研究的重点在于对特色语法现象的描写和挖掘，主要运用描写语言学的方法，研究兰州方言的语法现象，通过共时描写，揭示兰州方言语法的特点。在描写的同时，主要以普通话语法为参照，也参考周边有相似现象的方言，通过比较来揭示某些语法现象的规律和特点。对于部分语法现象，文章拟从认知、构式、韵律等角度来比较和分析。在广泛、充分调查的基础上对兰州方言语法现象做语表形式、语里意义和语用价值的综合验证，同时关注普通话、方言和民族语言三者之间的关系，立体地观照兰州方言语法特点。

到目前为止，涉及兰州方言语法的文章大致是基于结构主义描写的，并且主要着眼于跟普通话的比较。本书希望借鉴当代语言学的更多理论，对相关句法现象做进一步的分析和专题的讨论。形式语法关注哪些句子不能说，那些在自然语流中不成立或是不自然的句子，也能够反映出方言语法的特点，但在实际语料中是找不到的，只能通过内省测试获得，笔者会采取形式语法的星号句，以及表示合格性低的问号句来表达。功能语法看重真实的口语语料，一些语法特点需要进入篇章来观察，反映实际的交际过程以及交际中起作用的规则。有些语法项目与语境、会话原则等因素密切相关。还有些虚词的语法化过程等都需要在功能语法的视野下加以分析。此外，借助类型学成果和范畴视角也可以为我们考察兰州方言语法特点提供更广阔的视野，通过更多语法项目来揭示兰州方言的语法面貌，但是本文所做的工作主要是单点的方言语法描写，而并非不同点的比较，因此只是利用类型学的理论及其成果选择确定调查项目和描写项，方法上并未采用类型学多点比较的方法。

七、理论基础和工作框架

（一）理论基础

本书的重点放在对兰州方言语法的择点描写上，对语言材料的搜集、描写和归类尽量做到以语言事实为准，充分占有语言材料，与普通话对比，挖掘方言中不同于普通话表达的语言现象。关于语料的充分占有，由于本人能力有限，无法在语料的总体数量上超越前人，比如张文轩就搜集有近百万字的兰州方言材料，那么本书的语料调查就在涉及的广泛程度上做出努力。前人调查语料主要是在结构主义的理论指导下进行的，不采用复杂的句子和篇章，只关注哪些形式能说。本书对语料的调查和分析，关注语言事实，调查所得的语料都是方言发音人口述个人经历，是完整的篇章，自然的语流，也关注哪些形式不能说，这样的语料所涵盖的语法项目较之前人的语料相对广泛和客观。

另一方面，前人加工语料时大多采用传统语法的概念。本书在全面描写、比较的基础上，根据语料本身体现出的特点选择能够解释或归纳这种特点的理论来加工语料，比如从认知、构式、韵律等多个角度来比较和分析，揭示兰州方言语法的特点。

认知语言学强调语言是人类一般认知能力的产物，方言中的很多语法现象都可以从认知的角度得到较为合理的解释。举例来说，兰州方言反身代词有两个成员“自己”和“个家”，一般认为“个家”是老派方言中使用的反身代词，“自己”是受普通话影响而使用的反身代词，但是调查中发现二者并非严格的替换关系，而是有不同的分布。当人称代词有具体数量时，不能用“个家”只能用“自己”，这就要从词汇本身的认知方式来观察。“自己”对人称的扫描方式是逐个扫描，关注每个个体，而“个家”对人称的扫描方式是整体扫描，不论人称的数量是多少，都把它们当作一个整体来看待，因此在有具体数量出现的环境中，不能使用“个家”；“构式”被理解为包含形式和语义及话语功能的配对，构式的形式、意义具有不可预知性。与传统语法的动词中心观相反,构式语法树立了构式中心观。方言中存在许多形义结合体,其整体的意义无法从构成成分中推知,兰州方言中有一个框式介词“往……里”,是将动补结构的补语用框式介词提至动词前,构成“往A里V”结构,起到强调结果的作用。这个形义结合体的整体意义无法完全从其构成成分推知,应看作是一个构式,利用构式语法理论来分析;韵律语法将韵律层级单位当作调节音系和句法互动的一种接口层面,认为不应忽视韵律在语法中的作用,因此不属于句法语义范围,涉及音节数目、韵律分量的问题可以从这个角度加以分析。普通话的“把”字句要求动词不能是光杆形式,这就有韵律层面的要求,而兰州方言中“把XV”中的动词可以是光杆的,破坏了普通话中的动词韵律的要求,必然产生相应的语法功能的变化。在兰州方言“把XV”构式中,动词音节数目的减少导致其韵律分量降低,从而使“把X”的韵律分量大于动词的韵律分量,整个构式的“对比关注”意义才得以体现,“X”成为构式的焦点。实际上一个语义现象往往涉及几个方面因素的共同作用,因此在本书的写作过程中对语言现象的解释要尽量做到多角度观察,多重理论结合。

(二)工作框架

研究单点方言语法需要一个工作框架,一方面为我们提供一个参照系,另一方面也为语法比较研究提供便利。在语料调查时,考虑到对语料尽可能多地占有以及尽可能多角度、多侧面地得到更加丰富的调查结果,我们采用刘丹青(2008a)《语法调查研究手册》配合刘丹青(2003)《方言语法调查问卷(稿)》来调查语料。这个《手册》本身采用的是类型学的思路,分析了很多相关实例,涉及10来个语系200多种语言,能够为我们的初步调查提供更具开放性、包容性的框架。具体的写作过程也需要一个工作框架,虽然《语法调查研究手册》材料丰富,但是该手册首先是以《Lingua版语言描写性研究问卷》为提纲的,这就在一定程度上受到该书的束缚,而汉语方言的情况异常复杂,完全可能有与《手册》中所涉项目不符的情况。经过比较,笔者认为朱德熙的《语法讲义》对汉语语法的描写比较简明精辟,刘月华等人的《实用现代汉语语法》、房玉清的《实用汉语语法》等书也在一些方面为我们提供了简明扼要的语法描写思路,这些专著都是本书论述中必须借鉴的参照对象。

在以上这些参考之外,可能还有一些普通话中没有的,《语法调查研究手册》也未提到的项目,是属于西北方言特有的小项,可以借鉴临近方言的语法著作,如兰大中文系临夏方言调查小组《临夏方言》、兰宾汉的《西安方言语法调查研究——陕西方言重点调查研究》、孙立新的《西安方言研究》、张安生《同心方言研究》、邢向东《神木方言研究》《陕北晋语语法比较研究》、吴云霞《万荣方言语法研究》等。还有一些项目涉及更大范围的方言点共同的特征,可以通过黄伯荣《汉语方言语法类编》、李荣《现代汉语方言大词典》等挖掘和对比更多相似的方言现象。当然,语料调查框架和论文写作框架都只是我们写作的基础和参照,并不意味着可以拿任何一个现有框架去套兰州方言，就像拿印欧语语法来套汉语语法，或是拿另一个方言的语法来套本方言的语法都是不合适的。因此，根据本文写作的实际情况，笔者也自行对框架做了删略、增补和调整，比如不再描述兰州方言中与普通话基本一致的现象，增加民族语言影响的内容，介绍普通话中没有，西北方言中分布不广泛，但兰州方言中存在的与邻近民族语言接触产生的语言现象。不过，要完全摆脱框架的影响是不可能的，笔者只能尽量减少框架的影响以求反映兰州方言的自身面貌。

八、语料来源和体例说明

（一）语料来源

调查是本书研究的基础，作者1985年生于兰州市，2012年以前一直生活在兰州市区，兰州方言是作者母语，所以题目的选择和文中一些例句采取自省式的方式获得，但是为了避免个人语感的主观性，大多数例句是向说兰州方言的当地人调查询问获得的，而且自编的例句均是找以兰州方言为母语的人核对过的。调查的方法有以下几种：

第一，实地个体调查：向被调查者说明自己的目的，征得对方同意，然后找到话题，引导被调查者独自说出自己的见解，同时录音。话题包括民间故事、传说、个人经历及其个人感兴趣的话题等，目的在于捕捉被调查者最自然的语流，而不去涉及调查项目，以免干扰被调查者。另外也有找亲戚朋友们聊天，或到广场、市场购物，在对方不知情的情况下录下会话内容，之后再整理成完整的篇章。这种通过录音转写成文字的语料共13万字。

第二，实地专题询问调查：利用《方言语法调查问卷（稿）》所列调查项目，针对部分项目展开调查。用前一种方法很难获得的材料，直接向调查者解释说明要调查的项目，让调查者发言，再加以记录。为了确保调查的准确性，同一项目往往会调查多个人。

第三，实地集体调查：利用亲友同学相聚的机会，找到合适的契机将自己的调查融入其中，大家集思广益，可以快速得出比较多的材料，但这种方法的弊端在于，大家共同参与，有时会打断本来自然的语流，把握不好，容易偏离讨论的主题。因此，常用这种方法来验证已经调查好的材料，而不开展新的调查。

第四，内省的方法获取语料：以上几种调查得到的语料毕竟有限，一些语法现象和事实确实存在，但不一定都能得到很好的呈现，因此笔者根据自己的语感用内省的方法自造了一些句子，但笔者所说的兰州方言属于新派话语，与老派话语之间有差距，为了语料的准确性，自造的句子也是请当地说兰州方言的人核实后再采用。

（二）体例说明

1.本书所采用的方言语料，如果遇到本字不明的，使用同音或音近字代替，并在其后面的括号中注明是同音字或音近字。如果没有同音和音近字,则用“□”代替,并在后面加注标音。

2.本书采用国际音标注音,调值写在音节右上角,用数字表示,轻声音节采用音节之后加[·]表示。本书的主要任务为语法现象研究,为节约篇幅,所有引例都不注音,只在一些重要部分或需要标注的部分标音,不影响现象描述和理解之处不标音。藏语例子一律用国际音标标注。

3.根据实际情况,所举例句中难懂的方言语料,在例句后的括号中释义。

4.例句中用“*”表示该说法不能成立,加“?”表示该说法不自然,不被当地人所接受。

第一章　词类及相关问题(上)

第一章和第二章将讨论兰州方言中的几个词类及相关的问题,第一节简单介绍兰州方言基本词类的大概面貌,之后各节选取有特色的词类项目加以考察。其中本章内容涉及名词后缀“们”、指示词“这”“那”和第三人称指称形式,以及一些特色的副词。第二章内容主要涉及兰州方言中有特色的介词、助词系统、语气词系统,最后专门讨论复杂的兼类虚词“着”。希望通过这两章的考察和研究能够以点带面地反映出兰州方言词类的特点。

第一节　词类概述

官话旧称北方话,是汉语中的一个大的方言分支,也是汉民族共同的基础方言(王福堂,2012)。兰州方言属于兰银官话金城片,兰银官话作为官话方言之下的次方言,与官话方言保持着较强的一致性,在词类划分、词形变化、组合能力等方面都与官话方言相同或相近,因此兰州方言各个词类与普通话词类总体对称,但是局部存在差异,某些方面还呈现出鲜明的特色。本节介绍兰州方言词类的概貌,之后将设专节考察兰州方言词类及相关方面的问题。

一、名词

兰州方言名词根据其所指内容区分为表示人和事物的名词以及表示空间、方位、时间的名词。词缀方面,兰州方言名词常用的构词前缀有“阿”“老”“尕”“小”,常用的构词后缀为“子”“儿”“头”“们”,其中后缀“子”“儿”“们”都有异于普通话的表现;重叠方面,兰州方言除动物名词之外,其他名词都有重叠形式,但并非成人模仿儿语;语法功能方面,兰州方言名词主要充当主语、宾语、定语、谓语,表示时间、地点,此外表示动作行为所凭借之物的名词还可以充当状语。

二、代词

兰州方言代词根据意义与功能分为人称代词、指示代词和疑问代词(详见表2–1)。功能方面,兰州方言第一人称代词的复数不区分排除式和包括式,第三人称代词有“那/他”两种形式,但彼此之间并非简单的替换关系。指代人和事物的“这”“那”无法直接与名词组合,必须带上量词,带上量词后的“这个”演化成为定冠词,与普通话的“这”相对应。这些特殊的现象都值得我们进一步思考和探讨。

表1–1　兰州方言代词概貌

分类		成员
人称代词	三身代词	我、你、那/他
	反身代词	自己、个家、个人
	旁称代词	那(们)、别人、再的、人家
	统称代词	大家
指示代词	指人或事物	这、那
	指处所	这搭[ta^{53}](同音字)/些(儿)、那搭/些(儿)、这些(儿)、那些(儿)、这这、这儿、这(个)塔塔[t‘a^{53}](同音字)、那(个)塔塔
	指时间	这会子、那会子、这阵子、那阵子、这阵阵、那阵阵、这会(儿)、那会(儿)
	指性质、方式、程度	这么、那么、这么个、那么个、这么价[tɕia](同音字)、那么价
疑问代词	问人、事物	谁、啥[sa^{13}]、哪个、谁们
	问处所	哪(儿)、哪里、哪塔、哪些
	问时间	啥时候、多会
	问性状、方式、程度	怎么、怎么价、怎么样
	问数量	几、多少

三、数词

兰州方言数词包括整数词和基数词,在称数方法上与普通话一致,个别用来表达概数的词语用法上与普通话略有差异,主要表现在运用范围没有普通话广。兰州方言量词也可根据其表示事物或动作的数量单位区分为名量词和动量词(如下表1–2所示)。

表 1-2　兰州方言量词概貌

分类		成员举例
名量词	个体量词	个(本、条、根)
	集合量词	双、套、副、帮
	度量词	厘米、公分、克、亩
	不定量词	些、点
	准量词	年、天、分、秒、国
	借用量词	把、杯、袋、瓶、车
动量词	专用动量词	次、下、回、趟、阵
	借用动量词	刀、脚、嘴、眼

名量词中个体量词基本都可以用“个”代替,借用量词都可以在后面再加“子”缀,普通话中“星期”“小时”“省”“市”等准量词可以直接与名词连用,但在兰州方言里还是以“两个星期”“三个小时”“五个省”“两个市”这样的表达常见,其他量词基本与普通话一致。语法功能方面,兰州方言中“个化”现象明显。量词重叠除“个”之外都不表示“每一”,而表示其他的语法意义(如下表 1-3 所示)。

表 1-3　兰州方言量词重叠的意义例释

语法意义	举例
重叠表较小的量级	一堆堆、两捆捆、五把把、几点点子、两片片子
与动词结合成动宾结构作状语,表示计量单位	门口那个鸡蛋数个个子卖着呢。(鸡蛋论个卖。) 西瓜切牙牙子着吃。(西瓜切成一牙一牙地吃。) 瓜摊子上的白兰瓜称斤斤(子)着呢吗数个个(子)着呢?(瓜摊儿上的白兰瓜是论斤卖还是论个儿卖?)
部分名量词重叠后与单音节名词连用表示事物的特点	分分钱(一分一分的钱)、把把(子)菜(扎成一把一把的菜)、层层(子)饼(有较多层次的烙饼)、寸寸(子)面(一寸来长的面节)、罐罐茶(用小瓦罐煎熬的茶)、盒盒粉(用小盒包装出售的粉)、张张(子)钱(成张的纸币,与硬币相对)
部分名量词重叠后跟在名词后表示该名词所代表事物以某种状态呈现	馍馍块块、粪堆堆、洋芋片片、米粒粒、布条条

此外,兰州方言数量词“一个”还可以用在句末充当语气词,表示判断并带着某种娇嗔的口气。

四、动词

动词是个开放的词类,可以按照不同的标准和角度来分类,如按照能否带宾语分为及物动词“看”“挖”等和不及物动词“死”“结婚”等;按照动词所表示的语义又可分为动作动词如“吃”“谝(聊天)”,状态动词如“喜欢”“醉”,关系动词如“是”“有”和能愿动词如“会、能”;按所带宾语的情况还可分为体宾动词如“买”“开”,谓宾动词如“希望”“谋着(想)”,带主谓短语宾语的动词如“试着(觉得)”“怕”,以及双宾语动词如“送”“交”。兰州方言动词重叠之后不表示短时、尝试的意义。由于句法上排斥双宾语句,导致兰州方言中能带双宾语的动词,其宾语至少有一个要成为介词宾语而置于动词之前。动补短语中,补语是趋向成分时,动趋式结构中间必须出现助词“着”,动补短语经常出现在句末位置,宾语前置。动词可以相互组合构成连动式,但兰州方言连动式动词都不是直接组合的,中间要加上助词等语法成分。此外,兰州方言中还有三个动词构成的连动式。下表(1-4)可以反映兰州方言动词的重叠形式及其语法意义。

表1-4　兰州方言动词重叠形式及语法意义

重叠形式	语法意义	举　例
AA式	部分动词可以AA式重叠,重叠后变成名词	圈圈(圈儿)、点点(点儿)、钩钩(钩儿)、盖盖(盖儿)
AABB式	个别双音节动词可以AABB式重叠,重叠后表示AB动作所表达的抽象内容	拍打——拍拍打打(套近乎) 搬扯——搬搬扯扯(假意推脱)
间接重叠式	动作在同一时间段里连续发生,反复完成	东打听西打听、想来想去、走着走着、做呢做呢

五、形容词

兰州方言形容词首先区分为性质形容词和状态形容词[①],这些形容词经常充当定语、谓语、状语、补语。构词方面,有一些能够反映方言特色的词缀,如一些单音节性质形容词重叠之后能够成为名词,详见下表(1-5)。

①形容词中还有一些不充当谓语,称作非谓语形容词,本章节以介绍词类概貌为主要任务,因此采用较宽泛的分类,力求简洁,不再做更细的分类。

表1-5 兰州方言形容词概貌

<table>
<tr><th colspan="3">分 类</th><th>举 例</th></tr>
<tr><td rowspan="3">性质形容词</td><td colspan="2">单音节性质形容词</td><td>沙(瓜瓤成颗粒形状的)、帕(不结实、薄的)、尖(聪明)</td></tr>
<tr><td rowspan="2">双音节性质形容词</td><td>一般双音节性质形容词</td><td>帮间(差不多)、硬帮(健康、硬)、攒劲(能干)、心疼(可爱、漂亮)</td></tr>
<tr><td>带词缀的双音节性质形容词</td><td>亮豁(亮堂)、脆豁(脆、声音响)
瓷作(密实)、软作(柔软)</td></tr>
<tr><td rowspan="10">状态形容词</td><td colspan="2">词缀+词根</td><td>枣红、天蓝、豆绿</td></tr>
<tr><td rowspan="2">AA式</td><td>重叠后加上“儿”尾</td><td>红红儿、大大儿</td></tr>
<tr><td>重叠后变成名词</td><td>尖尖(尖儿)、空空(空缺)</td></tr>
<tr><td rowspan="3">ABB式</td><td>词根是形容词</td><td>脏哇哇、柴哄哄</td></tr>
<tr><td>词根是名词</td><td>毛墩墩、水渌渌(水分多而鲜活的样子)</td></tr>
<tr><td>词根是动词</td><td>羞哄哄、炮塌塌(衰老不堪、行将就木的样子)</td></tr>
<tr><td colspan="2">ABC式</td><td>吊巴郎、歪巴郎、横巴郎、斜巴郎</td></tr>
<tr><td colspan="2">AXYZ式</td><td>黑漆麻糊、血斯呼喇</td></tr>
<tr><td colspan="2">AABB式</td><td>皱皱巴巴、抖抖刷刷(毛手毛脚)</td></tr>
<tr><td colspan="2">A里AB式</td><td>糊里糊涂</td></tr>
</table>

六、副词

兰州方言的副词可以表描摹、评注、时间、程度、范围、频率、协同、重复等,虽然属于封闭类,但数量较多,有相当一部分副词不见于普通话,且用法颇具特色。这些副词只能位于形容词、动词之前起修饰、限定作用,一般充当状语,无法单独成句,关于兰州方言副词的情况,将设专节讨论。

七、介词

介词主要支配名词、代词构成介词短语作状语,下表(1-6)中是兰州方言介词的分类和成员,对于其中一些有特色的成员将在后文中专门讨论。

表1-6 兰州方言介词概貌

语义内容		介 词	特殊介词举例
处所	地点	在、到、从、着	我们到兰州城里蹲给了多少年了。那们从操场上打了一架。你放着哪里了?
	经由	从、顺着、跟、赶	你跟这面过去。赶小路上过。
	源点	从、跟	我们说九九归一,啥都跟一上来着呢。
	目标	到、着、朝、往、向、给、问	放着明天就坏了。我问你借个钱。
时间		从、投、自、赶	投你回来我都走掉了。
对象、相对		对、把、给、叫、比、让、为、替	老师把我好。
工具、方式		用、连、拿、靠、当	你连刀切。
依凭		照、按、论、照住	那还把这个事情照住正常着处理着呢。
原因		为了	家长为了娃娃上学着把房子租着学校边上了。
其他		连、除了、趁	你连这个都不知道嘛。你一天除了问爹妈要钱还有啥本事? 你就趁上班着跑一趟不是下班你根本把那找不着。
框式介词		往……里	你往高里站。你往平里躺。

八、连词

连词连接小句组成大句,下表(1-7)举例介绍兰州方言常用的连词。

表1-7 兰州方言连词举例

连词类型	连 词	特殊连词举例
连接名词性成分的连词	和、跟、连、还有、再就、或者	我连你没说头。 昨个来的尕王、老张,再就厂长。
连接动词性成分的连词	还要、一边……一边、一面……一面、又、还、要么……要么、或者、又……又、不是……就是……、旋……旋	你旋做旋吃。(你边做边吃。)
连接形容词性成分的连词	又……又……、还	这个娃娃又懂事又聪明。 今个热得很还闷得很。

九、叹词

叹词是不参加句子组织的词，兰州方言中的叹词如下表1-8所示。

表1-8 兰州方言叹词举例

	举 例
叹词	呔(打招呼时使用，相对于“喂”，但不能用于严肃场合)、哎(用于喊叫、招呼、答应)、安(用于应答，表示认同)、印(用于应答，表示认同；用于句末，表劝勉或商量)

十、象声词

象声词也是不参加句子组织的词，能够加强叙述的生动性和逼真效果，兰州方言常用的象声词主要有以下这些(如表1-9所示)。

表1-9 兰州方言象声词举例

	举 例
象声词	□[p‘ia](不太清脆的爆炸、拍击声)、□[zən](强烈刺痛感)、乓噹(硬物晃动发出的声音)、嘣噔(重物跌倒或跌下的声音)、咔嚓(突然折断声，形容办事利索干脆)、喳啦啦(形容说话十分流利响亮)、当哏哏(说话时口齿清晰响亮)、呱嗒嗒(形容诵读十分流利响亮)、乏拉拉(雨水、泪水之类迅速流下的声音)、吱啦啦(形容尖声叫唤的声音)、噗嗤嗤(汤汁之类上冒出的声音)、簌碌碌(行动很快，发出的声音或样子)、忽雷雷(来势凶猛的声音或样子)、罢答答(抖动十分厉害的声音或样子)、呜呜呐呐(形容发音不清晰，说话吞吞吐吐)、嘀里嘟噜(说话断续啰唆的声音)、喊里喀喳(形容行动迅速、收拾利索的样子或发出的声音)、稀里唰啦(形容雨水断续杂乱、悬挂物摆动的样子或发出的声音)、踢里趿拉(形容物体零乱落地发出的声音)

以上我们简要介绍了兰州方言词类的大概情况，当然不同词类还存在着词类活用以及兼类的情况，词类活用如“你不要那么势利眼”，兼类如“饭我将热上”“你把那个螺丝紧给下”，基本用法与普通话一致。下面我们就兰州方言词类中有特色的项目做专门讨论。

第二节 指示词“这”“那”

兰州方言中“这”“那”无法直接与其后的名词组合，中间必须加上量词。因此，兰州方言“这”“那”已经无法单独对名词起指别和替代作用，不再是严格意义上的指示代词，而应称作“指示词”。指示词与量词结合之后整体发生了虚化。

一、指示词"这""那"的句法表现

指示词的基本功能主要是单独指称话语中某个确定的对象,以及在名词前充当限定成分,前者即指示词的替代功能,后者为指示词的指别功能。下面举例来看兰州方言中指示词的句法表现。

(普)这新规定发下去了吗?——这个新规定发下去了吗?

(兰)*这新规定发着下去了没有?——这个新规定发着下去了没有?

(普)那时间他应该在家吧。——那个时间他应该在家吧。

(兰)*那时候他应该在屋里呢。——那个时候他应该在屋里呢。

(普)这山原来有泉水。——这座山原来有泉水。

(兰)*这山原先有泉水呢。——这个山原先有泉水呢。

(普)那衣服多少钱?——那件衣服多少钱?

(兰)*那衣裳多少钱?——那个衣裳多少钱?

通过上面几例可以看出,兰州方言中指示词"这""那"无法单独指称话语中确定的对象,也不能单独在名词前充当限定成分,必须要带上量词才能使用。需要说明的是,兰州方言个体量词几乎都可以用"个"代替,日常口语中很少使用其他个体量词。因此,这里要讨论的主要是量词为"个"时的"这个""那个"的各种句法功能。以上,"这个""那个"作为整体指称话语中确定的对象,除此以外,"这个""那个"还有进一步的功能扩展。

二、"指示词+量词+名词"在篇章中的功能

石毓智(2004)也曾简单描述过兰州方言指示词的上述特征,他认为这种现象表明,在兰州方言中"有定性的事物必须标明其数量特征"。本文借鉴方梅(2002)对北京话指示词"这""那"的分析方法①来考察兰州方言"指示词+量词+名词"在篇章中的功能以及其中名词的类型,并对石文的结论进行探讨。

1."指示词+量词"的篇章功能

(1)"指示词+量词"引入新的谈论对象

甲:哎哟,买的那个鸡窝子(一种布鞋)们好的很。

乙:把个鸡窝子现在还稀罕吗?

甲:怎么不稀罕,你现在布鞋根本不好买。

丙:那老北京的鞋店里头就有呢,还有那个牛舔鼻儿的鞋呢,就是那个前头有两道棱棱子,那个时候就是跳舞的鞋。

①方梅(2002)分析北京话中指示词"这""那"的语法化,将指示词带入篇章,分别考察"这""那"的情境用(situational use)、示踪用(tracking use)、语篇用(textual use)和认同用(recognitional use)四种功能。

那天晚上我们朋友两个喝茶的时候还说着呢,这个兰州人冬天冰面子上玩的撒脚蛋(一种球类玩具),现在哈巴(可能)都没有了吧。

上面有一组三人对话,还有一个单独的句子,其中出现的“指示词+量词”形式,虽然都修饰名词成分,但没有指别的作用,不能作为“哪个”的答语,“这个”在句中只是引入一个新的谈论对象,或是新的话题。其中的量词“个”也没有数量意义。

(2)“指示词+量词”用作回指性成分

学工学农的时候到了1970年以后了,就和泥、搬砖托糊墼,就做到那个活了。

今个天炸油饼子,你性格一般是比较大方的,那这个炸油果子(一种油炸面类小吃)的油没啥反应,照常炸;你这个人在日常生活中为人处世各方面比较小气,这个油锅“啪”的就干了。

以上两句中,“指示词+量词”用来回指上文已经引入的一个对象,并不对其后的名词进行指别,同样不能回答“哪一个”的问题。

(3)“指示词+量词”在语篇中指上文所述事件

鲁班为啥发明锯子呢,他是上山去了,脚底下一滑,他把彬草抓住了,彬草的叶叶子上有锯齿子那么价的形状呢,他从那一天就发明开锯子了,这个我们念书的时候学下着呢。

你单(如果)拖着把病耽误下,那个不是小事啊。

你是不是把二班的老师绊给了一跤?——这个你都知道吗?

“指示词+量词”在这几个例句中指代上文所述的事件。

(4)“指示词+量词”引入新的对象(上文或语境中未出现)

酿皮子、牛肉面,还有那个灰豆子,哎呀,我想着起来就馋了。

我妈做不好就打给一顿,跪下,你谋着白跪下吗,跪端,头上那个大煤砖顶上,再就那个釉子(一种砖块),端端的跪着呢,单跪不好过来就是一顿。

以上两例中的“指示词+量词”只是引入一个说话双方共知的对象,这个对象在上文和语境中不出现,这里的“那个”也无法作为“哪个”的回答。

以上四种情况中,兰州方言“指示词+量词”进入篇章,无法对其后的名词成分进行指别,“个”也没有计量的功能。因此,兰州方言“指示词+量词”整体具有和普通话“这”“那”一样虚指的篇章功能。

2.“指示词+量词+名词”中名词的指称属性

上文指出,石毓智(2004)认为兰州方言指示词必须加量词才能修饰名词的用法是为有定性的事物标明数量,这种观点意味着兰州方言中与“指示词+量词”结合的名词成分只能是有定性的事物,而通过调查可以发现,兰州方言中与“指示词+量词”结合的名词还有以下几类:

(1)名词是定指成分

牛舔鼻儿的鞋就是给这个鞋的面子上做下着两道棱棱子。

青海、新疆那边这些牧区的人们喝奶茶,把这个茶熬好,再把奶子加给。

小的时候还有一种叫新玻螺和麻戳子。就是新的那种玻璃球,麻戳子就是弹着碰下以后,把这个玻璃碰成个坑坑洼洼的了。

以上三例中,被指示词和量词修饰的成分都是有指和定指的成分。

(2)名词是通指成分

话剧出来演个电影就不在话下,那个演员可是个独木桥呀。

甘肃本地的,给娃娃代课,这个本腔少不了,这就不好。

现在那个丫头子们,都要找有钱有房有车的呢,不好。

以上例句中,"指示代词+量词"可以修饰通指的名词成分,没有确定所指,而是指代一类事物。

(3)名词是无指成分

我们小的时候动不动就土疙瘩子打仗,打得一个一个将那个土贼一样的。

里头有一个白头发的老奶奶,穿的破布烂衫的,将那个要要吃一样。

社火进来的时候,前头有一个打扮的像那个巫婆一样的,那叫个扫帚星。

以上例句中,"指示词+量词"修饰的名词性成分是无指的,没有确定所指,也不指代一类事物。

通过以上各个例句可以看出,兰州方言中用"指示词+量词"修饰的名词除了定指成分之外还有别的指称属性,名词的指称属性并不确定。因此,石毓智所认为的兰州方言中指示词修饰名词一定要加量词的现象是因为名词有定,所以需要确定其数量的看法并不准确。

三、"指示词+量词"功能的扩展

方梅(2002)考察北京话中"这""那"功能的扩展,指出由于北京话"这""那"能够直接加在动词以及形容词前,因此北京话中"这""那"起弱化谓词标记、话题标记的作用,能够充当定冠词。上述各例句表明,兰州方言中"指示词+量词"对其后的名词性成分没有指别和替代的功能,量词"个"本身也不起确定名词数量的作用。因此在篇章中,"指示词+量词"除了虚指的用法外,还可能扩展出其他的功能。

1."人称代词+指示词+量词+动词"

甲:你看奶奶一中午能睡三个小时,晚上还能睡着。

乙:那们屋里人那个睡觉好的很呐,我就睡不着。

甲:隔壁子娃娃又哭开了?

乙:那那个哭把人吵的一天晚上休息不好。

甲:怎么又生气了?

乙:你姑娘这个不吃饭把人愁死呢,一天到晚让人撵着后头喂呢。

以上三例中“指示词+量词”都可以修饰动词，使动词的动作性弱化，在句中充当动词的主语，这实际上可以看作一种名物化的手段。同时，上述三例中“人称代词+指示词+量词+动词”结构可以用在回指性的语境中，如前两例，也可以用在非回指性的环境里，如最后一例①。

2.“指示词+量词+动词/形容词”

甲：我今年不过年了，出去旅游去呢。

乙：就是，这个过年越来越没意思了。

甲：我们小时候的口诀就是，一只眼的瞎木匠，丫丫不西的裁缝匠。

乙：这个丫丫不西是啥意思？

甲：我工作找着武汉了，好不好？

乙：唉，光夏天那个热你就受不了。

以上例句中“指示词+量词”都可以修饰动词或形容词。

3.话题标记

“这个”修饰名词、动词、形容词，可以用在句首，充当话题。例如：

这个学前班，现在都把人烦着，挤破头都进不去。

这个拉娃娃是要学的曼，谁生下来就会呢吗？

这个热就得抗，不能老想着开空调。

以上三句中“这个”所修饰的成分都未曾在上文出现过，整句话都表达新的信息，其中“这个”不指具体的事件，也不能回指。不过这种充当话题标记的指示词，以“这个”常见，一般不用“那个”作话题标记。

4.定冠词

指示词的基本功能是指别和替代被指示词修饰的名词，可以作为“哪个”的答语，从而指称一个说话双方都确定的对象。Himmelmann(1996)提出了区分指示词和冠词的两种尺度：首先指示词不可用于唯一的指示对象，但冠词可以；其次指示词不用于由于概念关联而确定的对象(见方梅，2002：348)。方梅(2002)用这两个标准考察北京话“这”，认为“这”已经成为定冠词。现在我们来考察兰州方言的定冠词“这个”的用法。

(1)定冠词用于独一无二之物

这个日头怎么这么毒的。(这太阳怎么这么毒。)

这个地球一天灾难太多。

这个钱塘江每年八月十五浪就大的很呐。

①方梅(2002)认为北京话中“人称代词+指示词+动词”的非回指用法是对系统中已有的人称代词加指示词修饰名词格式的套用，用于构建一种指称形式，而且在非回指用法中，所指对象必须有较高的可及性(accessibility)，尽管它未曾出现在上文，但却是说话双方共有知识中的内容，或可以通过共有知识推及的内容。

(2)定冠词可以依靠概念关联进入话语的单位

六棵铁树当时9000块钱,把土刨开从这个根上开始算起,一公分13块钱。

好比一棵树,这个枝子你要常修剪,不是就长着歪下了。

一个学校里头,这个老师很重要。

(3)定冠词可以表类指

这个人呐,不能太贪心。

这个熊猫就是吃竹子曼。

这个女人都要找有钱有房有车的男人呢。

(4)定冠词可以用于专用名词

这个美国那么富吗?

这个马航怎么一天尽出事着呢。

这个圆明园是不是就到清华边上呢?

以上几种用法中的“指示词+量词”已经具有了定冠词的功能,但是只有“这个”具备这种功能,“那个”暂时没有这样的用法,这与北京话中“这”“那”虚化的不平衡也是相对应的。不过在北京话中,指示词还可以用作副词表示程度或是用作连词,而兰州方言中的“这个”“那个”并没有这样的功能。

“这个/那个”作为一个整体来使用,在使用中整体功能得到了扩展。在我们的调查过程中,发现还有一点能够证明兰州方言指示词与量词“个”结合紧密,整体发生虚化,即“这个/那个”的发音出现了合音现象。原来的[tʂʅ^{44}kγ·]中前一个音节的最后一个音素与后一个音节的第一个音素因合并而消失,整体读为[tʂγ^{44}],“那个”也整体读为[lγ^{44}]。这再一次证明石毓智所说兰州方言指示词加量词是为了给有定性的事物指明数量的说法是不正确的,“这个/那个”中的“个”已经与指示词结合成一个整体,其语音及语义都已经融合进指示词中,根本不具有标记数量的功能。

四、指示词与时间维度

指示词的选用与时间维度有关。下面是兰州方言在表示近的现在/过去/将来和远的现在/过去/将来时选用的指示词:

今个这个电影我给你们请客。

昨个那个人是跟哪搭来的。

明个那个酒你要给我招呼好呢!

去年个那个雪把我们害死了。

明年个交货的那一批球鞋是哪个车间生产着呢?

观察兰州方言的情况,实际是指示词加量词的“这个”“那个”与时间维度的关系。“这个”用于所指对象的存在时间是现在、当下,而近的过去和近的将来,却习惯于用“那个”来表示。对于所指对象存在时间是远的过去和远的将来的,也是用“那个"来表示的。那么兰州方言指示词与时间维度之间的关系遵循的应该是"现在—非现在"的二分模式。

本节讨论兰州方言指示词"这""那"的句法表现,这两个指示词最主要的特征是,无法单独修饰名词,必须与量词结合。经过观察发现,兰州方言"这个/那个"结合紧密,发生了合音现象,整体与北京话"这""那"有对应的功能,在篇章中有虚化的表现,无法指别和替代其后的名词,进而发展出话题标记以及定冠词的用法。这些现象说明,兰州方言"这个/那个"作为整体发生了虚化,并未由于与量词结合而增加指示词的指代功能,也无法指称说话双方都确定的对象。

附:

表1-10 兰州方言指示词"这""那"相关特征

独立性	无法独立修饰名词,对其后的名词性成分进行指别,必须与量词"个"结合构成整体使用,有合音现象,"个"不计量。
篇章功能	引入新的谈论对象,用作回指性成分,指上文所述事件。
所修饰名词的属性	名词可以是定指的、通指的、无指的。
功能扩展	可以修饰动词、形容词,"这个"可以作话题标记和定冠词。

第三节 特色副词

本节首先按照描摹、评注、限制三类[①]来列举兰州方言中不同于普通话的特殊副词。其次挑选其中不同于普通话的有特色的副词,以及用法与普通话存在差异的副词加以考察,并对那些保留近代汉语用法的副词也找到文献例证来进行说明。

①吕叔湘(1979)曾经指出:"副词的内部需要分类,可是不容易分得干净利索,因为副词本身就是个大杂烩。"对于副词的内部分类,目前学术界还没有统一的意见,对现代汉语普通话副词词类的划分主要根据语义,王力(1943)分了八类(见张谊生,2000),朱德熙(1982)分了四类,另有一类"重叠式副词",吕叔湘等(1999)分了八类。胡裕树(2011),黄伯荣、廖序东(2011),北大中文系(2014)均分了六类,刘月华等(2004)分了七类,房玉清(2008)分了五类。以上这些分类都是依据副词本身的义项,在各家所分的次类中,大多都有程度副词、时间副词、范围副词、否定副词,其余小类存在差异。张谊生(2000:18)以句法功能为主要标准,以相关意义为辅助标准,以共现顺序为参考标准,将现代汉语副词分为三大类,即描摹性副词、评注性副词和限制性副词,其中限制性副词又分为八小类,分别是关联副词、时间副词、频率副词、范围副词、程度副词、否定副词、协同副词、重复副词。本节对兰州方言副词的举例描述采用张谊生的分类标准。

一、副词分类列举

1.描摹性副词

描摹性副词是表示词汇意义为主的副词,主要表示与动作相关的情感和状态。例如:

当面/对面(当面)、人前头、背地里、人背后、一趟子(顺便)、赶茬儿(有序地、不挑选地、不间隔地)、赶顺儿(有序地、不挑选地、不间隔地)、敞口儿(不加限制地、随意地)、一夫劲儿(一鼓作气、一个劲地)、端直子(直直地)、下茬(使劲、努力)、呵住(鼓足劲、卖力)、立古儿(专门、特意)、照实子(按实际、卖力)、替另(干脆、实在)、停另(干脆、实在)、希希儿(实在、确实)、由性子(儿)(任意地、随心所欲地)

2.评注性副词

评注性副词的基本功用是对相关命题或述题做出主观评注。

将巧(恰巧)、按端儿(恰巧、正好)、哈巴(可能、恐怕)、些乎(儿)(差点儿、险些)、可价(竟然)、迟等(非)、单(偏)、瞎好(无论如何)、贵贱(无论如何)、忙紧(万一)、创着(万一)、不敢(不能)、不是(如果不是这样)

3.限制性副词

(1)时间副词

将$_1$(刚$_1$)、将将(儿)(刚$_1$)、待(刚$_1$)、一猛子(突然)、底根(本来)、原先(从前)、一天家(白天)、见天(每天)、匀匀儿(一直)、待过(旋即)、一站(随即)、临完(最后)、一到古(儿)(一直)、永共(从来、永远)、一蹦子(一下子)

(2)程度副词

将$_2$(刚$_2$)、将将儿(刚$_2$)、有些个(有点儿)、趸摸(稍微、略微)、大目儿(大概、约莫)、很不(不大)、习不(很、特别、最)、嫌(程度深而不合人意)、余外(格外)、臧(程度深,相当于"死")

(3)范围副词

净(只)、禅(都、全、只)、一刮(全部、都)、统码(一共)、一下(全、都)

(4)频率副词

肯(经常)

(5)协同副词

一搭里(一块)、一趟子(一起)

(6)重复副词

可(又)、原(又)

兰州方言中的关联副词和否定副词的用法与普通话是一致的。

二、几个特殊的副词

1.程度副词

(1)表示相对程度的“更”“还”“才”“很”

普通话中的相对程度副词“更”除了表示“两物比”如“进口的比国产的更贵”和“两时比”如“今天比昨天更冷了”,还能够修饰动词短语。兰州方言中,“更”的使用不如普通话广泛,无论副词所修饰的是表物或表时的名词,还是动词短语,如果句子中出现了表示比较的标记“比”,那么兰州方言倾向于用“还”,不用“更”。例如:

普通话/兰州方言

他比以前更胖了。那比以前还胖。

有什么能比家里的饭菜更让人留恋?还有啥能比屋里的饭还让人想的呢?

房子变大了,收拾起来更费力气了。房子变大了,收拾开了更费力气。

本来就困,他一讲课,我就更瞌睡。本来就乏,那一讲,我就更瞌睡了。

上面例句的前两句都出现了“比”字结构,兰州方言倾向于使用“还”来表示显性的对比;后两句不出现“比”字结构,兰州方言与普通话一样都选择“更”。普通话表示两时对比,选择“更”时,动词短语后一般会出现“了”表示新情况的出现,兰州方言选择“还”只表示两时比较,不加“了”。

普通话“更”除了表示“程度增进”义,还具有一定的篇章意义,能够构成递进复句。兰州方言中副词“才”除了与普通话一致的用法之外,还具有与“更”接近的比较意义,常用于消极的句义环境中。例如:

那们本来就嫉妒我们,这下娃娃没考上学,那们才有了说头了。

你本来就做的不对,你还嘴犟的很,这下那们才把你看不起呢。

这个话传着那耳朵里头,那才高兴坏呢,巴不得你赶紧倒台呢。

这三句从说者的角度表达消极意义,副词可以选择“才”,当然也可以选用“更”,理性意义不变,只是感情色彩上较“才”有所弱化,更接近客观陈述。

兰州方言程度副词“很”不能作状语,只能作补语。“X的很”这个格式虽然普通话中也有,但没有兰州方言用得普遍(黄伯荣,1996:392)。同时,兰州方言“很”作程度补语时,修饰的形容词前面还可以再加上程度副词“太”,以加强强调意味,如“这个娃娃就太烦人的很”。不过在新派话语中这种现象已经比较少见了。

(2)表示较低程度的“趄摸[ɕye⁵³mɣ·]”“很不”

兰州方言中“稍微”“趄摸”都能够表示程度不高,二者经常可以互相替换,都能与表示动作短暂的副词“一”连用,后面再用动词或形容词,表示动作短促或程度不深,但与否定词连用的只能是“稍微”,构成“稍不留神”之类意义的表达。例如:

这个人的事情,你趄摸做一下就成了。(这个人的事你稍微做一下就成了。)

那趄摸一看就做清楚了。(他稍微一看就弄清楚了。)

你稍微一看也不至于不及格曼。(你稍微一看也不至于不及格。)

稍不注意就把包包日掉了。(稍不注意就把包包丢掉了。)

“很不”与“不大”相似,不是完全的否定。兰州方言中否定词一般位于紧靠谓词之前的位置,使得一些本应在否定词辖域内的成分被挤到了否定词前。例如:

老家没啥人了,很不去。(老家没什么人了,不经常去。)

我们平时都说的兰州话,普通话很不说。(我们平时都说兰州话,不大说普通话。)

媳妇子是独生女,家务活很不做。(老婆是独生女,不经常做家务。)

我们山上的房子没人住了,我就很不去了。(我家山上的房子没人住了,我就不大去了。)

这种现象反映的是否定词“不”在谓词前的附缀化。根据调查的语料,这种说法目前在六十岁以下的人群中已经消失,年轻人基本没有听到过这样的说法,这反映了兰州方言受普通话影响,使得原来句法上显著的否定词附缀化现象变得不那么明显了。

(3)表示超量级的“太”“嫌”“臧”“刁不”

1)“太”

普通话的“太”只表示程度高得超过一般标准,“太”既可用来表示符合主观愿望,即使程度再高也不过分,也可以用来表达不符合主观愿望的过分义,但在兰州方言中,“太”的语义基本偏向不符合主观愿望的过分义,而其褒义用法一般由“特别”之类的词语代替,很少再使用“太”表褒义。例如:

这个人太木骨(反应迟钝),我们就把那叫了个老木骨。

你们住的那个地方太背了。

那还是太年轻了,不懂事。

但是“不太”表示频率不高、程度不高的用法是与普通话一致的。例如:

这个娃脑子将不太好些。(这孩子脑子不太好使。)

来往的频繁那也不好,不太安全。

我们老坟上不太沃耶(顺心、满意)。

2)“嫌”

兰州方言中“嫌”可以加在形容词之前,表示程度深,有明显的主观色彩,即不合人意,但是它并不是普通话“嫌弃”的意思。例如:

这个桌子嫌高呢,娃娃亘(同音字)不着。(这桌子太高了,孩子够不着。)

你的手嫌重呢,把娃娃打坏呢。(你手太重了,会把孩子打坏的。)

这个衣服嫌红呢,我穿不着出去。(这衣服太红了,我穿不出去。)

这样使用的“嫌”,语义上相当于“太”。

3)“臧[tsɔŋ¹³](同音字)”

“臧”表示程度很深,有超出一般、无法承受的意义,相当于普通话中作补语的

"死"。例如：

我把祸闯下了，我妈把我骂臧了。（我闯祸了，我妈把我骂死了。）

哎呀，疼臧了！（哎呀，疼死了。）

一个房子把人折腾臧了。（一个房子把人折腾死了。）

这个"臧"只能作补语，跟在谓语之后，不能作状语。

4)"刁不[ɕi44]（同音字）"

"刁不"表示程度很深，有非常、特别之意。例如：

这个娃娃刁不乖了着。（这个孩子特别乖。）

今个的风刁不大了一个。（今天的风特别大。）

那们两个刁不好了的。（他们俩非常要好。）

以上三句中有"刁不"，句末必须出现"的""着""一个"都是表示肯定和强调的语气词。

2.范围副词

(1)表示总括范围的"禅""一刮""一下"

兰州方言中表示总括的范围副词，除了"都"之外，还有"禅""一刮""一下"。它们与"都"的理性意义接近，但在句中的分布和功能有细微的差别。

1)"禅[tʂʻan44]（同音字）"

兰州方言中的"禅"表示"都、全"的意思。在使用时，"禅"经常与判断动词"是"连用。例如：

听秦腔的禅是老汉。（听秦腔的都是老头。）

你说的禅是老黄历曼。（你说的全是老黄历。）

那们说的禅是老掉牙的东西。（他们说的都是老掉牙的东西。）

"禅"的使用范围比"都"窄，可以将"禅"和"都"合用，这时"禅"相当于"全"。例如：

学校里的娃娃禅都睡的晚的很。（学校里的孩子全都睡得很晚。）

把这些书禅都扔掉。（把这些书全都扔掉。）

价我把那们禅都得罪下了。（我把他们全都得罪了。）

"禅"在句子中使用，能够与"所有""全部"互现，但不能与"每""随时""到处""任何"等词语搭配使用，而这些词出现的时候，一般都需要"都"与之呼应。

2)"一刮""一下"

兰州方言"一刮""一下"表示"全部、都"，也是表示总括意义的副词。它们都不能与判断动词"是"连用，也不与介宾结构或形容词组合，而是经常与动宾结构连用。例如：

出了个车祸，大车尕车一刮碰给了。（出车祸了，大车小车都碰一起了。）

亲戚朋友们一刮到医院里看去了。（亲戚朋友全都去医院看了。）

你们把树上的果子一下摘着卖掉。(你们把树上的果子全都摘了卖掉。)

“一刮”“一下”也可以再与“都”结合使用。例如：

那把书一下都卖掉了。

那些面粉我一下都做掉面包了。

昨个晚上几个蚊子，我一刮都打死了。

“一刮”与“一下”在使用时可以与“所有”“全部”等词语搭配使用，但不能与“每”“随时”“到处”“任何”等词共现。

“禅”“一刮”“一下”都不能与“每”“随时”“到处”“任何”等词共现，说明这三个词对总括对象的扫描都是整体扫描，无法逐个识别对象。“所有”“全部”的扫描方式也是整体扫描，因此这三个词能够与“所有”“全部”共现。

另外，当句中有否定结构或“每”“各个”“随时”“到处”“任何”等表示任指的词语时，兰州方言只能用“都”，不能替换成其他词。

(2)表示唯一范围的“禅”“光”

1)“禅”

前面所述表示总括范围的“禅”，意义是“全、都”，此外它的语义上也与“只”有重合之处，可以表达唯一范围。二者在限定动词宾语时可以有条件地互相替换。例如：

上海人禅吃的米饭，那们不吃面。(上海人只吃米饭，他们不吃面。)

我禅买的裙子，裤子很少。(我只买裙子，裤子很少。)

我禅是坐公交车，从来不打的。(我只坐公交车，从来不打的。)

“禅”的语义里有“全”的意思，因此当总括的对象是同质的，就可以得出这些对象只具有某种属性的结论；“禅”可以表示“只”的意义，前提是须要总括两个以上同质的对象，如果对象数量少于二，则不能用“禅”，只能用“只”。例如：

这塔只有一个人。——*这塔禅有一个人。

两个村中间只隔着一个河。——*两个村子中间禅隔着一个河。

那只给我说了。——*那禅给我说了。

明个只有你们一家子去。——*明个禅你们一家子去。

2)“光”

“光”与“只”在普通话中是同义词，兰州方言也经常用“光”替代“只”。

如果在谓语动词前后还有别的分句来补充说明主句，此时，普通话“光”和“只”都能用，但兰州方言中一般用“光”。例如：

那出门啥都没拿，光把那的手机拿上了。

那个戏我没看过，光从电视上看了几个镜头。

屋里再没啥人，光一个老妈。

另外，兰州方言“光”还有一个用法是，用在动词“看”的前面，主语为第二人称，经常表示祈使语气，相当于“快看”，引起听话人的注意，表达说话人不满的情绪。例如：

你光看，吃开了嘴漏着呢，吃到身上了。

你光看，我这屋里一个礼拜没擦就一层子灰。

你光看，那把那爸怎么歪(训斥)着呢。

3.描摹性副词

“希希(儿)[ɕi⁵³](同音字)”

兰州方言“希希(儿)”表达“实在、确实”的意思，经常用在表示主体无法坚持、承受的环境中。例如：

跑给了三趟，我希希儿走不动了。(跑了三趟，我实在走不动了。)

哎呀，我希希乏着不成了。(哎呀，我实在累得不行了。)

如果要加强程度，可以将第一个“希”的语音拖长。“希希儿”作状语、补语一般修饰动词，能与其结合的形容词不多，且都带有描写不舒服感受的负面意思，如“困、乏、累”。

4.时间、频率副词

(1)表示过去时间的“将”“待”

1)“将[tɕiɔŋ⁵³]”

兰州方言“将”可以表达“刚”的意思，口语中经常用“将”替换“刚”。例如：

我哥将出去，一会就来了。(我哥刚出去，一会就来了。)

你将说过的就不认账了。(你刚说过的就不认账了。)

将出门，电话可响了。(刚出门，电话又响了。)

2)“待”

兰州方言里“待”也表示过去时间，相当于“刚”。例如：

待来兰州着，我到区上蹲着呢。(刚到兰州时，我在区里上班。)

待开始，单位里头的人把我们也不认识。(刚开始，单位的人都不认识我。)

你往上走，待一拐就看着我屋里了。(你往上走，刚一拐弯就看到我家了。)

“待”也经常与“就”搭配，表示两件事情紧接着。例如：

现在的东西待买上就坏了。(现在的东西刚买上就坏了。)

待一上班就要搞卫生呢。(刚一上班就要搞卫生呢。)

你们待生下就是当官的吗?(你们刚生下来就是当官的吗?)

值得注意的是，陕西神木方言中有一个相似的时间副词“才待”，意为“刚要”，同时晋语等不少方言也有同样表示“刚要”的时间副词“恰待”(邢向东，2002：546)。兰州方言中单独使用的“待”应该与这两个时间副词相关，这两种时间副词在元杂剧、明清小说中已有使用。例如：

梅香，我恰才待睡一会，是甚么惊觉我来。(乔吉《全元杂剧·玉箫女两世姻

缘》)

让毕,那妖才待要咽,那药顺口儿一直滚下。现了本相……(《西游记》第十七回)

才待转身,忽听刘妃说:"转来!"(《七侠五义》第一回)

僧官接了银子才待进城,走不到一里多路,只听得后边一个人叫道:"慧老爷……"(《儒林外史》第四回)

孟达恰待开门追赶,四面旌旗蔽日,司马懿兵到。(《三国演义》第九十四回)

宋江和那两个公人抱做一块,恰待要跳水,只见江面上咿咿哑哑橹声响。(《水浒传》第三十七回)

恰待奔入这店里来,见个男女:头上裹一顶牛胆青头巾……(《警世通言·一窟鬼癞道人除怪》)

郭芹纳(1995)梳理了近代汉语中的时间词语,认为"恰待"表示"'刚要''正要'之义,属尚未进行的动作,也为将来时态",郭文中所举例子来自于《水浒传》。通过上面的例句可以看出,"恰待"表示的动作有"刚要""正要"发生之义,但也可以用于刚刚已经发生的动作,比如上面同样来自于《水浒传》的例子,其中"恰待"与真正表示将来的"要"结合,说明"恰待"表示将来之义已经不明显。《儒林外史》和《三国演义》中的例句说明被"才待""恰待"修饰的动词刚刚已经发生了。

(2)表示动作状态重复发生的"可""原"

兰州方言中,"可""原"都可以表示动作或状态重复发生,也经常与"又"连用。

1)"可"

表示重复,相当于普通话的"又""还",主要作状语。用"可"表示的重复发生经常带有感情色彩。例如:

刚洗干净的衣裳,你可做脏了。(刚洗干净的衣服,你又弄脏了。)

好了没两天,可病下了。(好了没两天,又病了。)

才这么一阵阵,你怎么可回来了?(才这么会儿,你怎么又回来了?)

可以看到,用"可"表现说话人对动作状态的重复发生觉得出乎意料,有时还带有不赞同、不喜欢的情绪,主观上不愿意动作或状态再次发生。这种用法的"可"在近代汉语中已有使用,多数情况下是以"可又"的形式出现。例如:

那大娘道:"可又来!我的父亲昨日明明把十五贯钱与他驮来作本,养赡妻小,他岂有哄你说是典来身价之理!"(《醒世恒言》第三十三卷)

只见他一面先走,口里说道:"你瞧,大师傅可又找了个人来劝你来了。"(《儿女英雄传》第七回)

平儿道:"……来了一封信,不管;接连来了三四封,还能够不寄钱么?寄了不到十天八天,可又有信来要了。"(《红楼梦》第六十一回)

当然,兰州方言"可"也可以表示转折。例如:

这个话我可没说。

你这个事情我可不会做。

你做的这些,你爸可不喜欢。

2)"原"

"原"可以表达与"还是"相似的意义。例如:

粮票到月底原就成了三毛八九了。(粮票到月底还是涨到三毛八九了。)

说着不叫送,那妈挑的饭原送来了。(说不让送饭,他妈还是挑着饭送了。)

以上两句中的"原"能够替换成"还是",但是"原"的意义不仅限于"还是"。例如:

谈对象的时候,我们掌柜的找我来,我妈说:"你领着去给我原送着来。"

这么过去,原这么回来。

这两句的"原"已不能用"还是"替换,表达的语义有差别。

"原"与"可""又"的相同之处在于表示动作状态重复发生,不同之处在于"原"实际还关注动作在空间上运行的路径,一来一回完全相同,也就是说,"原"所关注的是两个动态相同、方向相对的动作。例如:

涎水面就是把面捞着吃完,汤原倒着锅里,一个村子的人轮流吃。

搬了好几处,后头原回我们的老宅子了。

地里干了两年,工地上搬砖去了,犯了个错误,原又到地里劳动去了。

我刚出门呢,电话铃一响,我原又进来了。

这几句中的"原"都关注两个方向相对的动作,第一句汤从碗里盛出重又倒回碗里;第二句搬出老宅重又搬回去;第三句离开田地重又回去;第四句出门重又进门。

"原"用在形容词前,形容词只能是有变化意义的动态形容词,关注性状的消失和出现,也是在方向上相对的。例如:

本来烧都退了,昨天洗了个澡,晚上原热开了。

早上洗干净的,晚上回来原脏了。

那阵减了个肥,管不住嘴曼,原胖着回去了。

第一句,烧退,又烧起来;第二句,洗干净,又弄脏;第三句,瘦了,又胖回去。也就是说,如果是两次方向相同的动作状态重复发生,就不能用"原"。例如:

那婆婆两个月前病了,昨天(*原)可病了。

昨天把个手机丢掉了,今个(*原)可又把个钱包丢掉了。

那昨天给我送了个盆栽,今个(*原)又给我送了个假花。

上面这三句,两次动作性状的出现,方向一致,无法用"原",比如第三句,要用"原",就得改成"那昨天给我送了个盆栽,今个我原给那还给了"。

兰州方言中频率副词“原”在近代汉语中已有相同的用法。例如：

恐怕父亲城里出来，原移船到旧处住了。(《初刻拍案惊奇》卷三十二)

老娘道：“……曾闻古人裴度还带积德，你今日原到拾银之处，看有甚人来寻……”(《喻世明言》第二卷)

忽见月影下一青衣冉冉而来……青衣称谢，原从旧路转去。(《醒世恒言》第四卷)

他早同王师爷等说过：“等我们得胜回来，原坐这只船进省……”(《官场现形记》第十三回)

(3)表示恒久时间的“永共”“一共”

兰州方言里，“永共”“一共”相当于“总共”“从来”“一直”“永远”之意。例如：

我一共就没睡过午觉。(我从来没睡过午觉。)

女婿常来着呢，亲家永共没来过。(女婿常来，亲家从没来过。)

那把我们看不上，我永共再不登他的门。(他看不起我们，我永远不再登他的门。)

4.表示经常的“肯”

用在动词前，表示某种动作行为经常发生，或某种情况容易出现。例如：

这个娃娃肯哭的很。(这个孩子老哭。)

我连老王肯见的很。(我跟老王经常见面。)

今年夏天肯下雨的很。(今年夏天总下雨。)

现在年轻娃娃们讲话肯说“然后”的很。(现在年轻人说话老说“然后”。)

5.评注性副词

(1)“单”“迟等”

兰州方言口语中要表达“非”“偏”的意思，一般用“单”。在我们调查的语料中，没有一例“偏”的用例。

这个贼娃子，单要偷我的呢。(这个小偷，非要偷我的。)

你这待下不好吗，单要到那们那塔去呢吗?(这不好吗，偏要去他们那吗?)

我今个单要把这个事情做清楚呢。(我今天非要把这件事弄清楚不可。)

口语中也可以用“非”，尤其是像“非去不可”这样的词组，就不用“单”，但总体来说，“单”的使用频率还是高于“非”。

与“非”同义的还有“迟等”，但是“迟等”经常用于反问句。例如：

你先把妈问去，迟等那问你呢吗?(你先问妈，非等她来问你吗?)

你不会自己做吗，迟等我来做呢吗?(你自己不会吗，非要我来做吗?)

你早些洗吵，迟等半夜里呢吗?(你早点洗，非要等到半夜吗?)

(2)“可价”

“可价”意为“竟然”，表示意想不到的快。例如：

你怎么可价到了？我谋着还得一会呢。(你都到了啊，我以为还要一会呢。)

你这个学期短呀，可价回来了。(你这学期短啊，都回来了。)

我刚说完，那可价忘掉了。(我刚说完，他就已经忘了。)

(3)“不敢”

这是否定副词，除了与普通话一致的表示“没有胆量做某事”的意义外，兰州方言“不敢”还表示禁止、不应该做某事，只作状语。例如：

你河里不敢游泳去啊。(你不能去河里游泳啊。)

奶奶睡着了，不敢那么大的声音。(奶奶睡着了，别那么大声。)

不敢喝凉水，拉肚子呢。(不要喝凉水，会拉肚子的。)

这个衣裳不敢拿洗衣机洗，只能手洗。(这件衣服别用洗衣机洗，只能手洗。)

这种表示禁止、劝阻意义的“不敢”还广泛分布在陕西西安(兰宾汉，2011：159)、神木(邢向东，2002：554)，宁夏、新疆、山西、河南、内蒙古(赵久湘、杨雅丽，2014)等地区的方言中。

上古及秦汉文献中已存在的“毋敢”和“勿敢”与这种表示告诫、劝阻，用在祈使句中的“不敢”有继承关系。例如：

命妇官彩染……莫不质良，毋敢诈伪。(《礼记·月令》)

昔者圣王为法曰：“丈夫年二十，毋敢不处家。女子年十五，毋敢不事人。”(《墨子·节用上》)

帝置酒洛阳南宫。上曰：“通侯诸将毋敢隐朕……”(《汉书·帝纪一》)

毋敢履锦履。(《睡虎地秦墓竹简·法律答问》)

以上“毋敢”主要出现在律令、史传之类的文体中，表示“不准、不得”之意。尽管兰州方言口语中使用的“不敢”与秦汉法律文献中的“毋敢”在表达的语气和含义上有区别，但在表示祈使语气、告诫、规劝的意义上是一样的，有明显的继承关系。

(4)“哈巴[$xa^{53}pa\cdot$]”

语义相当于“大概、可能”，表示猜测，只作状语。例如：

这会子哈巴还没开门呢吧。(这会可能还没开门吧。)

你哈巴还没生娃娃吧。(你可能还没有生孩子吧。)

哈巴那都走掉了。(可能他走掉了吧。)

(5)“瞎好”“贵贱”

语义相当于“无论如何、好歹”，只作状语。例如：

你瞎好把高中念完曼。(你好歹念完高中。)

我爹那瞎好不到城里住着。(我爸无论如何都不住城里。)

大夫说了半天，那贵贱不开刀。(大夫说了半天，他怎么都不愿开刀。)

(6)“不是”

兰州方言里有一种条件式,表示否定的虚拟,即“如果不是这样”,其虚拟标记为“不是”,用于后一小句的开头,表示对前一小句的虚拟否定。例如:

昨个幸亏没出去,不是我爸把我打死呢。(昨天幸亏没出去,不然我爸会打死我的。)

你幸亏去的早,不是就耽搁下了。(你幸亏去得早,不然就耽搁了。)

那把答案给我说了曼,不是我肯定及格不了。(他把答案告诉我了,不然我肯定不能及格。)

“不是”前可以加表示如果的“单”,后面也可以加虚拟标记“时”。例如:

我走着那停了一下,单不是时,砖头跌着下来把我砸死呢。

下雨了给馍馍上头盖个布布,单不是把面下湿呢。

你赶紧进来,单不是把衣裳做脏呢。

那到岸上停了一会,不是时,就跌着河里头了。

“不是”后加虚拟标记“时”时,由于“是”和“时”读音相近,“时”会发生音变,读为[ʂei²¹]。单用“不是”与在其前后加“单”和“时”的意义是一样的,都表示虚拟的否定。

第二章　词类及相关问题(下)

第一节　介词

本节将分类列出兰州方言中常用的介词,并挑选其中有特色的几个介词加以描写、分析。

一、常用介词

(一)表示处所

1.在、到、从、着

2.经由:从、顺着、跟、赶

3.源点:从、跟

4.目标:到、着、朝、往、向、给、问

(二)表示时间

从、投(等)、自、赶(等)

(三)表示对象、相对

1.对、把、给

2.叫、比、让

3.为、替

(四)表示伴随、并列

跟、连、和

(五)表示工具、方式

用、连、拿、靠、当

(六)表示依凭

照、按、论、照住

(七)表示原因

为了

二、几个特殊的介词

以上列举了兰州方言中常用的介词,下面挑选其中用法与普通话存在差异或有特色的介词做解释和举例说明。

(一)表示处所的“在”“到”“从”“着”

弟兄两个在同一个街上开着两个馆子。

哥的在门上等着呢。

我们到兰州城里面蹲给了多少年。(我们在兰州待了很多年。)

一个老汉到水坑帮里站着呢。(有个老头在水坑边站着。)

那们从操场上打了一架。

徐帆是从湖北哪个剧团里头唱下戏的?

你放着哪里了?(你放在哪里了。)

你不要写着墙上。(你不要写到墙上。)

兰州方言中表示动作行为处所的前置介词,相当于“在”的还有“到”“从”“着”。前三个介词表示的是静态处所,“着”则表示动态的处所,即动作行为的终点。“在”“到”“从”与“着”根据它们与动词的相对位置而互补出现:如果处所短语在动词之前作状语,可以用“在/到/从”,不能用“着”;如果处所短语在动词之后作补语,用“到/着”。

“从”在兰州方言里既可以表示静态处所,如“我从电视上见过这个人”,也可以表示源点,如“书从图书馆借着出来就丢掉了”。介词“在”“到”“着”三者之间的关系与近代汉语介词的发展有关,梅祖麟(1988)论证了汉语方言里虚词“著”(一般写作“着”)的三种用法的来源,文中提到“附著”的“著”是介词“著”的来源,方位介词“著”最早出现于六朝的文献,在此基础上又产生了持续用法的“著”。同时,近代汉语介词“著”根据其前的动词动态和静态的不同,而兼有“在/到”两个意思,体现在兰州方言中即“在”“到”“着”三个前置介词有功能上的交叉。因此,兰州方言中持续体和方位介词都用“着”,表示方位时也可以用“在”“到”,但三者之间的关系是,“着”为源,“在/到”为流。

上述前六个例句也反映出:在兰州方言里,如果表达静态处所意义,句子必须有体标记出现。上面各句中就有持续体标记“着”、进行体标记“着呢”、完整体标记“了”、完成体标记“下”。

(二)表示时间的“投(搭)”

投儿子上大学时,我早都退休了。(等儿子上大学,我早退休了。)

投庄稼下来还得两个月。(等庄稼成熟还得两个月。)

投搭你来,饭都凉了。(等到你来,饭都凉了。)

投搭你谝过阳事时,我也就老的差不多了。(等你明白道理,我都老了。)

"投"经常与"时"搭配,表示一种对将来时间发生事件的假设。神木方言也有单用的"投"(邢向东,2002:685),宁夏中宁方言用同音的"头"表示相同的意义(李树俨,1987),在白龙江流域以"投赶"结合的形式出现(莫超,2004c:65),西安方言还有"投到"的说法(兰宾汉,2011:201),据杨伯峻、何乐士考证,"投"作为表示时间的介词最早出现在汉代。根据我们查找的材料,"投"作为表示时间的介词在宋元清时大量使用,可以单用,也可以以"投到""投至"的形式出现。例如:

投他人马来这里时,我已到襄阳府了也。(宋白话《王俊首岳侯状》)

投至临散时,可有一件好处。(乔吉《全元杂剧·玉箫女两世姻缘》)

风呵,兀的不傒幸杀人也!方才撼山拔树,飞沙走石般起,投至央及你,可倒定息了。(李唐宾《全元杂剧·李元英风送梧桐叶》)

投至的欢意阑珊,那其间彼各皆分散。(张鸣善《全元散曲·迎仙客》)

投至赴得科场,一举及第,饮御酒,插宫花。(无名氏《全元杂剧·朱太守风雪渔樵记》)

动不动便说做官,投到你做官,你做那桑木官,柳木官,这头踹着那头掀。(无名氏《全元杂剧·朱太守风雪渔樵记》)

投到您孩儿去,不知甚么人把他梅香杀了,摸了我两手血。(关汉卿《全元杂剧·钱大尹智勘绯衣梦》)

投到俺两个赏罢春呵,天色可也未晚哩。(无名氏《全元杂剧·赵匡义智娶符金锭》)

投到我来,大人每都知道了也。(无名氏《全元杂剧·十探子大闹延安府》)

前月打差使去,叵耐张玉娥无礼,投到我来家,早嫁了别人。(无名氏《全元杂剧·风雨像生货郎旦》)

(三)表示对象的"把"

兰州方言中"把"字句的使用范围非常广,"把"能够介引的成分也很多,虽然普通话和兰州方言中"把"的最主要功能都是介引对象,但其中有一些是普通话无法介引的对象,或者是普通话不用"把"来介引的对象。

1.介引受事:

把名报上了再交学费。(报了名再交学费。)

你把老师问了没有?(你问老师了没有?)

我把你看一趟。(我去看你一次。)

赶紧把车上。(赶紧上车。)

虽然普通话"把"字句也能够介引动作对象,但以上这些例句在普通话中是不用处置式表达的。

2.介引与事

他把娃娃死了。

刘老师连着讲了三节课,把嗓子讲哑了。

那年淘气着,把个胳膊绊折了。

你怎么把头发做成这么价的了。

3.介引施事

把我们算啥呢,功劳是大家的。(我们算什么,功劳是大家的。)

人家不急,把你急啥呢。(人家不急,你急什么。)

娃娃不争气,把老师费心了。(孩子不争气,让老师费心了。)

把这个还算稀奇吗?(这个有什么稀奇?)

4.介引比较对象

窑街炭把靖远炭比不上。(窑街的碳比不上靖远的碳。)

我把你大下一轮呢。(我大你一轮呢。)

那把我高着一头呢。(他高我一头呢。)

那的学习就是把你好着一截子。(他的学习就是比你好很多。)

5.表示动作方向,相当于"对"

校长就是把理科班的学生好。(校长就是对理科班的学生好。)

价把娘老子好的儿女不多。(对父母好的儿女不多。)

那把这个事情特别认真。(他对这事特别认真。)

我把这个人没啥印象。(我对这人没什么印象。)

6.相当于"管"

你看那那么胖的,我们把那叫的包子。

我们把爱显摆的人叫的显客子。

那还把我叫阿姨呢,我有那么老吗?

普通话中,只有较典型的受事及使动行为的受事可以采用"把"字处置式,因此"把"字句可以作为普通话验证受事典型程度的标准之一,但是兰州方言"把"字可介引的对象种类多,非典型受事的宾语,甚至主语都可以进入"把"字句,"把"字句也不仅仅表示处置。因此,兰州方言中,"把"字不能用来作为鉴别受事典型程度的标准。

(四)框式介词"往……里"

自类型学家 Greenberg (1995)提出框式介词(circumposition)的概念后,框式介词同介词(adposition)、前置介词(preposition)、后置介词(postposition)这几个术语组合形成系列,介词是上位词,包括前置介词、后置介词和框式介词(王世群 2013:12)。刘丹青(2003a)就"介词"的名称和内涵做过讨论,认为汉语语言学文献中通行的"介词"主要是指由动词虚化而来的"前置介词",但汉语并非只有前置性的介词,还有"后置介词",多来自方位名词,以及大量存在的"框式介词"。虽然这三类介词的词类来源不相同,但是从介词的句法功能来看,它们应该被看作一个上位概念下的三个下位词。刘丹青将框式介词定义为:由前置介词加后置介词构成的、使介词支配的成分夹在中间的一种介词类型。刘丹青(2003a:145)自己对"框式介词"的定义采取宽式处理办法,认为前置介词也可以跟非后置介词的单位构成框式介词,后置部分还可以是助动词、副词或意义很虚的连接成分。陈昌来(2002)也提出类似概念,并将其称之为"介词框架",指介词在前,其他词语在后,介词所介引的对象被夹在中间,形成了一个框架。王世群(2013:25)参照后置介词的类型将汉语框式介词分为处所类(如"在/到……上")、起讫类(如"自打/从……起")、排除类(如"除……之外")、比况类(如"跟/连……一样")、关涉类(如"就……而言")、依据类(如"照……来说")、目的类(如"为……起见")等。

兰州方言中有一个框式介词,其形式为"往……里",只能在动词之前作状语,能够进入其中的成分在语义上充当动词的补语,在兰州方言和普通话中也都存在与这类结构相平行的动结式"VC",因此可以将这类框式介词构成的成分用"往C里V"表示。下面分析该结构出现的语境,能够进入该结构的成分,该结构对各个成分的制约,及其整体的结构意义和语义特征。

1."往C里V"出现的语境

兰州方言中的"往C里V"结构,根据其出现的语境分为两类。

(1)说话人命令、要求听话人以某种结果状态为目标发出动作

我来就是问你几个问题呢,你就给我往明白里说一下曼。

不要听别人的,把事情往好里做,再不敢胡做。

看着把该办的事情都赶紧往清楚里办。

衣裳往干净里穿,一天玩的跟个猴一样,尽叫我洗衣裳呢。

(2)说话人客观陈述动作从发出到有结果状态的变化过程

为啥木头要用锯子往开里锯呢?

那们两个是认识七八年,但是把事情就没有往破里说。

日子苦曼,今个天有个好吃的,就存着存着就往坏里存呢。

大的穿罢,往短里剪给下,里面的裤子补给下,给尕的个做上。

兰州方言中"往C里V"结构主要出现在祈使语境以及描述动作变化过程的语境中。如果"往C里V"结构出现在祈使语境中,结构中的"C"凸显结果意义会成为句子的焦点,得到强调。同时,"往C里V"之前一般不再出现其他状语,即便出现也不会太复杂。如果"往C里V"结构只是客观陈述动作的变化过程,句子焦点有可能在"C"上,但整个结构之前有可能还会出现其他状语,充当焦点。通过考察上面的例句可以发现,兰州方言"往C里V"结构无论出现在哪种语境中,都强调动作的结果状态,并且关注该结果状态的变化形成过程,而不是静止状态,也就是说这

种结构关注动态变化过程以及最后的变化结果。因此,我们认为"往C里V"在语义上具有的关注变化过程意义主要由V来承担,关注变化结果的意义主要由C来承担,二者之间存在互动关系。

2."往C里V"的构成成分

(1)结构中的"C"

兰州方言中,"往C里V"的"C"可以是动词和形容词。前面提到,"往C里V"关注动态的变化过程及其结果,那么充当"C"的动词本身必须包含结果意义。符合这种条件的动词有以下这些:

A.懂、会、怕、烦、明白、腻

B.倒、断、坏、漏、落、散、死、碎、醒、醉

A类动词属于感觉动词,B类动词是结果动词[①]。

以上动词可以充当C,进入"往C里V"结构。例如:

你往明白里学,不要不懂装懂。

你把那往烦里惹呢曼,那不给你发脾气着。

把这个棍棍子往断里扳。

你舅舅一天尽往醉里喝呢曼,赶紧往醒里摇,让吃上些饭再睡。

通过上面所举的例子可以看到,能够进入"往C里V"结构充当C的动词属于缺乏时段持续特征的动词,这些动词所指的动作刚一发出就有结果,开始和结束重合在一起。这一类动词在语义上更加关注动作的结果,而非动作的过程,因此才能够进入结构,充当表示结果意义的"C",而那些表示动作可以延续相当长一段时间的动词由于自身没有内在的终结点或不凸显终结点,则无法进入"往C里V"中充当"C"。

形容词分为状态形容词和性质形容词,几乎所有的性质形容词都可以表示结果意义,符合"往C里V"结构关注变化结果的要求。因此,兰州方言中充当C的最主要成分是性质形容词。例如:

你往大里写,我看不见。

你往清楚里说吵,呜呜啦啦的说的啥曼。

我先往完里写,写罢你给我看给下。

话要往开里说呢曼,老憋着个心里,又不解决问题。

状态形容词无法进入上述结构,宗守云(2013)认为是因为状态形容词缺乏变

①施春宏(2008:66)分析了动补式中充当补语的动词,上面所举A类动词可以表示行为主体的心理状态,还可以表示主体在外部力量的作用下变化而产生的状态;B类动词表示受动作的影响而产生的状态或结果。

化意义[1]，表示静态的结果状态，因此无法与整个结构关注动态变化的要求相吻合，不能进入这个结构，我们认为这种说法并不合理。正如前面提到的，我们认为这个结构表达变化意义是通过动词完成的，而充当C的成分主要承担结果意义。事实上，状态形容词表示的虽是一种静止状态，但并非结果状态，而是程度状态，状态形容词无法接受程度副词的修饰正是因为它们本身具有了程度意义，这种程度意义不是结果，只是一种更高的程度，这与"往C里V"关注变化结果的要求不符。在兰州方言中，能够进入"往C里V"的性质形容词，如果加上程度副词也不成立，这是因为加上程度副词之后的性质形容词不表示结果意义，而是凸显程度。例如：

*往更明白里学。——再往明白里学。

*往更高里站。——再往高里站。

*往特别完里吃。——再往完里吃。

以上三例中性质形容词前面加上程度副词的用法不成立，只能在整个"往C里V"之前加上表示程度的"再"。因此，状态形容词不能进入"往C里V"不是因为它表示静止结果，与整个结构关注变化过程的要求相违背，而是因为状态形容词本身不表示结果，只表示程度，与"往C里V"的"C"要求结果的意义不符。前面所描述的能够进入该结构的动词，"倒""懂""腻"等虽然本身缺乏时段持续特征，开始和结束重合在一起，也不关注变化过程，却能进入"往C里V"，正是因为它们凸显结果意义。

(2)结构中的"V"

前面的分析表明，"往C里V"结构关注变化过程及结果，那么能够进入其中的动词须要具备过程意义，一般动作性强的持续性动词都能够进入这个结构。

普通话中偶尔也有用这种结构表达的情况，但是根据宗守云、张素玲(2013)的统计，在普通话中能够进入这种结构的只有为数不多的几个形容词，一般较为常用的是：深、大、小、远、近、高、多、少、好、坏、宽、严、难、短、细、轻、重，以及死、饱这两个动词。另据李向农、余敏(2013)的调查，普通话中出现最多的是"往死里V""往好里V""往坏里V""往高里V""往多里V""往饱里V"。可见，普通话中能够使用这种结构的是数量有限的几个形容词和动词，远没有兰州方言中的使用频率高、范围广，下面进行对比说明。

3."往C里V"的语义特征

普通话中最常使用的仍是动补式"VC"，兰州方言中既有"VC"式，也有"往C里V"式，那么通过对比这两种形式可以得出兰州方言"往C里V"结构的语义特征。

(1)"往C里V"更注重过程意义，"VC"更注重结果意义

甲：奶奶没听清，你给那往清楚里再说一遍。

---

①张国宪(2006:76)指出状态形容词是以时间为背景，表示一种静止状态，这种状态是临时的。

乙$_1$:我给那说清楚了,那不愿意听。

乙$_2$:*我给那往清楚里说了,那不愿意听。

甲:你给我说你怎么抹药着呢。

乙$_1$:? 抹匀就成了。

乙$_2$:慢慢往匀里抹着呢。

以上两组例子中,第一组乙$_2$的回答使用"往C里V"结构,此说法不成立,因为甲句要求的是结果意义,不注重过程,此时只能用一般动补结构。第二组例句中,问句中有"怎么",即关注动态的过程,而动补结构在这里只表达了结果意义,没有回答问话人的问题,并不合适,因此最合适的回答是使用"往C里V"。由此可见,兰州方言使用一般动补结构更注重结果意义,使用"往C里V"结构更注重过程意义。

(2)"往C里V"一般是可控的,"VC"可以是受动作主体控制的,也可以是非自主的

赶紧走,一阵阵雨就下大了。

——? 赶紧走,一阵阵雨就往大里下呢。

你那些姑父曼,找着把你爸往大里灌着呢,你爸一会就喝大了。

——*你那些姑父曼,找着把你爸灌大呢,你爸一会就往大里喝了。

我没看着就栽倒了,不是故意往倒里栽的。

——*我没看着就往倒里栽了,不是故意栽倒的。

以上三组例句中错误的表达用加下划线的方式标示,可以看出,兰州方言"往C里V"结构一般用于动作主体对动作以及动作的结果有控制力的语境中,如果主体是自然事物或主体不能直接支配动作且不能决定动作的结果时,则不能用"往C里V"。

方绪军(2004),刘光明、储泽祥、陈青松(2006),李向农、余敏(2013)等先后对介词"往"的语法化过程和在普通话中的搭配情况等做了分析。大体来说,"往"在唐代以前主要用为实义动词,唐代由于"去"的"往"义用法普遍,逐渐替代了实义动词"往",因此"往"发展出分别在动词前后介引动作目的地论元的用法。

动词后的"往"主要搭配那些表意重点不在位移过程而在结果的动词(刘光明、储泽祥、陈青松,2006:16)。另据李向农、余敏(2013:22)的统计,出现在状语位置的"往"主要搭配位移性的动词,也就是说"往"根据与动词的相对位置,语义上分别偏向关注过程和关注结果。根据上面的介绍,兰州方言中"往C里V"式关注动态变化过程及其结果,那么可以说这种结构中的"往"兼具普通话动词前后介词"往"的语义属性,既关注位移过程又关注变化结果。当然,这种结构表达的结果意义也是相对的,因为上面的例句表明,相比之下,一般动结式表示的结果意义更为显著。

“往”由动词发展成为介词之后，根据与动词的相对位置，语法化的程度有所不同。动词前的“往”语法化程度更高，因为动词前的“往”可以出现在完全不表示位移的句子中（刘光明、储泽祥、陈青松，2006：16）。兰州方言中“往C里V”也具有隐喻性，状位“往”介引一个目的名词时，须是一个真实的对象。“往C里V”能够与动词、形容词结合，实际上是将“C里”看作一个容器，整个结构反映的是这个容器从“非C”到“C”的一个变化过程。

“往C里V”结构也可见于其他方言，如白龙江流域的方言（莫超，2004d）以及晋语（宗守云，2013）。不过在晋语中，这种结构的发展更加迅速，使用范围更广、频率更高。晋语中该结构的“里”逐渐变成一个附缀甚至脱落，并且能够与介词“往”搭配的成分也更多，不过整个结构关注变化过程及结果意义的用法与兰州方言相同。

（五）“叫/让”与“把”连用

英语中，两个介词可以并列使用，构成复合介词，如“into”“onto”等。汉语中常常使用框式介词，而没有介词连用的情况。兰州方言中也没有复合介词，但存在一种由“被”字句和“把”字句杂糅发展而成的介词连用形式“叫把”“让把”。

兰州方言中使用的被动句虚词为“叫”“让”，在一些具体的句法表现上与普通话有所区别。

1.被动句虚词之后的施事有时可以省略。例如：

这个路上坑坑洼洼的，我老就叫绊下着呢。

那个狗娃子歪（厉害、凶猛）的很，我尕的时候叫吓下着呢。

现在街上贼娃子多的很，昨天隔壁子（邻居）的包包就让偷掉了。

今个早上拖下地没注意，让滑了一跤。

如果施事在上文中已经提到，则被动句中可以省略施事。

2.被动句和把字句杂糅的现象常见。例如：

隔壁子屋里昨个叫个贼把一千块钱偷掉了。

奶奶叫个尕石头把脚崴下了。

我现在老了，昨个街上让个尕小伙把我骗下了。

昨个闯下祸了，让我妈把我骂臧（程度补语，表示程度深）了。

由于这种杂糅经常出现，本来应该位于话题位置的受事，却经常出现在“把”后。例如：

我被他骗了。——叫那把我骗下了。

我被狗咬了。——叫个狗把我咬下了。

有时，口语中稍长的句子，受事在话题位置出现一次，在“把”后又出现一次。但话题位置的受事是可以省略的，“把”后的受事却是必须出现的，或者两个位置都出现，“把”后采用代词来回指。例如：

我让那个厂门口的尕道道把我绊给了一跤。

老张叫门口联通营业厅的人把那拉着去做了个活动。

还有一种杂糅,有时是被动句包含在"把"字句之中。例如:

这个小区太不安全了,昨个把隔壁子叫偷掉了。

我那时候住的房子太烂,差些把我叫塌死到里头。

3."叫把""让把"作为整体

由于上述1的特点指出,兰州方言被动句中的施事可以省略,特点2表明,在兰州方言里,"把"字句是高频使用的句子,因此被动句和"把"字句杂糅也成为被动句里最自然的表达。这两方面特点发展到一定程度,当被动句施事在上文中已经出现,或者无法确定施事,甚至施事不作为表述重点时,就只剩下被动句虚词。在与"把"字句杂糅的环境中,就形成了兰州方言中"叫把"连用的现象。例如:

给你说这个道道子路不平呐,老就叫把我绊下着呢。(施事不确定)

我上车的时候看着这个人不对,后头下车才发现让把我的包包偷掉了。(施事在上文中已出现)

夜里头不知道啥响给了一下,叫把娃给吵醒了。(上文中出现施事)

你就疯着,价看,让把头碰下了吵。(施事不作为重点)

这种"叫把""让把"连用构成的整体,意义是两者的结合,即"被……把……"只是被动的施事不出现,这里"叫/让"也不以"把"构成的短语为论元,而是直接与"把"结合。这与英语"from outside""in between"是不同的,但是我们仍不能把这种连用的"叫把""让把"看作复合介词,因为它们还没有凝固到中间不能够插入其他成分的程度。

第二节　助词

关于兰州方言助词系统,之前的文献资料中一直没有过专门的考察,涉及一些助词的用法时,作者们一般只是在文中随文解释,并没有系统的观照。何天翔(1987)讨论兰州方言中的"上"和"下"时,涉及了这两个词语表示的动态意义,但文章中只粗略分出动词用法和非动词用法两种情况,对于"上""下"表现出的体意义并没有做专门的归类。可以说兰州方言助词系统的研究是相对空白的,本节分结构助词、时助词和体助词三部分讨论兰州方言的助词系统,也论及由时助词和体助词所表达的时体范畴。

一、结构助词

不同于普通话结构助词"的""地""得"书写形式三分的格局,兰州方言只有结构助词“的[ti·]”，兼作定语、状语、补语标记，没有“地”和“得”①。在兰州方言中，“地”没有轻声的读音，只有表示“土地”的“地”一个念法，念为[ti^{13}]；“得”在表达“得到”义时读为[tɣ^{51}]，表达义务时读为[tɣ^{13}]，也没有轻声的读音。下面介绍兰州方言结构助词“的”的三种功能。

(一)“的”作定语标记

兰州方言“的”作定语的语法标记时与普通话大体一致：可以构成“的”字短语；可以用在两组同样的动词中间；还可表示“有的……有的”，比如“死的死”“伤的伤”；或是用在名词、动词、形容词后表示原因、条件，如“大过年的”。但有个别用法与普通话存在差异。

1.“亲属称谓+的”可以表示亲属称谓为第三者的领属对象

兰州方言“亲属称谓+的”可以构成“的”字结构表示领属，如“妈妈的眼镜子”“爷爷的茶壶”等。另外，“亲属称谓+的”中，亲属称谓还可以是被领属的，即除说者、听者之外第三者的领属对象。例如：

哥的(他哥哥)、阿舅的(他的舅舅)、挑担的(他的连襟)、亲家的(他的亲家)

这种组合可以充当主语、宾语、介词宾语，但不能作定语，亲属之间互相称谓时常用。兰州方言中“亲属称谓+的”表示领属与被领属主要有以下差别：首先，被领属形式的“亲属称谓+的”能够单用，表示领属的“亲属称谓+的”只能作定语，须要补充核心名词；其次，表示领属的“亲属称谓+的”可以加上“你”“我”“他”“我们”作定语，而被领属的形式一般不加修饰成分，要加只能是“人家”这样的代词；最后，两种结构的内部层次不同，表示领属的“亲属称谓+的”切分处在“的”之前，被领属形式的切分处在亲属称谓之前。类似的现象也出现在神木方言中(邢向东，2002：580-583)，神木方言中这种亲属称谓的被领属形式的使用频率更高，而在兰州方言的新派话语中已不多见。同时，神木方言的被领属形式还可以在前面再加上“他”用在非亲属的同辈之间面称，如“他婶婶的/他姨姨的”。邢文认为这是一种曲折的表达，是从自己孩子称说的角度来称呼对方，以示尊敬，兰州方言没有这种表达方式。

2.用在两个数量词之间

这个房子不大，三米的四米，一共也就十二平方米。

四块的五块，一共九块。

刚给奶奶量了下血压，一百三的九十四，正常的很。

①张文轩、莫超所著《兰州方言词典》(2009：23)中收录的兰州方言助词只有“的”，普通话用在形容词之后作补语的“得很”，兰州方言也写作“的很”；黄伯荣(1996：546)所著《汉语方言语法类编》将兰州方言助词写作“的”(地、得)，显然也认为结构助词“的”包含了普通话“地、得”的功能。

那今个买了两个衣服,八十的二百七,还可以。

张文轩、莫超(2009:23)认为,在数量词之间使用的“的”表示相乘或相加的意思。这只是上述前两个例句中“的”的使用情况,而后两例中“的”前后的数词并没有相加或相乘之意。实际上,当叙述某种情况时需要两个数字同时出现,那么就可以用“的”加在第一个数词之后,再加上第二个数词。

另外,普通话“的”能够用在指人的名词、代词和表示职务、身份、角色等的名词前面,表示某人承担的角色、任务等,如“你的主席”“我的记录”,兰州方言中没有这种用法。

除上面所述“的”作定语标记之外,兰州方言后缀“们”可以在代词和指人名词后充当单位、家庭、集体等名词的领属定语标记。例如:

我妈们屋里、那个老师们班上、阿舅们单位、娘娘们院子里

(二)“的”作补语标记

兰州方言中,能够表示结果状态的结构助词有两个,即“的”和“着”,由于兰州方言“着”的功能比较丰富,属于兼类虚词,我们将在第四节中专门讨论,这里暂不展开。下面来看“的”作补语标记时的情况。

1.补语指向施事者或受事者。例如:

把我热的想把衣裳脱光呢。

你把我看的不好意思了。

那把人说的难受的很。

那个老农民们戴的那个羊肚子毛巾,脏的成个黑狗肠肠子了。

2.主谓短语充当情态补语,补语中的谓语部分说明补语中的主语。例如:

那把我打的头上破了个疤子。

我一天尽跑的腿子疼的很。

那做的头发成了个爆炸的了。

这样的例句数量不如上一类多,而且补语部分的主语与整个句子的主语之间必然有领属关系,比如第一句的“我”和“头”,第二句的“我”和“腿子”,第三句的“那”和“头发”。兰州方言中由于“把”字句的高频使用,以及语序上宾语倾向于提到动词前,致使兰州方言动词后名词成分的出现受到限制。因此,情态补语之中再出现主谓短语的情况比较少。

3.补语指向动词本身,而且补语并不复杂。例如:

那学就上的凶。(他上学上得好。)

那的歌唱的好,我的字儿写的好。

那的儿子心疼(可爱)的很。

你做的歹呀。(你弄得好。)

(三)“的”作状语标记

“的”作状语与普通话“地”的功能完全一致，用于连接状语及其中心语，这里不再赘述。

二、体助词

讨论兰州方言的体助词，分析体助词所表达的体意义，必然涉及“体”的概念，“体”范畴是语法学界关注的众多语法范畴之一，不同学者对“体”有不同的界定①，这里对较重要的几家定义和体系做简要介绍。

戴耀晶(1997:5)认为，“体是观察时间进程中的事件构成的方式”。从这个定义可以看出，“体”范畴与“时”范畴不同，但又与“时间进程”密切相关。同时，“体”是和整个句子相关的。“体”的具体内容也比较复杂，戴耀晶(1997:81)认为观察事件最基本的方式有两种：一种是从外部来观察一个事件，一种是从内部来观察一个事件。从外部观察事件，将事件作为一个整体，得到完整体；从内部观察事件，将事件的进程分割为不同的部分和样态，得到非完整体。对完整体和非完整体再做分类，完整体中又有现实体、经历体、短时体；非完整体中又分持续体、起始体、继续体。陈前瑞(2008:47)研究汉语的体貌系统，将汉语的体貌系统看作由情状体、阶段体、边缘视点体、核心视点体组成的四层级系统。用趋向成分表示的起始体、延续体，补语成分表示的完结体、结果体，动词重叠式与复叠结构表示的短时体和反复体，都属于阶段体范畴的内容；完成体和进行体则属于边缘视点体，因为语法化程度相对较低；完整体和非完整体，即由“了”“着”表示的体属于核心视点体，其语法化程度较高。同时，也将完成体和完整体统称为外部视点体；把进行体和非完整体称为内部视点体。刘丹青(2008a:463)以Bernard Comrie和Norval Smith所编著的《Lingua版语言描写性研究问卷》为提纲，结合汉语实际，将“体”大致看作观察情境延续的不同角度，但是在此基础上又区分出完成体，因为完成体所表示的事件或情境已经发生和完成，既然情境已经完成，就谈不上观察其延续的角度，因此单立出来。

在上面“体”的定义下，又进一步区分完整体和非完整体，非完整体从内部构成成分方面观察情境，又可分为惯常体、持续体、进行体、开始体、终结体、反复体、单

①不同学者对“体”有不同的界定，有的从动词动作角度做解释，如吕叔湘(1942)、高明凯(1948)；有的认为“体”还与时间关系密切，如Quirk(见戴耀晶，1997:2)；还有的从情状角度对“体”的意义做出界定，如Comrie(见戴耀晶，1997:2)。《现代语言学词典》(2000:29)对“体”有如下定义：“对动词作语法描写的一个范畴(其他范畴有时和语气)，主要指语法所标记的由动词所表示的时间活动的长短或类型。”可见《现代语言学词典》也是将“体”看作与时间相关的一个动词范畴。以上这些角度都是把“体”看作属于动词的一个范畴，而“体”是存在于句子表达的事件中的。因此，描写和讨论时需将动词以及与动作行为相关的事件均作为考察对象。

变体、瞬间体、延续体、同时体及其他共十种体。在这个体系中,“体”并非二分为完整和非完整两种,而是三分为完成体、完整体和非完整体。Hashimoto(1993:69-87)简要介绍了见于汉语方言的十六种动态,包括完成(perfective)、肯定(affirmative)、进行(progressive)、持续(durative)、经历(experiential)、起始(inchoative)、瞬间(instantive)、部分(partitive)、习惯(habitual)、频现(incessant)、补偿(compensative)、变化(change)、尝试(tentative)、继续(continuative)、恢复(resumative)、完整(completive)等(陈满华,1996)。黄伯荣(1996)描写介绍了方言中的体范畴,包括完成体、短时体、进行体、反复体、起始体、可能体、结果体、经历体、再次体、复原体、结束体、存在体、继行体、接连体、实现体、将行体、零形体等共十八种“体”的表示法。这些都为我们确定兰州方言的体系统,挖掘、描写体助词所表达的体意义提供了依据。

本小节讨论兰州方言体助词系统,为节省篇幅,突出重点,我们对兰州方言中与普通话一致的助词仅做陈列,或作为分析其他助词时的参照,不再单独分析,而重点分析兰州方言中不同于普通话的助词,或虽然形式相同,但句法功能有差异的助词。这里我们主要讨论兰州方言的体助词,并不对体系统做理论层面的探讨,因此我们尽量采用简便的体系。综合以上各家体系,在我们考察兰州方言体助词后确定了兰州方言体助词与体系统的对应关系,兰州方言体系统中包括完成体、完整体、持续体、进行体、尝试体、开始体、反复体、延续体。各种体和体助词的关系如下:

过:完成体　　下:完成体　　了:完整体　　上:完整体持续体

着:持续体反复体　　的:持续体　　到:持续体　　着呢:进行体

给(一)下/阵子:尝试体　　呢:反复体　　开:起始体

在以上体助词中,“着、了、过、的”是专职的体助词;“上、下”是由趋向动词虚化而来的;“给(一)下/阵子”正处在补语向助词过渡的阶段;“起来”在兰州方言中没有体的用法。总之,兰州方言体助词与普通话体助词有同有异,对应关系比较复杂。

(一)完成体助词:“过[kuɣ·]”“下[xa·]”

1.“过”“下”的句法表现

普通话中的“过”可以表示已经发生并完成的行为,对现在有影响,即具有现实相关性,但是“过”如果与一些非常规的行为搭配就只能表示有过某种经验了。“‘过’的完成用法可以归为完成体[①],作为完成体标记在体系统中的作用并不重要”

①“完成体”关注的是动作的过程是否结束,80年代中期以前,汉语学界普遍认为动词后的“了”表示动作的完成,但刘勋宁(1988)指出,动词后的“了”应表示实现,动作不一定结束,刘月华(1988)认为将动词后“了”的意义概括为“实现”更符合实际,石毓智(1992)则认为普通话动词后的“了$_1$”和句末的“了$_2$”实际是同一个“了”的不同变体,都表示“实现”。因此本节采用这种观点,将“了”看作是表示完整体(实现)的助词。

(刘丹青2008a:459)。

兰州方言中的"过"可以用于非预期性行为,表示具有某种经验,也可以表示具有现实相关性的已经发生并完成的事件,此外还有一个助词运用更加频繁,即"下"。例如:

我将刷下牙的,再不吃了。

我输下液的,今个不能喝酒。

那件事情以后,两家子就种下气了。

我的衣裳穿着短下了,穿不成了。

可以看出,助词"下"能够在动词、形容词后表示已经发生并完成的动作性状,对现在有影响。

需要说明的是,普通话中可以用"过"对完成的事件或者某种经验提问,而在兰州方言中,提问已经完成的事件一般不用"过",相应的答句也没有"过"。例如:

普通话/兰州方言

你吃过饭了吗?——吃过了。你吃了没有?——吃了。

你洗过澡了吗?——洗过了。你澡洗了没有?——洗了。

你去过奶奶家了?——去过了。你到奶奶屋里去了?——去了。

兰州方言中,若问句用"过",一般只询问经历。例如:

你去过上海没有?

你吃过鲅鱼没有?

你谈过对象没有?

另外,普通话用"过"表示完成只能用于预期的常规性行为,用于非预期性的行为只能表示经验,而兰州方言"下",即便与非预期性的行为结合表示经验,仍然是对现在有影响的某种经验,此时,一般需要句尾表示强调的"的"与之配合。例如:

那出下国的,把啥没见过。

那个们下下苦的,把这些困难算个啥。

那爷抗战年代那都是杀下日本人的,那还怕啥呢?

我爸干下塑料皮革的,是不是真皮那一眼就能看着出来。

上述四个例句中,所发生的都是非预期性的行为:出国、受苦、杀日本人、干塑料皮革。它们都能与"下"结合,表示的是过去某种经验对现在的影响。因此,在非预期性的事件行为中,"下"即便表示某种经验,仍然具有现实相关性,仍然是"完成用法"。那么,兰州方言的"下"作为完成体标记,其适用的事件类型多于普通话的"过",在兰州方言的体系统中能发挥重要作用。

2."过""下"比较

普通话用"过"表示完成和经验,但处于不同的事件类型中,兰州方言中的

“过”与此保持一致。那么兰州方言中的“过”表示的完成与“下”表示的完成有什么区别,“过”表示的经验与“下”表示的经验又有什么不同,下文将进行讨论。

(1)“过/下”表示经验

用“过”表经验和用“下”表经验所出现的句法环境是不同的。用“过”表经验只是一般性的陈述,后面可以没有后续句。用“下”表经验,是对整个命题的肯定,“我去下上海的”,是表达对“我去过上海”这个事件的整体肯定,相当于“我是去过上海的”,即SV下(N)的=S是V过(N)的。“下”中包含了“是”所表达的强调和肯定语气,肯定的目的是要对其后的句子构成影响,因此一般都有后续句。例如:

那去过上海。

那去下上海的,新鲜的东西肯定知道呢。(他是去过上海的,新鲜的东西肯定知道。)

那的乒乓球得过兰州市的冠军。

那的乒乓球得下兰州市的冠军的,你把那打不过。(他的乒乓球是得过兰州市冠军的,你打不过他。)

正因如此,转换成问句时,表示经验的“过”“下”构成的问句中的预设是不同的:“过”构成的问句在陈述句尾加疑问词“没有”,“下”构成的句子,在陈述句最后加疑问词“吗”。“过”构成的问句对事件本身没有预设,因此答案可以是肯定的也可以是否定的,而“下”表经验的问句由于陈述句是对命题的肯定,因此转换为问句时,已经有预设,是已知经验的存在,为了证实而发问,答案一般只能是肯定的。例如:

你去过上海没有?——去过/没去过。

你打过疫苗没有?——打过/没打过。

你去下上海的吗?——对/就是的。

你打下疫苗了吗?——嗯/就是的。

兰州方言中用“下”表示经验一般是跟在动词之后,形容词要表示经验只能与“过”搭配。

(2)“过/下”表示完成

你吃了没有?

a:我吃过了。

b:*我将吃下的。

你吃了没有?再吃些水果。

a:我吃过了,再不吃了。

b:我将吃下的,再不吃了。

上面两组问答,第一组是对过去事件提问,但并未明确表明此问对现在的作用,答句一般不采用“下”表达完成,只是用“过”来对过去已发生并完成的事件行为做一般陈述;第二组对过去事件提问后,紧接着说明此问的目的是现在想让听者再吃些。答句选用“过”“下”表示完成都可以,但是用“过”表示的完成和用“下”表示的完成在附加的语气上有区别。“过”表示的完成不如“下”表示的完成语气强烈。用“下”表示的完成含有对发生过的事件行为再次肯定的语气。综上,用“过”表示的完成,其现实相关性可以不明确表现出来,用“下”表示的完成必须有明确的现实相关性,因此,一般陈述已完成的事件行为不用“下”。

此外,如果表示性状变化的完成,兰州方言只能用“A下”,不用“A过”。例如:

大下了、长下了、红下了、软下了、多下了、少下了

如果用“A过”只能表示经验,无法表示完成。这说明兰州方言中“下/过”在与形容词搭配时有功能上的分工,形容词与“过”搭配只能表示经验,形容词与“下”搭配只表示完成。

3.“过”“下”与时间的关系

普通话“过”可以用于现在时间、过去时间和将来时间之中。例如:

我吃过饭了。(现在)

他们昨天来时,我已经吃过饭了。(过去)

七点多去找他吃饭的话,他可能已经吃过饭了。(将来)

兰州方言的“过”与此是一致的,能够与三种时态搭配,但是“下”只能表示有现实相关性的发生在过去的事件,因此只能用于现在时间和过去时间,而无法用于将来时间。例如:

碱大下了,这个馍馍吃不成了。(现在)

那们昨个找我来时,我将吃下的曼,再怎么吃呢?(过去)

*明个晚上找那吃饭,那可能将吃下的。(将来)

“下”只能肯定过去已经发生的事件行为,因此不能用于将来时。普通话“过”能够与三种时态搭配,也说明这个“过”是体而非时,不受时的约束。那么兰州方言的“下”一定程度上确实受到时的约束,应该看作“体兼时”的一种标记。

4.“过”“下”表达的体意义

(1)过去情景带给现在的影响

从“过/下”的现实相关性中就可以看出,它们都表达过去事件行为对现在的影响,只是“过”不一定将这种现实相关性明确表达出来,“下”则必须将这种现实相关性表现出来,经常是通过从句中的后续句来表达。

(2)到现在为止至少发生过一次的情景

这是完成体用于经验体的情况,兰州方言“过/下”都是能够用来表达经验的,只是“过”表经验和表完成所适用的事件类型是不一样的,互补分布,而“下”则不限制事件类型,即使在非预期性的事件中也可以表示过去至少发生过一次的情景对现在的影响。

助词“下”由动词“下”演化而来，在这个基础意义之上，又派生出趋向补语的用法来表示运动的方向，这种补语用法消除了方向意义再引申出结果补语的用法，表示完成体的助词“下”正是由表示结果意义的补语“下”进一步虚化而成的。

(二)完整体助词：“了$_1$[lɔ·]”“上[ʂɔŋ·]”

1.“了”

刘勋宁(1988)论证了普通话词尾的“了$_1$”不表示完成而表示实现，之后学者们大多赞同将普通话中的“了$_1$”看作实现体，甚至认为“了$_1$”是接近完整体的标记。完整体是从外部整体上观察行为或事件、不关注事件本身的阶段过程，只要一个事件发生了，不管有没有结果，现在还是否在继续，都可以用这个体(刘丹青，2008a:463)。

动态性、完整性、现实性是完整体的重要语义内容(戴耀晶，1997:35)。我们按照这三方面的语义内容来观察兰州方言“了$_1$”。

(1)动态性

动态性是指“了$_1$”指明了一个变化点。在普通话中，“知道”“认识”这样的静态动词，因为不反映变化，时间结构是匀质的，因此这类动词通常表达一个静态的事件，如“他知道这件事”“我认识这个人”等。在这些动词之后加上“了$_1$”，会使静态的句子变成动态的，如“他知道了这件事”“我认识了这个人”。

通过对比我们发现，在兰州方言中，如果句子中有上述不反映变化、时间结构匀质的静态动词要表达动态事件时，也不能加上“了$_1$”。例如：

*我去年就认识了尕王。——我去年就认识尕王了。

*我知道了这件事。——我知道这个事情了。

*那忘了这个事情了。——那把这个事情忘掉了。

以上这些例句中的动词，“认识”“知道”“忘”都是静态动词，不反映变化，在兰州方言中，这些动词都不能加“了$_1$”来表达变化，而是用句末肯定变化的“了$_2$”。

如果上述各句中宾语带上数量成分，则静态动词之后也可以加上“了$_1$”。例如：

这个会上，我就认识了一个人。

我就知道了一件事情，你就不成了，其他的事情我再知道你还气死呢。

哎哟，我就忘了一样事情曼，后头不是都想着起来了吗。

以上三例中，静态动词能够加上“了$_1$”是因为宾语部分有数量词明确地将静态动词匀质的时间结构切分成段落，使匀质的时间结构有了终结点，变成有界的，这时才可以加上“了$_1$”。

形容词也是表示事物属性的，一般表达静态事件。兰州方言性质形容词构成的谓语之后一般也不加“了$_1$”，如“*红了脸——脸红了”。然而，如果形容词之后的宾语是数量成分，则可以加上“了$_1$”，如“这个房子干净了两天，可又脏了”。

因此，兰州方言中"了$_1$"动态性的体现要求动词、形容词的配合，只有能反映变化的动词才可以加上"了$_1$"，而静态动词无法通过加"了$_1$"反映变化，句子中必须出现数量词等能够使匀质的静态动作、性质变成有终结点的动作、性状的成分，才能加"了$_1$"。那么我们可以认为，兰州方言中"了$_1$"的动态性不如普通话"了$_1$"明显。

(2)完整性

"了$_1$"从外部观察事件，将其看作一个整体，表达事件的整体性质。可以用于以下几种情况的事件，首先是不可分解的事件，即瞬间动词表达的起始与终结重合且没有持续性的事件。其次是不必分解的事件。第三是强调事件某一部分的完整性，将一个持续事件在中间某一个时间点截断，前面看作一个完整事件，后面的部分看作另一事件。而据我们观察，兰州方言能够使用"了$_1$"表达完整性的事件只有最后一种，下面比较普通话与兰州方言的例句。

(普)小王昨晚到了上海。

(兰)？尕王昨晚上到了上海。

——尕王昨晚上到了上海，然后转机飞深圳了。

——尕王昨晚上到上海了。

(普)他早上买了菜。

(兰)*那早上买了菜。

——那早上买了个菜，做了个饭，再就没事了。

(普)我们看了一场电影。

(兰)我们看了一个电影。

以上三组例句，前面两组普通话在动词之后加上"了$_1$"表示完整事件，兰州方言中，在同样的位置用了"了$_1$"之后总有一种没有说完的感觉，觉得后面应该还有后续的句子。因此，如果要在动词之后加上"了$_1$"，兰州方言中最自然的表达一般是后面还有后续小句，那么这个"了$_1$"只是将整个事件的某一部分单独看作一个完整事件。同时我们也注意到，即使是在有后续小句的情况下，如果宾语是可以用数量衡量的物质名词，动词之后加了"了$_1$"还必须加上量词"个"，即不能说"*买了菜，做了饭，就没事了"，而必须说成"买了个菜，做了个饭，就没事了"。这也是上面第三例兰州方言与普通话说法都成立的原因。兰州方言中，能够用"了$_1$"表达的完整事件不仅要将持续事件在中间某个时间点截断，还必须在数量上有所体现，即凸显其有界性，才可以用"了$_1$"。那么可以说明，兰州方言中"了$_1$"的完整性没有普通话"了$_1$"的完整性明确和强烈，必须将持续事件在时间上截断，还必须有其他有界性的手段来帮助表达。普通话不可分解以及不必分解的事件，兰州方言中都不能用"了$_1$"，而直接由句末的"了$_2$"表达，比如上面第一组例句中，兰州方言最自然的表达是"尕王到上海了"。

(3)现实性

现实性是在相对时间中的现实性,不论句子表达的事件发生在过去、现在或将来,只要相对某个参照时间已经实现了,就认为它是现实事件,按照这样的思路,我们考察兰州方言"了$_1$"所体现的现实性。

普通话/兰州方言

(现在)他看了我一会,就走了。那把我看了一阵子,就走了。

我把邮票塞给了她。我把邮票给那塞给了。

(过去)半个月前,母鸡下了蛋。半个月以前,母鸡下蛋了。

半个月前,母鸡下了几个蛋。半个月以前,母鸡下了几个蛋。

(将来)明天下了班去看电影。明个下班了看个电影。

哪天他当了市长,还不知道咋样呢。哪一天那当市长了,还不知道怎么价呢。

上面的例句表明,兰州方言在对现在和过去事件的叙述中,如果宾语没有数量成分修饰,则动词后不能跟"了$_1$",直接用句末的"了$_2$"表达现实性,只有宾语受到数量词修饰时,才可以加上"了$_1$"。在将来时间中,由于未然的事件并未发生,不可能预测具体的数量,将来发生的事件中都不能出现数量成分,因此,兰州方言"了$_1$"不能用于将来时间,上述将来时间中出现的"了",都是句末的"了$_2$"。那么兰州方言"了$_1$"只能用于现在、过去两个相对时间中,表达现实性,同时还需要数量成分来帮助凸显有界性。可以说兰州方言"了$_1$"的现实性也没有普通话"了$_1$"的现实性强,使用受到限制。

以上,我们从动态性、完整性和现实性三个角度考察了兰州方言"了$_1$",可以看出兰州方言的"了$_1$"用于句中作完整体助词受到的限制多于普通话,一般需要句中有凸显事件有界性的手段来配合才能使用。

2."上[ʂɔŋ·]"

兰州方言"上"由表示"向上"义的动词虚化为表示趋向的补语,进一步引申之后可以表示动作行为的结果,在此基础之上再次虚化,"上"可以在动词后和动宾结构之间充当完整体标记。趋向动词语法化为体貌助词是汉语方言的普遍现象,判断趋向动词虚化的程度可以看其能不能构成可能式。例如:

把这么价的娃娃,过去扇上一巴掌。

你叫那把你吹上,最后啥都做不好。

可要小心呢,给上两个糖,娃娃就让抱走了。

上面三例中的动词加"上"都没有对应的可能式,即"扇不上""吹不上""给不上"都是不能说的,"上"已经虚化成助词。同时可以发现,兰州方言"上"作完整体标记,着意强调动作的完成、动作对象的完结,因此,即使用"上"表示的事件并不一定已经完成,但一般会带上数量词语,如动量补语、物量宾语来凸显动作完成、对象完结的意义，比如上面最后一例的动宾结构如果变成“给上糖”是不能说的。同时，完整体标记“上”之后的物量宾语一般不加指示词，即只能是无定的，不能说“*给上这两个糖”。如果物量宾语有指示词修饰，则宾语须用“把”提前，而不能出现在“上”之后。

兰州方言中还有一个有趣的现象，在同一个及物动词的后面，既可以加“上”，也可以用“下”，但形成的说法有细微的差异。例如：

我都把面下上了，你偏要走哩！

我都把面下下了，你偏要走哩！

“下面”是煮面条，两句话都是主人埋怨客人太客气，不吃饭便要告辞时说的。不仔细听，意思完全一样，但是第一句表示面条已经入锅，但尚未煮熟；第二句表示面条已经煮熟，已经捞出。如果将“下面”看作一个框架事件，其中包括下投、煮熟、捞出三个步骤，那么“上”关注的是“下投”的结束，并不关心整个事件是否结束，而“下”则关注整个过程的完结。因此，用第二句的表达时，主人对客人的埋怨更重。从上面的例句和分析可以看出，兰州方言“上”与普通话“了$_1$”相似，能够将一个持续事件截断，只将其中一部分看作完整事件，而不关注事件本身的阶段过程，只要一个动作已经发生了，不管有没有结果，现在是否还在继续，都可以用；“下”不仅表示动作完成，而且整个事件也必须完成，并对现在产生影响。因此，可以认定“下”是兰州方言完整体的标记，不过语义上更强调动作的完成和对象的完结。

（三）短时、尝试体助词：“给[kɯ·]”

兰州方言不能用动词重叠形式表示尝试体和短时体，而是用“动词/形容词+给+(一)下/阵子”表达。因此，准确地说，兰州方言中表示尝试体意义的是“给+(一)下/阵子”这个格式，单个的“给”也无法表达尝试意义，“给”只是表达尝试意义格式中的助词。例如：

你尝给下再买。（你尝一尝再买。）

你学的时间大了，起来转给下。（你学的时间长了，要起来转一转。）

你们到奶奶屋里坐给一阵子去。（你们去奶奶屋里坐一会。）

这个歌星红给了一阵子，就不红了。（这歌星红了一段时间，就不红了。）

邢向东（2002：612）谈到神木方言表示尝试貌和短时貌的述补结构“给下儿[kaɯ$^{53/21}$]”和“给阵儿”时，认为目前还得把“下儿”叫尝试补语，把“阵儿”叫短时补语。兰宾汉（2011：238）认为，从“给下儿[kaɯ$^{53/21}$]”读音的弱化情况判断，它们极有可能发展成为专门表示尝试和短时的助词，而“给下儿”也有可能逐渐替代“给阵儿”。西安方言已有专门的助词“嘎儿”，是助词“给”和“一下”的合音和儿化的结果。短时补语“一下”“一会儿”及小量补语“一点儿”与“给”结合后发展出的“嘎儿”，功能已涵盖上述三种补语。兰州方言“动词/形容词+给+(一)下/阵子”的语法化程度尚不如西安方言,也不如神木方言。首先,兰州方言"动/形+给+一阵子"只能将"一阵子"作为短时补语,它与前面的"给"结合并不紧密,也不存在任何读音弱化的倾向;其次,兰州方言"动/形+给+(一)下"之所以将其中的"一"用括号标出,是因为表示尝试的"动/形+给+(一)下"用在除祈使句之外的其他句类中,"一"不能省去,而且体标记"了"可以插在"给"和"一下"之间,只有用在祈使句中时,可以省略"一",并且"给下"发生了读音的弱化和合音现象,一般读作"咔[k'a]",也读为不送气的"嘎[ka]"(王森、王毅,2003)。此时,体标记等成分无法再插入其中,同时这个表示尝试体的助词也兼表祈使语气和愿望语气。

从上面三个方言点表示尝试和短时的标记可以看出"给+一下"在不同方言中发展的不平衡性和阶段性:兰州方言"给+一下/阵子"在陈述、疑问句中只能将"一下/阵子"看作尝试标记和短时标记,只有用于未然的祈使句中的"咔/嘎"是"给"和"下"的合音,表示尝试,"给"和"阵子"还没有这样的合音形式;神木方言中"给下儿[kaɯ$^{53/21}$]"和"给阵儿"并存,后者没有合音形式,前者在不同句类中都能够以弱读形式出现,极有可能发展成为专门的体助词;西安方言中无论短时体还是尝试,"给"和"一下"已经完全变成了合音形式"嘎儿",成了专门表示短时和尝试体的助词。因此,在短时、尝试体凝固虚化的过程中,西安方言虚化程度最高,其次是神木方言,兰州方言则刚刚展现出一定的虚化倾向。此外,西宁方言有表示短时的"给个"(张成材,1981),陕北方言也有表示短时的"给下"(刘育林,1988),并没有合音形式,但都体现出西北方言助词"给"与短时、尝试体之间的关系。

下文将从"动态性""完整性"和"短时性"三个方面来考察兰州方言"给+(一)下/阵子"与普通话动词重叠式的差异。

1.动态性

兰州方言动词、形容词之后加上"给+(一)下/阵子"作谓语的句子所表达的事件都反映了某种变化,时间结构是异质的。普通话能够重叠的基本上是动作动词,而静态动词则无法重叠,也就无法表示短时、尝试意义。兰州方言能够与"给+(一)下/阵子"结合的动词没有语义上的限制,即便是静态动词也能够表示短时、尝试的意义。例如:

(普)*她的身体病病就好了。

(兰)那那个身体病给下就好了。

(普)*偶尔尴尬,红红脸没事。

(兰)有时候柴(尴尬)的很,脸红给一阵子没事。

由于静态的动词、形容词能够与"给+(一)下/阵子"结合表示短时、尝试意义,说明兰州方言中"给+(一)下/阵子"对谓语核心动态性的要求低于普通话,也说明兰州方言"给+(一)下/阵子"的动态性高于普通话的动词重叠形式。

2.完整性

动词、形容词加上“给+(一)下/阵子”都不能构成持续的事件,说话者从外部观察事件的构成,事件不可分解。同时,“给+(一)下/阵子”能够自由用于现在、过去和将来时间中。例如:

你把裤子提给下,都拖着地上了。

昨个那给我把论文改给了一下。

下个月你到北京来,我把你领上浪(转、逛)给下。

由此可知,“给+(一)下/阵子”表达的完整性与普通话动词重叠式是一致的。

3.短时性

兰州方言“给+(一)下/阵子”由于格式中已经包含表示短时意义的“一下/一阵子”,短时性非常明显。普通话动词重叠之后表达的是抽象的时间概念,因此不与带具体时量的补语搭配,而兰州方言中必须与“一下/一阵子”这种有具体时量的补语搭配,那么可以说在表意的抽象性方面,兰州方言“给+(一)下/阵子”更加具体,不如普通话动词重叠形式抽象,但是兰州方言“给+(一)下/阵子”中的“一下/一阵子”虽然是标示了具体的时量,但并未明确标示时间的长度,而只是标示心理时间的长度。

以上我们考察了兰州方言标示短时、尝试体的助词“给”及其所在的结构,“给+(一)下/阵子”较普通话动词重叠式具有更强烈的动态性,表意更加具体,完整性方面与普通话动词重叠式一致。

(四)持续体助词:“着[tʂɣ·]”“的[ti·]”“上[ʂɔŋ·]”“到[tɔ·]”“着呢[tʂɣ·li·]”

由于兰州方言“着”的功能比较多,是一个兼类的虚词,我们统一在本章最后一节分析“着”的所有功能,这里暂不展开。

1.“上”

“非完整性”“持续性”“动态/静态二重性”是汉语持续体的主要语义内容(戴耀晶,1997:81),我们按照这三个方面来分析兰州方言的“上”。

(1)非完整性

普通话“着”从内部观察事件,不关注起点和终点。兰州方言“上”也不关注事件的起点和终点。例如:

你眼睛绷上把我看啥着呢?(你瞪着眼睛看我干吗?)

那窗子开上睡觉着呢。(他开着窗户睡觉。)

那哭上跑掉了。(她哭着跑了。)

门敞上人就玩去了。(敞着门就玩去了。)

以上各句加上“上”的动词都不关注事件何时开始,何时结束,情状如何。因为这种非完整性要求表达事件时间具体长度的词语不能与“上”搭配,而必须将时间变成恒常性的。例如:

*那到柜子里翻腾上一阵。——那每天回来都到柜子里头翻腾上一阵。

*你刚把我瞪上一眼啥意思？——你把我动不动瞪上一眼啥意思吵？

*刚领导把我训上一顿。——这个领导每个礼拜都把我训上一顿，烦死了。

上述例句中使用“每天”“动不动”“每个礼拜”这样的词语表示恒常时间，相当于消除了“一阵”“一眼”“一顿”这类词语的时间起止点，整个句子还是能够表示非完整性。而在普通话中，即便有这些表示恒常时间的词语，“着”还是不能够与表示时间具体长度的词语搭配。

(2)持续性

持续性指事件过程是连续的、不中断的。而瞬间动词具有非持续的语义特征，自然不能与“上”搭配。例如：

*那忘上这个事情。

*火车正到上站。

如果瞬间动词能够重复多次，也就具有了时间上的持续性，能够与“上”搭配了，如“那头点上给我们打招呼着呢”。从这一点来看，兰州方言“上”与普通话“着”是一致的。

(3)动态/静态二重性

普通话中“着”有动态性的一面，但由于其持续特征的影响，动态性有时会模糊，体现静态的特征。兰州方言“上”与此一致。例如：

那脸红上跑掉了。(他红着脸跑了。)

他唱上走了。(他唱着歌儿走了。)

这个木骨老汉骑上驴找驴着呢。(这个糊涂老人骑着驴找驴。)

上面各例中，有表示静态的形容词，也有凸显动态的动作动词，它们都能够与“上”结合。具有动态特征的词加上“上”，表达的事件也具有动态性；具有静态特征的词加上“上”，也能体现出事件的静态性，因此“上”具有动态/静态二重性。如果用“上”连接的前后成分的宾语不同指，兰州方言中一般是将第一个宾语提前，依然构成“V_1/A+上+V_2”的结构，而且第一个动词或形容词一般是单音节的。因此，“V_1/A”与“上”由于韵律的作用容易构成一个韵律词，结合比较紧密。

以上，我们分析了兰州方言中表示持续体的助词“上”，通过分析可以得出，兰州方言“上”的持续体意义大致相当于普通话的“着”。

2.“到”“着呢”

除了上面两种常用的持续体助词之外，兰州方言还有两个助词可以表示持续体意义，但它们充当持续体标记并不像“上”那样常用，使用时受到更多的限制。

(1)“到”

兰州方言中有一个只用于已然事件的持续体标记“到”，它只与动词结合，用在动宾短语之间，表示动作持续，不凸显起点和终点，语义上相当于普通话“一直在……”。例如：

你一次说清楚吵，让我一天尽跑到趟趟了。（你一次说清楚，让我一直在一趟趟地跑。）

我一天不干活了吗？尽陪到你了。（我一天都不干活吗，一直陪你。）

你啥时候毕业呢，一天就上到学了。（你什么时候毕业呢，一直在上学。）

这个事情找谁都不办给，我一早上就打到电话了。（这事找谁都不给办，我整个早上就一直在打电话。）

“到”表示的持续意义，多带有说话人主观的不满情绪，表示一种埋怨，自然就带有夸张的成分，因为客观上不可能一直在做某个动作，但说话人要表示自己的不满，会将这种持续了一段时间的行为事件看成恒常存在的状态，以体现其持续性以及非完整性。

观察上面的例句可以发现，这样使用的“V到N”，一般都会在其前出现时间状语，如泛指时间长的“一天”“一早上”等。同时，这种标记可以扩展到动作性很强的动词上，但动词的动作性并不得到凸显，只表现动作所占据时间的延续性。例如：

办联欢会呢，我今个就吹到气球了，再啥都没干。

哎，你一晚上就看到球赛了，家务还干不干了？

柴火没有了，我昨个一晚上就劈到柴火了。

“吹气球”“看球赛”“劈柴火”，这些动词都有很强的动作性，其中加入“到”，动作性降低，只凸显行为在时间上的持续。

（2）“着呢”

兰州方言“着呢”主要表示进行体，但也可以表示持续体意义，表示持续体意义时只能出现在句末。例如：

这两天还热着呢。

那不高兴着呢。

胳膊奓着呢。（胳膊抬着呢。）

我胃疼着呢。

以上各例中的谓语加上“着呢”同样不关心事件的起止点，事件是连续不间断的，具有静态特征的形容词和具有动态特征的动词都能与之结合，体现出“着呢”的动态/静态二重性。

由“着呢”表示持续的句子，在普通话中如果要否定，“着呢”一般不出现，即持续体助词“着呢”在肯定和否定的句子中并不是对称的，兰州方言中由“着呢”表示持续的句子也有肯否的不对称表现，不过兰州方言否定句中仍可以保留“着”。例如：

普通话/兰州方言

普通话	兰州方言
外面刮风着呢——外面没刮风	外面刮风着呢——外面没刮风着
灯亮着呢——灯没亮	灯亮着呢——灯没亮着
门关着呢——门没关门	关着呢——门没关着
他正睡着呢——他没睡	他正睡着呢——他没睡着

以上兰州方言否定句中句末仍然有表示持续的标记“着”,在新派话语中,这种否定句中的持续体标记并不是强制出现的。在否定句末出现的“着”逐渐发展成为语气词,表达反诘和辩解的语气,相当于普通话的“呀”,其前后一般会有其他小句。例如:

外头没刮风着,你怎么还不走?

门没关着,你笨不笨,还站了半天等人开门呢。

灯没亮着,你是不是看错了?

“着”的语气词用法将在第四节中详细描述。

(五)进行体助词:“着呢[tʂɣ·li·]”

兰州方言不用“在”“在那儿”来表示进行。普通话中的“他唱着歌”“他在(那儿)唱歌”“他唱歌呢”“他在唱着歌”“他唱着歌呢”“他在唱歌呢”“他在唱着歌呢”这些句子,兰州方言中只有一种表达,即“他唱歌着呢”。“着”后的“呢”不能省去,否则不能成句。“着呢”只能位于句末,而不能出现在句中宾语之前。兰州方言中“着呢”是结合成一个整体使用的,中间不能被其他成分间隔开。例如:

正看电视着呢,就停电了。

七点钟,我们看新闻着呢。

外头下雨着呢,等一会再走。

你打电话着,我们排队着呢,没听着。

与进行体相联系,兰州方言“着呢”还可以用来说明某人从事的职业、担任的职务,如“那到大学里当老师着呢”“我妈们跟上了干普工着呢”。

(六)起始体助词:“开[k‘ɛ·]”

起始体凸显行为事件的起点,不关注其终点,普通话中用“起来”表示。兰州方言中凸显行为事件的起点而不指明其终点的体标记是“开[k‘ɛ·]”,后面一般要有“了”与之搭配。“开”与动词搭配时,有“动宾短语+开”和“动+开+宾”两种语序,如果只有动词、形容词,则跟在动词、形容词后。例如:

那们来了坐了一会会可喝酒开了。

晚上吃饭开了,那才回来。

扫帚星来了,人们一下就避开了。

天热开了,再过几天买个瓜。

下面我们比较兰州方言和普通话的起始体标记。

1.普通话单独使用的“起”可以与“了$_1$”连用，即开始体和完整体连用，如“他们高兴地唱起了歌儿”。因为开始体反映事件的起始点，蕴含事件还将延续的意义，那么说话人将开始体和完整体连用，实际上是将事件的起始点看作一个完整的部分。

兰州方言“开”不能与“了$_1$”连用，根据前面对兰州方言“了$_1$”的分析，兰州方言的“了$_1$”无论在动态性、完整性，还是现实性方面，都不如普通话“了$_1$”的功能强。它本身需要其他有界性手段才能表达完整意义。因此，即便兰州方言中说话人可以将“开”所表示的起始点作为一个相对完整的部分来观察，兰州方言的“了$_1$”也无法配合凸显这种完整性。例如：

(普)她们高兴地唱了起来。——(兰)那们高兴的唱开了。

(普)一听这话她哭了起来。——(兰)一听着这个话那哭开了。

(普)他自顾自地吃了起来。——(兰)那没管别人个家吃开了。

2.一些没有内在起点的动词在普通话中不能与开始体搭配，而在兰州方言中，类似“像”“姓”等动词在一定的语境中却可以与开始体标记“开”搭配。例如：

这个娃尕的时候连他爹不像，越大还越像开了。

两个人一块待的时间长了，长的就像开了。

那以前不姓王，那妈后头又走了一家，所以那就姓开王了。

以上例句都有对比强调过去与现在不同的语境，所以只有在这样的语境中才能在“像”“姓”这样的动词后加上起始体标记。其他动词，比如开始与结束重合的心理动词，都无法与开始体标记结合。

(七)反复体助词：“着[tʂɣ·]”

兰州方言表示反复体，可以用动词的间接重叠形式，如与普通话一致的“V着V着”“V来V去”“东V西V”“一V一V”，还有“V呢V呢”表达的意义与“V着V着”大致相似。此外，还可以通过助词“着”在特定的格式中表达反复体意义。

兰州方言动词后加助词“着”的结构，用于过去和现在时间中，可以表示在一段相当长的时间内反复发生或一直存在的行为状况。即用于过去和现在时间中的“V着”可以表达反复体的意义。例如：

这个地，一天擦着两遍，能不干净吗？

对面那个牌子，一个月换着四五茬呢。

我一天游着两个小时的泳，坚持了两年了。

你一天上班办公室里坐着两个小时，轻省的很。

以上例句表现的反复行为状况是有条件限制的，都是以某个时间段为单位，“V着”表现的是在单位时间内成规律发生的行为，如“一天擦两遍”“一天坐两小时”“一个月换四五次”“一天游两小时”。

需要说明的是，兰州方言“V着”在表达反复意义的基础上逐渐扩展，可以表达接近于惯常体的意义,即指"在相当长的时间里(包括恒常时间域)反复发生或恒常存在的行为状况"(刘丹青,2008a:466)。例如:

那时节,牛肉面卖着一毛五,味道也好。

停车费一向收着十块,怎么今个涨价了?

那几年那当着个主任,牛哄哄的。(那几年他当主任,特别牛。)

我一直订着个杂志,看给下当个消遣曼。(我一直在订杂志,看看当消遣。)

以上四句中"V着"都可以表达在相当长的时间里恒常存在的状况,这种状况可能已经结束,也可能仍在继续。句中可以加上表示恒常时间的"一直""一向"等副词,也可以不加,但是我们还不能将动词后的"着"看作惯常体标记。这是因为,我们也发现有下面这些例句,同样表示相当长时间内恒常存在或反复发生的行为状况,但却不能用"着"。例如:

我们一直吃的米饭,忽然叫吃面呢,那谁能吃惯呢?

这个娃娃一直喂给的人奶,两岁以后才冲的奶粉喂着呢。

观察这两例中的动词与上面表示惯常发生的动作动词,可以发现,兰州方言中能够与"着"结合表示恒常存在或反复发生的行为状况的动词,像"当""订""卖""收"本身在词义上不注重某一次具体的动作行为,而关注一段时间动作保持恒定的状态,这与惯常体的要求相符。尤其像"当",担任某种职务如果只是某一次,用"当"就不自然,只有很长时间的累积才可以用"当"。无法与"着"搭配表示惯常的动词,如后面两句的"吃""喂",都是动作性很强的,只注重某一次的具体行为,相比"当""订"这样的动词来说,它们不关注动作保持的持续状态。因此,这些动词要表达恒常的行为状态就必须借助副词"一直"。如果上面两句中省略"一直",则句子不成立,如"*我们吃的米饭,忽然让吃面,怎么习惯呢"。因此,兰州方言助词"着"表达惯常体时在搭配范围上受到动词语义类型的限制,不能将其看作专门表达惯常体的标记,只能说在一定条件下,兰州方言助词"着"可以表达接近于惯常体的意义。

(八)"下去"

普通话使用"下去[xa·tɕʻi·]"无起始点也无终点,只表述无界状态的延续,接近延续体。兰州方言使用"下去",必须要在动词与"下去"之间插入"着"。例如:

你再这么胖着下去,怎么办呢。

你再这么哭着下去,嗓子发炎呢。

这么热着下去,我就买空调呢。

这个娃再玩着下去,再上啥学呢。

普通话"下去"也可以和"了₁"连用,因为语言使用者看到了"下去"表示的事件的继续,接着将这个继续点看作一个相对完整的现实。因此"下去"和"了₁"可以结合连用,但兰州方言"了₁"本身的完整性都需要其他有界性手段来帮助表达,因此

“了”无法帮助“下去”表示的继续点形成相对完整的现实。

三、时助词

“时”是以说话时为基准的句子所表事件、命题所在的时间位置①（刘丹青，2008a:446），戴耀晶（1997:5）将“时”定义为“观察事件的时间构成的方式”。同时戴文区分了绝对时和相对时，绝对时指与当前时刻有关的时间，如果以当前时刻为参照点，就得到过去、现在、将来等时制；后者指相对于另外某一特定时点的时间，如果以该时点为参照点，就会得到先事时（anterior）、当事时（simple）、后事时（posterior）等时制（见陈平，1988）。此外，还有适合一切时间或者没有任何时间限制的时态，即泛时（刘丹青，2008a:449）。下面具体讨论兰州方言中表现“时”范畴的各种时助词。

（一）现在时—过去时—将来时

以当前时刻为参照点，就得到过去、现在、将来三种时态。兰州方言中，现在时、过去时、将来时都没有专用的标记，只有个别助词可以兼表时间意义。

普通话中有一个句末语气词“来着”，可以表达近过去时的意义，可以将它看作一个兼有近过去时意义的语气词。兰州方言中不用“来着”，但是数量短语“一个”可以在问句里表达近过去的意义。例如：

那说了个啥一个？（他说什么来着？）

那给你给了个啥一个？（他给了你什么？）

那做了个啥一个？（他刚干吗来着？）

啥一个将跑着过去了？（什么东西刚跑过去了？）

问句中使用“一个”都是谈论刚刚发生的事，但这样使用的“一个”也只是一个兼有近过去时意义的语气词。

（二）先时—同时—后时②

在相对时制中，一件事的发生以说话中提到的另一件事发生的时间为参照

---

①《现代语言学词典》（2000:357）对“时”有如下定义：对动词作语法描写的一个范畴（与体和语气一起），主要用来指动词表示的动作发生时间的语法标记。传统上“时”分为过去时、现在时、将来时，还常作其他区分（完成时、过去完成时等）。以上定义是将“时”看作动词的一个范畴，实际上“时”不仅与动词表示的动作的时间有关，也与整个事件有关。以上时、体范畴都取宽泛的理解，“是用形态这类综合性手段、虚词之类分析性形态或至少是半虚化的词语来表示的语法范畴”。

②刘丹青（2008a:448）认为，时范畴总是以事件或命题的整体为观察对象，相对时间与基准的关系不外乎先时、同时、后时三种；邢向东（2006）区分相对时间为先事时、当事时、后事时；兰宾汉（2011）将上述概念分别称作先事、当事、后事，以上三种名称在概念上是相同的，本书采用刘丹青“先时、同时、后时”的名称。

点,从而得出先时、同时、后时等时间概念。

1.先时

兰州方言中,“着[tʂɣ·]”可以表达先完成一件事再进行另一件事的意义,这个“着”经常与“了”配合使用,相当于“再说”。例如:

你不要急,吃罢饭了着。(你别着急,先吃完饭再说。)

你急着做啥呢,我喝个水了着。(你急什么,我喝个水再说。)

你啥时候给我买衣裳呢?——罢了着。(你什么时候给我买衣服?——以后再说。)

你啥时候领我玩去?——下个礼拜了着。(你什么时候领我玩去?——下个礼拜再说。)

2.同时

“着[tʂɣ·]”也可以表达以某一事件为参照点的“当时”意义,相当于普通话“……的时候”,直接加在动宾短语之后。例如:

这个表还是我结婚着买下的。(这块表是我结婚时买的。)

九几年我卖菜着还把那见过一次。(九几年我卖菜时见过他一次。)

那天开会着我迟到了,就扣工资了。(那天开会时我迟到了,被扣工资了。)

将上楼着那还给我打了个招呼。(刚才上楼时他还给我打了个招呼。)

兰州方言“着”可以表达先时、同时的意义,关于兰州方言“着”的时助词功能,我们还会在本章最后详细讨论。这里为了描写助词的系统性只做简要列举,不展开论述。

3.后时

语气词“呢[li·]”可以将说话时间作为参照点,表示说话后将要发生的动作行为,也可以以某一事件为参照点,表达该时间后的行为动作。例如:

下雨呢,你穿个外套。

那一会来呢,你不要出去了。

上个月你来着,菜还没熟呢。

你去的迟了,你妈着急呢。

其中,前两例是以说话时间为参照点,第三句是以过去事件为参照点,第四句是以尚未发生的事件为参照点,表达一种假设情况,但更多地还是表示一种肯定语气。需要说明的是,兰州方言中并非所有将来时都必须用“呢”来表达。例如:

我等一下出去浪个门子去。

老王,喝酒走。

一会你到娘娘屋里蹲着去。

明个结果就出来了。

以上几例都表示某一时间后要发生的动作行为,但不用“呢”。事实上,用

“呢”来表达将来动作行为的句子都带有肯定的语气。例如：

我等一下浪个门子去。——我等一下浪门子去呢，你去不去？

我们结婚着，单位要开证明。——我们结婚着，单位要开下证明呢。

我明个去买个鱼。——我明个去买鱼呢，你再不要买。

左侧的三例只是陈述某一时间后将要发生的动作行为，右侧加了“呢”之后就加强了肯定语气，以引起说话人的注意，有一定的现实相关性。因此“呢”在兰州方言中仍然只是一个兼表将来时意义的语气词。

以上“着/呢”表达的先时、同时、后时范畴，在一些学者如杨子仪（1986）、王晖（1991）、陈小荷（1990）的研究中被处理为将行体、先行体，这也反映出“体”范畴和“时”范畴之间界限的模糊。戴耀晶（1997）的定义“体是观察时间进程中的事件构成的方式”，也反映出“体”有时跟“时”，尤其是跟相对时的界限模糊。“所以在文献中可以看到与将来时和近将来时难以划分的‘将行体’‘即行体’等说法”（刘丹青，2008a：456）。我们认为“着/呢”更多地表现时间意义，出现“着/呢”的语境都会出现一个作为参照点的时间，因此，我们认为由“着/呢”体现的与时间相关的范畴应该归属为“时”范畴，同时兼有表达语气的功能，在语气词部分另举例说明。

以上我们分别讨论了兰州方言中的结构助词、体助词和时助词，这里将兰州方言助词系统概貌列表总结如下：

表2-1 兰州方言助词概貌

助词分类			助词	举例
结构助词	定语标记		的、们	我的论文、我阿舅们单位
	补语标记		的	字儿写的好。
	状语标记		的	好好的做、慢慢的走
体助词	完成体		过、下	我吃过饭了。那上下战场的。
	完整体		了、上	我买了个衣裳。门板子上上了，赶紧睡觉。
	持续体		的、着呢、 上、到	人们打的灯笼过来了。那不高兴着呢。 那脸红上走了。一天就上到学了。
	进行体		着呢	娃睡着呢。
	尝试体		V给（一）下/阵子	你歇给下再走。你穿给一阵子再洗。
	开始体		开	那们喝酒开了。娃娃发开烧了。
	反复体		V着V着、 V呢V呢、V着	走着走着脚就崴下了。 做呢做呢我气就上来了。 一个月给着半斤油。
	延续体		V/A着下去	再哭着下去嗓子哑呢。
时助词	现在—过去—将来	近的过去	一个 （语气词兼表时意义）	那说了个啥一个？
	先时—同时—后时	先时	着	你不要急，我吃罢了着。
		同时	着	这个表我结婚着买下的。
		后时	呢 （语气词兼表时意义）	下雨呢，拿个伞。

第三节　语气词

本节考察兰州方言的语气表达,之前的学者很少专门将兰州方言语气作为研究对象,只是遇到具体的语气词时随文解释其表达的语气。汉语界的“语气”是一个“大语气”概念,概念形成之初直接受到西方语法的影响,但是关于“语气”这个词,汉语界和外语界却有不同的内涵[①]。

汉语界对“语气”的研究者主要有王力(1985)、高明凯(1986)、胡明扬(1981、1988)、徐晶凝(1998)、贺阳(1992)、房玉清(2008)、孙汝建(1999、2005)、张云秋(2002)等[②]。汉语的“语气”先后与助词功能(mood)、句子功能(sentence type)、情态类型(modality)以及传统的“口气”等概念存在纠葛(赵春利、石定栩,2011)。根据兰州方言实际情况,本书选择以房玉清(2008)的语气系统为参照,按照确定语气、夸张语气、停顿语气、疑问语气、反问语气、假设语气、测度语气、祈使语气、感叹语气来考察兰州方言的语气词。这是因为该系统主要针对语气词进行讨论,对副词、语调等其他表达语气的手段不做赘述,而且所选语料兼顾口语和书面语,其中口语部分的例句能够为我们提供参照,符合本节的描写目标。

表达“语气”的手段比较多,有语调、特殊句式、助动词、语气词、副词、叹词等。本节只讨论用于表达不同语气的语气词,兰州方言语气词系统与普通话语气词系

---

①国外学者的著作如《现代语言学词典》(2000:228)对“语气”有如下定义:“对句子/小句类型,特别是句中的动词,作理论和描写研究的术语。语气(或‘情态’)指由动词词形变化表示的一组句法和语义对立,例如直陈语气(无标记形式)、虚拟语气、祈使语气。语义上,这些对立涉及的意义多种多样,主要是说话人对语句事实内容的态度,如不肯定、明确、含糊、推测等。句法上这些对立可用动词的屈折形式或用助动词来表示。”国外著作所说的“语气”是英语mood的汉语译名,主要有两方面意思:一是“语气”,一般区分为直陈、祈使和虚拟;二是“语式”,即谓词表示不同语气所采用的形式特征。

②王力(1985)认为在大多数情况下,每一句话多少会带有情绪,这种情绪有时用语调表示,有时用虚词帮助表达,并归纳出汉语中四大类十二小类语气;高明凯(1986)将具有否定、命令、反诘、感叹等不同语气的句子另立为一类;胡明扬(1981、1988)通过探讨汉语语气,认为语气意义系统由陈述(肯定、不肯定、强调、当然)、祈使(祈使、命令)、疑问和感叹四种语气组成,即将语气与句子的功能类别对应;徐晶凝(1998)也采用这种处理办法;贺阳(1992)对汉语书面语语气系统做出全面的理论表述,除了对应句子功能类型的功能语气之外,又融入了modality的内涵,分出评判语气和情感语气,共分三大类十三小类;房玉清(2008)设两章讨论汉语“语气范畴”,将汉语语气分为九种类型,分别是:确定语气、夸张语气、停顿语气、疑问语气、反问语气、假设语气、测度语气、祈使语气和感叹语气,其中感叹语气由叹词表示,其他八种语气由助词表示;还有研究者(孙汝建,1999、2005;张云秋,2002)探讨“口气”和语气的关系。

统的差异主要表现在前者有特殊的语气词，且有些语气词有特殊的用法，还存在表达某些语气的特殊结构。因此，本节以语气类型为纲，分类讨论兰州方言中各类语气的特殊表达方式。

一、确定语气

（一）确认

表示对事实的确认和肯定。兰州方言中能够表达确认语气的语气词有“呢”“了”“的”和“一个”。其中语气词“了”能够强调肯定和确认，与普通话是一致的，普通话中也用“的”表示确认语气，不过在具体用法上，兰州方言与普通话存在差异。

1.肯定句中

（1）“呢[li·]”“着呢[tʂɣ·li·]”

普通话表达确认语气的“的”一般用在句末，或与“是”搭配构成分裂式，用在句中。用在句末的“的”在兰州方言中一般替换成“呢”。例如：

（普）你这样做要得罪人的。——（兰）你这么价做得罪人呢。

（普）一想起这事我一定失眠的。——（兰）一想开这个事我就失眠呢。

（普）这次充值够用一年的。——（兰）这一回充值能用一年呢。

（普）将来你们都有这天的。——（兰）以后你们都有这么一天呢。

兰州方言中很多具有肯定语气的句子不能单靠谓语动词来表达，句末一定要加上语气词“呢”。例如：

那们家在河北呢。（他家住在河的北面。）

那知道这个老汉要把那收成徒弟呢，赶紧叫了个师傅。（他知道这个老人要收他为徒，赶快叫了声师傅。）

隍庙那大城市里都有呢。（隍庙大城市里都有。）

如果句子中的谓语由形容词承担，句末的语气词为“着呢”或“呢”。例如：

我们屋里一般，可是娃娃们都合适着呢。（我家里条件一般，但孩子们都听话。）

你看这个衣裳怎么样？——好着呢。（你看这件衣服怎么样？——好。）

你慢些喝，烫呢。（你慢点喝，烫。）

你再不要给钱，我的够呢。（你再别给我钱了，我的钱够。）

（2）“的[ti·]”

普通话用分裂式“是……的”表达确认语气，兰州方言也一样用分裂式，不过，兰州方言中常单独用句中的“的”表达确认语气。例如：

那昨个说下的今个开会，我肯定没听错。

那说的今个来呢，你放心。

我们两个约的城里头见面。

尕王通知的十点,能来及。

判断句末的"一个[i·kγ·]"可以加强判断语气,在非判断句中,"一个"也可以表达确认意义。例如:

那是老师一个。(他是老师。)

我吃的芒果一个。(我吃的是芒果。)

这个人讨厌的很一个。(这个人很讨厌。)

我最喜欢这个老师了一个。(我最喜欢这个老师了。)

2.否定句中的"的[ti·]"

普通话用分裂式的否定形式"不是……的"表达确认,兰州方言也用。此外,兰州方言"的"经常出现在否定词"没有"之后。例如:

插队的时候做开饭了,一把花椒一把盐,再啥调料都没有的。(插队时做饭,一把花椒一把盐,任何调料都没有。)

你春头上不下给种子,你秋后拾去没有的。(你春天不播种,秋后什么收获都没有。)

今个挣下也就挣下了,明个挣不下,一分也就没有的。(今天挣了就挣了,明天没挣上,一分钱也没有。)

门背后扫帚没有的,你让我找啥着呢?(门后面没扫帚,你让我找什么?)

在兰州方言口语中,经常可以听到这样的表达。用在"没有"之后的"的"起到一种加强确认语气的作用。用"没有的"的语境经常有极小量,如上面的"啥""一分"等,否定极小量等于全部否定,全部否定时,否定的语气较部分否定要强烈,此时"的"的作用就是加强否定的语气表示确认。

兰州方言中,动词后的"呢"与形容词后的"着呢"也并非能够进入所有的直陈句中,有信息焦点的句子就无法带"呢/着呢"。例如:

你喜欢吃啥?——苹果。

这个衣服太红了。

3.可能式中的"呢[li·]"

普通话可能式由虚词"得/不"和相关结构配合表达。兰州方言与普通话相同的是表否定的"V不C",而普通话表示肯定的"V得C"在兰州方言中则用"能VC/VC呢"。例如:

能吃上/吃上呢　能看着/看着呢　能写完/写完呢

也就是说,兰州方言在表示能力—可能范畴的构式中产生了形式上的不对称现象。表示肯定方面的,是用助动词"能"或者语气词"呢",而表示否定方面的,则用虚词"不"。对能力的确认经常要用语气词"呢"来表现。

龙果夫(1958)曾认为,甘肃方言和部分陕西方言中的助词"呢"已经失去了表现语气的作用,转变成谓语语尾,因此在陈述句中已经不能省去。此说并不可取,

因为就我们调查的语料来看,也并非所有的陈述句都必须加"呢",如下面的陈述句:

那吃了两碗饭。

我把那打的住院了。

那明天不会来了。

张三一共打碎了三个花瓶。

因此,我们更倾向于认为"呢"在兰州方言中是在特定条件下具有完句功能的语气词之一,与"了"一样。在一些环境中,比如上述表示肯定语气的句子,则必须加"呢"句子才算完整,此情况中的"呢"仍然保留语气功能。

(二)显然

1."曼[man·](同音字)"

兰州方言里用语气词"曼"表示事实情况很显然。例如:

那把你叫着出来就是不想让你到里头受委屈曼。

这么简单的曼,发愁啥呢?

娃娃大了曼,我们不好管了。

学着有啥问题了就找书记曼。

2."哞[mu⁵³](同音字)/哞来[mu⁵³lɛ·]"

语气词"哞/哞来"单独作为答语,经常表达对已经显然的事情不用再做说明之意。相当于"要不然呢""不是这样,还能怎样"。例如:

甲:你今个到奶奶屋里去了吵?(你今天去看奶奶了吧?)

乙:哞/哞来?(要不然呢?)

甲:你们今个还看了个电影吗?(你们今天还看了电影吗?)

乙:哞/哞来?(你以为呢?)

甲:你还生气着呢吗?(你还在生气吗?)

乙:哞/哞来?(不然呢?)

甲:这么晚了,还写作业着呢吗?(这么晚了,还在写作业吗?)

乙:哞/哞来?(那不然呢?)

这样使用的"哞/哞来"多出现在说话人不耐烦,不愿意回答显而易见的问题时,能够表达显然的语气。

(三)辩解

句首的语气词"哞[mu⁵³](同音字)",能够表达辩解语气,大概能译成普通话的"可""那"。例如:

我奶奶那不吃杂粮,哞那个年月你不吃,哪里找白面去呢。(我奶奶不吃杂粮,可那个年月,哪有白面呀。)

我奶奶尽问我爸要钱,我爸说:"哞我这么一大家子呢,尽给你给钱怎么做呢?"(我奶奶老向我爸要钱,我爸说:"那我这么一大家子人,老给你给钱我怎么办?")

我说七月份把我妈接着回来呢,嗨那媳妇子又坐月子呢,这怎么做呢?(我说七月份把我妈接回来,可儿媳妇要坐月子,这咋办?)

与此相似,"嗨"还可以只是客观地说明、解释情况,即用于表示原因的分句句首。例如:

我们饿的一晚能吃两裤腿苹果,嗨那时候啥都要粮票呢。(我们饿得一晚能把两裤腿装的苹果吃完,因为那时候什么都要粮票。)

那个人的数学讲的好,嗨那是大学生呀。(那个人数学教得好,因为人家是大学生啊。)

这里"嗨"位于后一个分句的句首,前一个分句陈述某种状况,后一分句解释之所以有这种状况的原因,因而这里的"嗨"语义上接近"因为",不能删除。如果删除"嗨",一种情况是前后没有因果关系,如"那个人数学讲的好,他是大学生",因果关系几乎看不到,只是客观陈述这个人的情况,而不强调他数学教得好的原因是他是大学生;另一种情况是删除后句子无法理解,如"我们饿的一晚能吃两裤腿苹果,那时候啥都要粮票呢",前后分句几乎没有逻辑关系,不好理解。因此,原因分句句首的"嗨"不能删略。

(四)提醒

兰州方言能够用于提请对方注意的语气词除了与普通话一致的用于警告性提醒的"噢"之外,还有"吵""呢""价""嗨"。

1."吵[ʂa·](同音字)"

"吵"只出现在句末表达提醒意义。例如:

慢着些吵,把水都溅到我脸上了。

看吵,上头写着呢。

你听吵,那把我怎么骂着呢。

你闻吵,一股恶臭味道。

2."呢[li·]"

"呢"可以对即将发生的事情表示肯定,从而提醒听话人注意。例如:

下雨呢,带上个伞。

迟到呢,赶紧走。

今个我妈来呢,你买个鱼。

明个开学呢,作业本子都买了吵?

3."价[tɕia53](同音字)"

"价"可以出现在主句的句首,相当于发语词,有提请注意的意味。例如:

价那是大的,那说啥就是啥。

价现在这个社会为了挣钱再啥都不管。

价看着那生意做的好,就把姑娘给那许给了。

价这就好的很,总是不用拔牙了曼。

这样使用的"价"所出现的句子,句义多是消极的。即便第三句,"价看着那生意做的好,就把姑娘给那许给了",表达的意思也是,要不是看在他生意做得好这一点上,是不会把女儿嫁给他的,实在是无奈之举。最后一句"价这就好的很"也是强调在目前这种不好的情况下,能够得到的最好结果。

4."㕶[mu^{53}](同音字)"

"㕶"用于句首,可以引出新的情况,提醒听话人注意。例如:

还浪着呢吗,㕶你给屋里打个电话吵。(还在玩吗,给家里打个电话呀。)

你到西关去,㕶你就给我带个笔。(你到西关去,那你就给我带支笔吧。)

甲:怎么这么早就收拾着呢?

乙:㕶今个我妈来呢呀!(今天我妈要来呀!)

(五)不满

兰州方言中"价[tɕia^{53}](同音字)"可以用在句中有时间关系的后一分句之首,表示对听话人急着做后一件事的不满情绪,同时也兼具提醒意味,表示现在可以做后一件事了。例如:

我给你让,价过吵,把人推啥着呢。(我给你让,现在过吧,推什么人呀。)

饭做好了,价吃,把你一下急着。(饭好了,现在吃吧,把你急得。)

那的做完了,价把你的拿过来,再不要插队了。(他的弄完了,现在把你的拿过来吧,以后别插队了。)

我把输入法调过来了,价你写。(我把输入法调过来了,现在你再写。)

这里的四个例句都带有指责听话人太过着急,前一件事没有完成就想做后一件事的意味,因此能够加强不满情绪。

此外,"价"还可以与"算了"结合构成"价算了",表示失望和不满。

二、夸张语气

兰州方言中能够表达夸张语气的语气词主要是"呢""着呢""曼"。前两个语气词的用法与普通话大致相同,"曼[man·](同音字)"主要用来往小处夸张,普通话多用副词性的"不过""只是"和助词"罢了"。例如:

(普)不过是一场梦,何必当真。——(兰)一个梦曼,当的个啥真吵。

(普)只是一个小科长罢了,摆什么谱。——(兰)一个尕科长曼,派头还大的很。

(普)她也就是十七八岁罢了。——(兰)她也就是十七八岁曼。

(普)一场小病罢了,不用休息。——(兰)一个尕病曼,不用休息。

三、停顿语气

除了与普通话相同的"啊""呀""吧"之类的语气词外,兰州方言中能够表示停顿的语气词还有"来[lɛ·]""吵[ʂa·](同音字)""曼[man·](同音字)"。例如:

你走了,我来,就下些面吃上就成了。

这个哥来,笨些,兄弟来,尖(聪明)些。

我哥吵,尕的时候聪明的很。

娃娃曼,你要慢慢给讲道理,不能惯也不能打。

此外,"时[ʂʅ·]""了[lɔ·]"也可以表达停顿语气。例如:

散车时,我没有装过。

一个尕板凳时,做开了也要两天呢。

饭了就饭,没饭了就洋芋。

老王了,我就合作一下,尕张就算了。

四、疑问语气

(一)是非问

兰州方言能够用于是非问句的语气词有"吗",与普通话一致,此外还有"吵[ʂa·](同音字)"。例如:

客人走了吵?

娃还没有醒吵?

下雨了吵?

十号交材料吵?

此外"吵"经常与"呢[li·]"搭配使用。例如:

你明个来呢吵?

那在屋里呢吵?

还有作业没做完呢吵?

这次我们坐飞机去呢吵?

用疑问词"吵"构成的疑问句与一般是非疑问句的预设是不同的。例如:

这事你知道吗?——这个事情你知道吵?

你今天不出去吗?——你今个不出去吵?

他还没有讲完吗?——那还没有讲完呢吵?

一般是非问句对事件本身没有预设,因此答案可以是肯定的,也可以是否定的。由"吵"参与的问句由于已经有预设,是已经确定了某个事件,为了证实而发问,答案一般只能是肯定的,或者根本不希望听话者回答,双方明白即可。这样使用的"吵"相当于普通话语气词"吧"。

(二)特指问

除了与普通话一致的“呢”“的”“了”之外,还有“来”“唦”和“一个”。

1.“唦[ʂa·](同音字)”

你怎么迟到了唦?

这是谁唦?

怎么找不着了唦?

这是为啥唦?

句首语气词“㖒[mu^{53}](同音字)”可以和句末的“呢”“唦”“的”“了”“吗”等配合使用表达特指问。例如:

㖒这是做啥的?(这是干吗的?)

㖒怎么半天都没有一个车唦?(怎么半天都没有一辆车?)

㖒你哭着做啥了?(你为什么哭呢?)

聊了一会,临走那问着呢,㖒你怎么吃饭呢?(聊了一会,临走他问,那你怎么吃饭呢?)

这里的“㖒”无法译出,如果删除,句意不会改变。

“㖒”也可以单独表示疑问,经常处在后一个分句的句首,表示前一个分句是后一个分句有此问的原因,这里的“㖒”语义上相当于普通话“那”,无法删除。例如:

你把碗砸掉了,㖒我吃饭怎么办?(你把碗砸掉了,那我吃饭咋办?)

弟兄两个画的都好,㖒到底哪一个画的更好?(兄弟俩都画得好,那到底哪一个画得更好呢?)

饭做罢了火还着着呢,㖒你还把火着下了做啥?(饭做完了火还着着,那你还着着火干吗?)

给那们分给的大,给我就这么一点点,我说㖒怎么我没有大些的果子?(给人家分的大,给我就一点,我说那我怎么没有大点的果子?)

2.“来[lɛ·]”

兰州方言中“来”的疑问功能相当于普通话的“呢”。

你哥来?我找那有个事呢。(你哥呢?我找他有个事。)

你的袜子来?怎么半天脚还光着呢。(你的袜子呢?怎么半天脚还光着。)

万一考不上来?(万一考不上呢?)

普通话用“呢”表达的特指问,也有少数没有疑问代词,与之相应的,兰州方言用“来”表达的特指问主要是没有疑问代词的,上面的句子的疑问点是“在哪儿”“怎么办”,只是在一定的语境中省略了。

3.“一个[i·kɣ·]”

数量词“一个”在句尾充当语气词,可以加强确认语气,也可以在特指疑问句后表示疑问。例如：

这是谁一个？

你做啥去了一个？

那说了个啥一个？

那啥意思一个？

"姆[mu^{53}]"也可以和句末的"来""一个"配合。例如：

姆你的东西来？

你怎么光拿了这些,姆再的钱儿来？

姆那啥意思一个？

(三)选择问

兰州方言中除与普通话一致的"呢"能表达选择问之外,最常用的还有"(呢)吗[li·ma·]"。

你吃米饭呢吗吃面呢？

那喝白酒吗喝红酒呢？

我们出去吃呢吗屋里做呢？

今天去吗明天去？

以上每一句都可以在句首加语气词"姆[mu^{53}]"来配合表示选择问。

(四)正反问

能够用于表达正反问的疑问词主要是"(呢)吗[li·ma·]"和"吵[ʂa·](同音字)"。例如：

你去吗不去？

那们睡吗不睡？

你讨厌不讨厌吵？

奶奶吃吗不吃吵？

以上每一句句首也都可以加上语气词"姆[mu^{53}]"。

五、反问语气

用问句的形式表达肯定或否定,能够表达这一语气的语气词主要有：

1."吗[ma·]"

那一回把钱儿丢掉着,你谋着我妈把我没骂臧吗,骂给了半夜。(那一回把钱丢了,你以为我妈没骂死我吗,骂了半夜。)

我妈让我跪下,你谋着白跪吗,跪端,头上顶个砖头。(我妈让我跪下,难道白跪吗？要跪直,头上顶两块砖。)

那会把腿子绊断着,我没疼臧吗,半夜里疼的睡不着。(那次摔断了腿,我难道没疼死吗,半夜疼得睡不着觉。)

我把这个找下，你谋着我爸能高兴吗？骂着让分掉了。（我找了这个人，难道我爸能高兴吗，骂得让我们分手了。）

2.“呢[li]”“了[lɔ·]”“唦[ʂa·]（同音字）”“的[ti·]”“来[lɛ·]”

可以用特指问形式表达反问，能够用于其中的语气词主要有“呢”“了”“唦”“的”“来”。例如：

这怎么能错呢？

老实些，谁连你开玩笑了？

骗下你了，对我有啥好处唦？

怎么能是假的来？

3.“呢吗[li·ma·]”

就这干着，再的生意有这大呢吗？

你害怕啥呢，我把你吃掉呢吗？

你尽盯着干啥呢，害怕我飞掉呢吗？

你可笑不可笑唦，害怕我赖账呢吗？

六、虚拟语气①

兰州方言中有专门表达虚拟语气的语气词，虚拟语气内部又根据说话人主观态度的不同而分不同的小类。

（一）虚拟语气分类

1.遗憾类虚拟②

已经发生的事情不符合说话人的主观愿望，于是设想出另一种情况，表达这种遗憾的语气，兰州方言表达这种语气用“时[ʂʅ·]”。

（1）用在表示条件的分句后

我那会子好好学时，现在也考上大学了。（我那会要是好好学，现在也考上大学了。）

那单不是受伤时，舞跳的好的很。（他要不是受伤了，跳舞跳得特别好。）

自己小心些时，也不会把事情办砸。（如果自己小心点的话，也不会把事情

①房玉清（2008：432）将此称作假设语气，而我们考虑到，假设语气多关注复句中两个分句之间的条件和结果关系，虚拟更注重说话人表达的语气、态度等，因此采用“虚拟语气”的提法，而且虚拟语气能够包含假设语气。

②邢向东（2002）将神木方言中的虚拟语气分为遗憾类虚拟、假设类虚拟、犹豫类虚拟和纵予类虚拟，由于神木方言中有和兰州方言一样的假设语气词“时”，并且邢文的分类比较符合该语气词的内部特点，所以我们采用这种分类方法来分析兰州方言的虚拟语气。此外，神木方言中有用“吧”表示的纵予类虚拟语气，但兰州方言与普通话一样，只用相应的副词来表达，没有专门的语气词能够表达这种语气，因此兰州方言只有前三类虚拟语气小类。

办砸了。)

你早说时,我就不跑了曼。(你要是早说,我就不跑了。)

上述例句中,后一个分句都是已经实现的结果,而这个结果与说话人的主观愿望不符,说话人通过假设另一种情况来表达这种遗憾和后悔,前一分句之后的"时"被用来加强这种遗憾的态度。

(2)用在单句末尾

唉,我那会子把那客气些时。(唉,我那会要是对他客气点多好。)

我昨天打个电话时。(我昨天打个电话多好。)

你早说时。(你早说呀。)

把那请上时。(要是请了他多好。)

将表示条件的分句变成单句,不表明已有结果,更加强了说话人遗憾的感情,此时只在单句末尾加"时",表达这种连结果都不愿意说出的强烈的遗憾。

上面所说的遗憾类虚拟都是结果已经出现,说话人主观上不能接受这样的结果,从而做出的对另一种情况的假设。还有一类是对未知结果的假设,表达说话人不希望某种结果出现,但指出出现这种结果的条件,假设当这种条件出现时所面对的结果,以表达对虚拟结果的遗憾意味。例如:

你不去时,我们都去不成了。(你如果不去,我们都去不了了。)

下雨时,明天就不出去了。(下雨的话,明天就不出去了。)

你找那时,就再不要连我说了。(你要是找他,就不要再跟我说话了。)

不好好学时,肯定毕不了业。(如果不好好学,肯定毕不了业。)

这一类虚拟,说话人虽然不希望这种虚拟的结果出现,但毕竟结果是虚拟的、未发生的,说话人表达的遗憾意味没有那么强烈,不过相对于客观的假设还是有明显的遗憾意味。比较这两句:"明个下雨时,就去不成了"和"明个单下雨,就不去了",用"单"表达对未知事件的一种陈述,不添加主观色彩,而用"时"带有主观上的遗憾,不希望该事件发生。

2.假设类虚拟

说话人只表示客观的假设而不带有主观的感情色彩。兰州方言中的这一类虚拟也用语气词"时",此外还有"了"。

(1)"时[ʂʅ·]"

你西关十字去时,给我买个毛栗子。(你要是去西关十字,就给我买点毛栗子。)

这个事情靠给那时,我爸生气呢。(这事要是托付给他,我爸会生气的。)

找对象时,要找脾气好的呢。(找对象的话,要找脾气好的。)

表示假设虚拟的"时"一般只能出现在复句中,用在单句末尾的"时"只表示遗憾的虚拟。

(2)“了[lɔ·]”

“了”可以在条件复句中的前一分句末尾出现,表示这种条件假设。例如:

你要了,我给你便宜些。(你如果要,我就给你便宜点。)

十块钱了,我就买上两个。(如果卖十块钱,我就买两个。)

米饭了,我吃上些。(如果是米饭,我就吃点。)

看电影了,我们就文化宫走。(如果要看电影,我们就去文化宫。)

这种表示假设的“了”可以跟在动词之后和动宾结构之后,还可以跟在名词之后,因此这种“了”可以作话题标记。

无论是“时”或“了”都不能位于句中,只能在前一个分句末尾出现。同时,这种表示假设类虚拟的语气词“时”经常与出现在句首的时间介词“投”搭配使用,增强句子的虚拟语气。例如:

投你谝过时,机会就没有了。(要是等你明白,机会就没有了。)

投你问时,人都走掉了。(要是等你问,人都走了。)

投雨下着下来时,庄稼都干掉了。(要是等到下雨,庄稼都干了。)

投你考上大学时,我都退休了。(要是等你考上大学,我都退休了。)

3.犹豫类虚拟

这种虚拟通常是列出几种可能的情况,是说话人左右为难、无法选择时表达的一种虚拟,能够表达这种语气的是“去[tɕʻi·]”“了[lɔ·]”,二者经常结合使用。

做去,没啥意思,不做去,又得罪人呢。(做吧,没什么意思,不做吧,又得罪人。)

说你去,你都这么大了,不说去,你看你干的那个活。(说你吧,你都这么大了,不说你吧,你看你干的事。)

这个头发,扎上了嫌短呢,披下了嫌长呢。(这头发,扎起来太短,披下来太长。)

看去了利着呢,吹去了密着呢。(看起来结实,用起来不好用。比喻华而不实。)

上面各例中的“去”都用在动词性成分之后,语音上可以拖长表示为难的口气,假设意味淡化。用“了”表示犹豫虚拟时,句子之间的停顿不明显。

“了”还经常与开始体标记合用,也能表达犹豫类虚拟,但不要求对所犹豫的两项都用这种标记。例如:

坐下了疼呢,走开了乏呢,我也不知道咋办了。(坐下吧疼,走起来吧困,我也不知道咋办了。)

不上班去,没钱,上开了,累死,就不能让人舒坦些。(不上班吧,没钱,上班吧,累死人,就不能让人舒服点。)

这个电脑,打开字了慢的很,放开电影了烫的很,用不成了。(这电脑,打字吧太慢,放电影吧发烫,用不了了。)

这种合用的“开了”可以用在动宾结构中,“开”位于动宾之间,但“了”只能放在动宾结构之后。

(二)虚拟语气词“时[ʂʅ·]”

兰州方言中“时”的大部分语法化阶段的表现都能够看到,下面按照其语法化的过程分别描述。

1.时间名词兼假设语气词

石头搬开时,底下禅是癞蛤蟆,你不信你搬去。(搬开石头的时候,下面全是癞蛤蟆,你不信你搬去。)

厂里去时,活就多的很。(去厂里的时候,活很多。)

半夜出去时,容易有危险。(半夜出去的时候,容易有危险。)

你上街时,小心贼娃子着。(你上街的时候,要当心小偷。)

以上四例中的“时”与普通话“时”的用法是有区别的。虽然普通话“时”可以加在动词短语之后表示动作发生的时间,却并不带有假设意味,而上面四句“时”既可以表示动作发生的时间,同时也都含有假设的意味,事件动作并不一定发生,只是假设这种情况,都表示在某种时间条件之下会发生其后的结果,这也是假设意义的一种表现。以上四句的“时”都是既表达时间又含有假设意味的。

2.假设语气词

上文提到,兰州方言“时”可以与表示如果的“单(同音字,本字待考)”搭配使用,也可以单独使用,都能表达假设的虚拟。例如:

你出国时,这个事情就先不办了。(你要是出国,这事就先不办了。)

我把那不要相信时,价把钱儿骗掉了。(我要是不相信他就好了,现在钱骗走了。)

你单放学早时,到你奶奶屋里去上一趟。(你要是放学早的话,去你奶奶家一趟。)

那那个病单早看时,不至于这么严重。(他那个病要是早点看,不至于这么严重。)

上述各句中的“时”可以表达一般虚拟,也可以表达遗憾的虚拟。

在这一类分句中表达虚拟的“时”进一步语法化,已经不表示时间意义,如果主句表达的结果意义比较明显,不言自明时,主句就有可能隐去,此时拉长“时”的音长,并将读音变为[ʂei·],成为表达带遗憾的愿望的虚拟单句,这样就使在分句末标记虚拟条件的“时”产生了在整句末尾独立表达虚拟条件的功能①。例如:

热死了,下个雨时!(热死了,下场雨多好!)

①邢向东(2002:635)描述了神木方言的虚拟语气词“时价”,“既可以用在表示反事实的条件句中,也可以用在独立主句中表示反事实的叹息,较接近虚拟式标记。”

我把你一捶时！（我打你一捶多好！）

早些放假时！（早点放假多好！）

我单是有钱人时！（我要是有钱人多好！）

“时”作为表示假设的标记在方言中分布比较广泛，南方赣、湘、客家等方言中存在，北方陕西、甘肃等地的方言中也可见。

3.一般句中语气词

“时”用于非假设句中，可以只表示停顿。例如：

过了江以后时，那又不知道走了多远才到。（过了江以后，他不知又走了多远才到。）

那一说时，这个记着心里了。（她一说，他记在心里了。）

不知道走给了多少天时，又累又乏。（不知走了多少天，又累又困。）

那们经常到卫生院里蹲着呢时，那们比我们的层次高下了。（他们经常在卫生院出入，他们比我们层次高了。）

此时，“时”不表示时间意义，也不表示假设意义，只表示停顿。

4.名词话题标记

散车时，我没有装过。（散车，我没装过。）

一个尕板凳时，做开了也要两天呢。（一个小板凳嘛，做起来也得一两天。）

跑步去没有跑过，一张画时，没有得上。（跑步没跑出名次，一张画，没得上。）

工分时，那们一年挣的最多。（工分呀，他们一年挣得最多。）

江蓝生（2004）指出，汉语假设句的历史表明，话题标记与假设助词向来是相通的，话题是预设的说明对象，而假设正是以虚拟的条件为话题，两者在本质上是相似的。上述兰州方言“时”的语法化表现从其他方言的角度再次证明了这一观点。同时也解释了，兰州方言中作假设标记的“了”，能够发展成为话题标记的原因。

上面简要介绍了兰州方言“时”的几个语法化阶段，但是在兰州方言中单纯表示时间的“时”几乎没有，都替换成了“……的时候”，“时”由时间标记进一步虚化为条件句标记和普通话题标记。项梦冰（1997）详细描写和分析了连城客家话的话题标记“时”，认为这个“时”不是表示时间的名词，也不是表示假设或从属关系的语气词或句尾助词，因为复句之间可以通过意合来表示假设关系；“时”也不是普通话“啊”“吧”“吗”“呢”一类的语气词。“时”就是一个专职的话题标记，有后附、定位的特点。兰州方言中，“时”也不是纯粹表示时间的名词，表示时间都用“……的时候”，但“时”可以表达带遗憾的愿望，如“早些放假时”。因此，兰州方言的“时”也不是从句助词，虽然表示假设的复句，前后小句也可以省略“时”，并通过意合的方式构成，如“你早说，我就不跑了”，但前后小句之间的假设意味明显不如加上“时”之后的假设意味强烈。同时加上“时”的条件复句还可以表达遗憾的假设语气,这是意合的条件复句所不具有的,所以还是要将条件复句中的“时”看作假设语气词;当然“时”也能够在句中只表示停顿,可以用“啊”“吗”替换,充当一般的语气词。因此,兰州方言“时”并非专职的话题标记,它可以充当一般语气词以及表示假设的语气词,常常带有遗憾意味。

七、测度语气

语气系统中还有测度语气,表示一种推测和估计,不能确定,普通话中用语气词“吧”来表示,如“你看错人了吧”“屋里大概有暖气吧”。兰州方言表示这种语气也用“吧”,与普通话无异,因此这里不再举例。

八、祈使语气

除与普通话相同的“吧”之外,兰州方言中表示祈使语气主要使用语气词“价”“吵”,可以表达请求、提议、催促、劝止等多种祈使语气。

1.“吵[ʂa·](同音字)”

安安静静躺一会吵。

爸,你歇一会吵。

快拿来吵。

再不要吵了吵。

2.““价[tɕia^53](同音字)”

“价”可以单独表示祈使,也经常与“吵[ʂa·](同音字)”配合使用。例如:

价来,价来,赶紧。

价算了吧。

价坐下吵。

价再不要吵了吵。

九、感叹语气

(一)赞叹、感慨

兰州方言表达这种语气的除了与普通话一致的“啊”之外,还有“下子的[xa^44tsɿ·ti·]”“下的个[xa^44ti·kɣ·]”。这两个词用在形容词充当谓语的陈述句末尾,加强性状的程度,表示感叹。例如:

昨个晚上冻下子的。(昨天晚上冷死了。)

这个人笨下的个。(这个人笨死了。)

你站下那么高的,吓人下子的。(你站那么高,吓死人了。)

那买下的那个衣裳贵下的个。(他买的那件衣服特别贵。)

（二）意外、惊讶

除了与普通话一致的“咦”之外，还有“价”“吗”。

1.“价[tɕia⁵³]（同音字）”

“价”用在表示不好结果的形容词或动词之前，用以强调这种情况，突出说话人的惊恐、无奈等情绪。例如：

价坏了，把祸闯下了。（这下坏了，闯祸了！）

那睡着了，房子塌了，人们说是价塌死着里头了。（他睡着了，房塌了，人们说坏了，这下压死在里面了。）

价完了，我把这个事情忘的死死的了，价怎么做呢。（这下完了，我把这事忘得一干二净了，这怎么办呀！）

价害死了，我把钥匙忘着屋里头了。（坏了，我把钥匙落屋里了！）

2.“吗[ma·]”

“吗”也可以表示出乎意料，这样使用的“吗”相当于普通话的“啊”。

半天我就这么价的命吗？（原来我就这样的命啊！）

噢，这么价的吗？（噢，原来是这样啊！）

你把我这么恨吗？（你原来这么恨我啊！）

你把这个东西这么喜欢吗？（你原来这么喜欢这个东西啊！）

（三）提醒、领悟

表示这种语气的除了与普通话一致的“噢”之外，上面表示意外、惊讶的“吗”的各个例句同样可以表达领悟到意外的结果。

（四）不以为然、无可奈何

除了与普通话一致的“唉”之外，兰州方言中表达这种无可奈何的语气主要用“价”“曼”。

1.“价[tɕia⁵³]（同音字）”

“价”用在后一分句的句首，表达前后分句之间的因果联系，意义相当于普通话“那”。例如：

你那个烂柿子没人要了，价拿着出来我们分着吃掉。（你那个烂柿子没人要了，那你拿出来我们分掉吧。）

我把祸闯下着，那们说价你再不要来了。（我闯了祸，他们说那你再别来了。）

你把话传错了，价你就重新传去。（你把话传错了，那就重新去传。）

上述因果关系中，结果多数是说话人无奈的选择或是不情愿的一种状况。虽然“价”也可以表示说话人主观上希望发生的结果，但语气并不强烈。例如：

娃娃考上大学了，把我们一下高兴坏了。

娃娃考上大学了，价一家子都高兴曼。

虽然例句中的结果是说话人希望发生的,但用“价”表达之后,语气趋于客观,不如第一句更能表现出是说话人希望的结果。

“价”也可以用于句中,没有必然的因果关系,只表示不以为然或无可奈何的语气。例如:

我谋着价车上也空着呢,就拿上呗。(我想车上反正也空着,就拿上吧。)

那个年月曼,价就凑合着过着呢。(那个时候,反正就将就过日子。)

那让我坐下,我说价我站着行呢。(他让我坐下,我说站着也行。)

价馍馍拿上啃,再吃的没有。(就吃馍馍吧,没什么吃的了。)

“价”还可以用在第一人称代词之后表示对自己的境遇无可奈何,而用在第二、三人称代词之后有戏谑意味,表示对他人的境遇不以为然。例如:

你最近怎么样,我价破烦着,一个病把我害着。(你最近如何,我难受的,一个病拿住了我。)

我价退了休了,连社会都不接触了。(我现在是退休了,也不接触社会了。)

那价破烦着,出个门了事情多的很。(他好烦人,出门事情多。)

再的说我着呢:“你价一下做好了,进了城了。”(人家都说我:“你是弄好了,进了城了。”)

总体上,兰州方言“价”所处的陈述句,大多数句义是消极的,表达说话人某种无奈的情绪。

2.“曼[man·](同音字)”

“曼”可以用在句中或句末表达无可奈何、不以为然的语气。例如:

尕姑娘曼,简单的很,社会上碰给下就好了。(小姑娘嘛,太单纯,在社会上碰一碰就好了。)

你这么说了,那我就给你办曼。(你这么说了,那我就给你办呗。)

从小搞下武术的把文化课就没有照住正常课时上曼。(从小学武术的对待文化课不像正常课嘛。)

我们两个的工资合着一搭比不上那们一个人的工资曼。(我俩的工资合一起也比不上人家一个人的工资。)

上文分九类考察了兰州方言的语气词,其中一些语气词可以表达几种语气。大多数语气词用在词、短语或句子的末尾,读音弱化,读为轻声,但语气词“价[tɕia^{53}]”和“呣[mu^{53}]”并不读为轻声,它们一般用在句首,相当于发语词,有提请注意的功能,因此读音上保持原调。需要说明的是,兰州方言虚词“着”也能够表达丰富的语气,考虑到其功能多,涉及的现象复杂,我们统一在第四节中做专门论述,这里仅将其表达的语气在表中列出。下面就以上提及的各种语气词与所表语气的对应情况列表总结如下(见表2-2):

表 2-2 兰州方言语气词概貌

语气类型＼语气词		的	价	了	呢	呢吗	吗	曼	去	吵	时	着	呣	来	一个	着呢	下子的	下的个
确定	确认	√			√											√		
	显然							√					√					
	辩解											√	√					
	提醒		√		√					√			√					
	不满		√															
夸张					√			√								√		
停顿				√				√		√	√			√				
疑问	是非问									√								
	非是非问	√		√	√	√	√			√			√	√	√			
反问		√		√	√	√	√			√		√						
虚拟				√					√		√							
祈使			√							√		√						
感叹语气	赞叹											√					√	√
	意外		√				√											
	提醒						√											
	不以为然		√					√										

第四节　复杂的兼类虚词“着”

上文在助词和语气词部分谈及兰州方言的“着”时都没有展开，因为这个词的功能多样，兼有结构助词、时助词、体助词、语气词等多种身份，如果分散描写，无法突出其特色，因此我们在这里单列一节，专门讨论兰州方言的复杂兼类虚词“着”。

在兰州方言中，“着”是高频使用的虚词，张淑敏(1999)专门讨论过作助词的“着”，根据其句法表现，区分了用作介词、用在连动结构之间以及用在动补之间的几种“着”，该文对兰州方言“着”的描述比较全面，但对“着”各种用法的分析和再分类还不充分，还有一些“着”字的特征没有提到。除这篇文章之外，只有个别介绍兰州方言语法概况的文章对“着”有简单几句描述。因此，对于兰州方言“着”字的研究还存在许多空白,本节将全面展开论述兰州方言"着"的各种语法功能,以及这个助词所涉及的句式,根据其语法功能的不同,区分了体助词、时助词、结构助词和语气词四类。下面就依次讨论"着"的各种功能。

一、体助词"着"

(一)持续体

普通话表示持续体的"着"只观察事件的持续部分,而对其他部分,如起始和终结并不关心,体现出"非完整性"特征(戴耀晶,1991)。由于这种非完整性,"着"在句法上就有一些显著的特征。下面,我们通过对比普通话与兰州方言持续体"着"的句法表现,分析兰州方言持续体"着"的特点。

1.持续体"着"与时间词语、动量词语搭配

时间词、动量词凸显事件的起始点和终止点,体现事件的完整性。因此,与普通话一致,兰州方言持续体"着"不能直接与时间词语、动量词语搭配,如:

*她中午睡着一阵子。

*我跑着两个小时。

*刚领导把我训着一顿。

*那撂着两拳。

2.持续体"着"与动补结构搭配

(普)*我把药喝掉着。——(兰)*我把药喝掉着。

(普)*我把药喝掉着,睡下了。——(兰)我把药喝掉着睡下了。

(普)*他喝醉着。——(兰)*他喝醉着。

(普)*他喝醉着没回家。——(兰)他喝醉着没回家。

首先,无论是普通话还是兰州方言,持续体"着"都不能直接与动补结构搭配,因为动作有了结果,事件就带有完整性。但是,如果在动补结构之后还有后续的成分,比如另一个事件,那么兰州方言中持续体助词"着"可以与动补结构搭配。但这并不是意味着,在兰州方言中"着"的非完整性降低了,此时"着"并不表示前一事件的结束,相反体现的是动补结构中结果的持续,也就是将结果出现后的状态看作一个没有时间起止点的事件,而后一个事件是以前一个动作结果的持续作为背景的。类似的例子还有:

有些战士脚后跟一下都裂了口子了,没办法,就连针线缭着呢,缭住着口子裂着疼的很,血淌着走不成了。

我们农人当超生游击队,粮本子供应的一个月30斤粮,两年卡住着没有给我们给,这就外前就跟要着吃的一样。

车子扔下着两年没骑了。

普通话中前后两个动词之间也可以加入"着",表示前一个动作是后一个动作

的方式,如"开着灯睡觉""拿着书进来"等,但如果前一个动词变成动补结构则不能跟"着"搭配,因为动补结构没有"时段持续"的特征。兰州方言中动补结构之后可以加上"着"表示动作达到某一特定结果之后结果状态的持续,从而为后续成分提供背景信息。也就是说,兰州方言持续体"着"对没有"时段持续"特征的动补结构的观察是将注意力集中在动作达到的程度或结果上,关注这种状态或结果的持续能够为后续事件提供的背景信息。因此,从搭配的范围上来看,兰州方言持续体"着"的持续性强于普通话"着"。当然,如果在句中加入表时点的副词如"马上""赶紧""一……就"等,也可以强行破坏持续意义,如"*你一听见马上脸红着做啥了""*那赶紧写下着一个条子交给老师了",这两句中都不能用"着"。

3.持续体"着"与完成体标记搭配

兰州方言中,使用更普遍的完成体标记是"下","V下"表示对现在有影响的动作的发生和完成。"V下"和宾语之间可以插入持续体标记"着",句子强调对现在有影响的不是动作本身而是动作完成之后产生的结果,强调动作结果状态的持续。例如:

你看半山腰里那盖下着一个"志公祠"。

那个泉水从石头里头冒着出来,人们跟前做下着一个池子。

牛舔鼻儿的鞋就是给这个鞋的面子上缝下着两道棱棱子。

我记着岘口子那们五六个照下着一张相片子。

以上四例中,"着"跟在完成体标记之后,但实际表达的是动作结果状态的持续存在,而宾语所指代的事物正是动作形成的结果。

4.持续体"着"与形容词搭配

普通话持续体"着"可以与形容词搭配,但在兰州方言中,还可以在"A着"之后加上具体的时间词语表示性状持续的时间,以及在"A着"之后具体描摹正在持续的某种性状结果,如:

再冷着两天就慢慢热了。

那个老师,戴个眼镜子,近视着一个圈圈子。

没事,就疼着一阵阵。

以上这些表达在普通话中都是不成立的。

以上,我们分析了兰州方言中表示持续体的助词"着",通过上面的分析可以看出,兰州方言"着"较普通话"着"的搭配范围广。动结式和完成体之后都能够加"着",将动作结果当作一种新的没有时间起止点的事件。因此,兰州方言"着"的持续体功能较普通话更强。

(二)反复体

兰州方言与普通话一致,都可以用"V着V着"来表示进行持续反复体,如"走着走着就把时间忘了""看着看着眼睛花开了"。上文提到,兰州方言持续体"着"不能与时间词语、动量词语搭配。但是,如果句子中出现表示常态的时间词语,兰州方言“着”就能够与时间词语、动量词语搭配,表示单位时间内反复发生的动作。例如:

这个地,一天擦着两遍,能不干净吗?

那的工作轻省的很,一天办公室里去坐着两个小时就下班了。

对面那个铺子,一个月换着四五个老板呢。

我一天游着两个小时的泳,坚持了两年了。

以上四例都是以某个时间段为单位,“V着”表现的是在单位时间内成规律发生的行为,如“一天擦着两遍”“一天坐着两小时”“一个月换着四五次”“一天游着两小时”。需要注意的是,这里的动词不能够删略,如不能说“这个地一天两遍”“对面那个铺子,一个月四五个老板”。因此,虽然“V着”前后都是数量成分,语义上也接近数量的分配,但实际上表达的是动作有规律地反复发生。

在表达反复体的基础上,“着”也表达在模糊时间段中成为常态或某种规律的事件及其数量的分配方式,接近于惯常体。例如:

计划经济那个时候优等粉就供着那些数字。

我们尕的时候,牛肉面卖着一毛五。

现在养着一个,以前一个母亲养着七八个娃也有呢。

计划经济的时候工资低,挣着四五十,那都算好的。

以上四例都没有明确的时间词,只是模糊的时间段,“着”所连接的动词和宾语都是在某一个时间段内成为常态的事物的数量分配方式。以上四例中“V着”都可以删除,如可以直接说“优等粉就那些数字”“牛肉面一毛五”“一个母亲七八个娃”“工资四五十”。因此,这种形式表达的是数量的常态分配方式,而非动作的反复发生,“着”表达的已经不是反复体,而是接近于表示“过去常常”的惯常体。

有一些句子从表面上看,其中的“着”可以替换成表示动作实现或完成的“了”。例如:

a. 那们给我给着些剩饭,就这么过着呢。

那们给我给了些剩饭,就这么过着呢。

那们每天给我给着些剩饭,就这么过着呢。

*那们每天给我给了些剩饭,就这么过着呢。

b. 这一家的衣裳大着些,不好。

这一家的衣裳大了些,不好。

这一家的衣裳一直大着些,不好。

*这一家的衣裳一直大了些,不好。

梅祖麟(1988)曾指出:“虚词‘着’在汉语方言中至少有方位介词、完成貌、持续貌这三种用法。”安庆(鲍红,2007)、枞阳(杨芳,2014)等地都有“着”表示完成的现象。a组中，第一句“着”可以替换成表示动作实现和完成的“了”，但是这与表示完成的“着”是有区别的。如果用“了”，表示动作“给”的完成，是一次性的，用“着”并不关注一次的动作行为，而关注“他们给我剩饭”这个常态事件的持续发生。因此，用“着”的句子中可以加入表示经常时间的“每天”，而不影响句义，但用“了”的句子中不能加入“每天”。b组中，第一句如果用“了”，表示衣服买大了，是一次性的属性，而用“着”则表示这家做的衣服一直具有“大”的属性。因此，用“着”的句子可以加入表示惯常的副词“一直”，也不影响句义，但用“了”的句子不能加入“一直”。通过以上例句可以看到，兰州方言中不存在表示完整体的“着”，“着”本身的持续特征使句子关注事件本身而非动作行为。

以上，我们分析了兰州方言作为体助词的“着”，从搭配范围上看，兰州方言“着”能够与动补结构及完成体搭配，将动作的结果当成新的持续事件，其持续性较普通话的“着”更强。由于这种强持续性，兰州方言“着”能够充当反复体助词，并进一步衍生出接近惯常体的功能，将反复发生、甚至成为常态的事件看作匀质的，不关注具体的起止点。

二、时助词“着”

兰州方言“着”可以用于句中，表示句子所代表的事件、命题所在的时间位置。

(一)先时

1.类似于“再说”

现代汉语方言中有一个表示“先时”，类似于“再说”的“着”，它在方言中的分布很广[①]。兰州方言中“着”同样可以表达先完成一件事再进行另一件事的“先时”意义。比如：

你啥时候睡觉呢？——作业做完了着。(你什么时候睡觉呢？——作业做完才行。)

现在准备尕衣裳早了些吧，肚子大了着。(现在准备小衣服早了点吧，肚子大了再说。)

啥时候交报告呢？——下个礼拜了着。(什么时候交报告呢？——下星期再说。)

你急着做啥呢，看给下了着。(你急什么，看看再说。)

与“着”结合的成分有动词、形容词和时间名词。与其他方言点表示先时的“着”相比，兰州方言“着”表先时意义时，一般只出现在句末，不出现在其他位置，同

①根据杨永龙(2002)的介绍以及我们的统计，湖北武汉、天门、荆沙、阳新、英山等地，四川绵阳，贵州贵阳、大方，江西九江，青海西宁，宁夏中宁，陕西清涧、神木，山西大同、洪洞，山东淄川、临朐、寿光，北京，江西南昌、安义、丰城、高安、临川、崇仁、宜春，湖南长沙、益阳、祁阳、双峰，吴方言的金华岩下等地方言都有这个“着”。

时要在前面的成分之后加上“了”表示动作、性状的完成或截至某个时间。即便前面动词带上“完”作为表示完成的补语,如果句末有“着”,仍然会在“V完”与“着”之间插入“了”。也就是说,兰州方言表示先时的“着”强制要求完整体标记“了”的出现,因为“着”本身不能表达这种完整意义。相应的,在其他方言中,虽然“了”的使用也比较普遍,但仍然有不用“了”的表达,比如南昌方言中有“先放在那里,明日着”这样直接在时间名词之后加上“着”的用法,兰州方言则一定要在时间名词后加上“了”,才可以构成自然的表达。这种类似于“再说”的“着”,同时隐含着对目前动作、行为的结束时间的强调作用,一般语气较为强烈。

以上句子中与“着”结合的成分可以在前面再加上“先”“等”配合使用,表示“先时”意义。例如:

微信我收不到,我先买个智能手机了着。(微信我收不到,我先买部智能手机才行。)

我现在出不去,等我病好了着。(我现在出不去,先等我病好吧。)

你这么着急吗,先给我教会了着。(你这么着急吗,先教会我再说。)

主任不在的,等明天了着。(主任不在,明天再说。)

2.类似于“……以后”

上面所举类似“再说”的“着”对之前的动作、性状、时间等有强调作用,此外兰州方言中“着”还有一种表示先时的用法,相当于“……以后”,整个结构充当后续成分的时间状语,并不强调目前动作行为的发生时间,只是提供背景(时间参照点)。例如:

我锁罢车子着上来,看着楼道子里头停了个红嘴乌鸦。

离开那们着走了一个小时就到了河边了。

毛主席那四渡赤水一下把国民党甩掉着过了雪山才跟四方面军会合了。

那把票买上着到我们屋里找我去了。

以上四例中的“着”都可以替换成“以后”,但每一句中“着”之前的成分都只是背景信息,并非强调的对象。用“着”只是为了将前面完整的句子扩充为更长句子的时间状语。相当于“……以后”的“着”之前不需要加上“了”,同时“着”前的成分一般有补语,表明相对的时间参照点是某个动作达到并保持某种结果状态,而不是动作本身的结束。

(二)同时

兰州方言“着”可以附着于动词、形容词、名词之后,表示相当于普通话“……的时候”的同时意义。

1.跟在动词性成分之后

那们来着天都黑了。(他们来的时候天都黑了。)

我妈给我做了个新鞋,那待做好着,我还有鞋呢,就没穿。(我妈给我做了双新鞋,她刚做好时,我还有鞋呢,就没穿。)

这个表还是我结婚着买下的。(这块表还是我结婚的时候买的。)

那在着,我爹不好说啥,我把那送着走掉,我爹那就把我骂开了。(他在的时候,我爸不好说什么,我把他送走,我爸就开始骂我了。)

以上四例中,带"着"表示同时的有单独的动词,有动补结构、动宾结构,静态动词"在"也可以加"着"表示同时。它们能够表明事情所发生的时点,同时如果后面还有后续成分,一般是指出现了新的情况,前后形成对比,如第四个例子。

2.跟在形容词之后

娃娃尕着,就要大人教呢,大了就自己悟去。(孩子小的时候,就要大人教,长大了就自己去领悟。)

这个瓜瓜青着就能吃。(这个小瓜青着的时候就能吃。)

锅里下给,等不着熟透着那就捞着吃掉了。(东西下进锅,等不到熟透的时候他就捞起来吃掉了。)

我的腿怕冷,一直穿的毛裤,到热着才脱掉。(我的腿怕冷,一直穿毛裤,等热的时候才脱掉。)

上述四例中,单独形容词以及形容词后有程度补语的形式都能够加"着"表示同时。

3.跟在名词性成分之后

半夜着还好好的,早上怎么头疼着不成了。(半夜的时候还好好的,早上怎么头疼得很。)

我十二吗十三着就给全家做饭着呢。(我十二三岁时就给全家做饭呢。)

多会着我将是来过一次,忘掉了。(什么时候我好像来过一次,忘了。)

那连老王着就没事,换成尕陈,两个就嚷仗呢。(跟老王在一起的时候就没事,换成小陈,两人就吵架。)

兰州方言"着"虽然意义上相当于普通话"……的时候",但普通话"……的时候"并不全都能替换成"X着",比如"人总有上当的时候",就不能替换成"人都有上当着"。因此,兰州方言表示同时意义的"着"相当于英语中的关系副词when,而不是名词性的time。

以上各种成分加"着"所表示的时间并不是具体的时间点或明确的时间段,而是背景、条件或状况。也就是说,虽然与"着"组合的都是有具体时空性的事件、动作或时间名词,但在整个句子中,事件、动作与时间词和"着"结合后并不是该句行为的具体时间,而是该行为的事件背景或条件状况。因此兰州方言时助词"着"所表达的是相对泛化的时间。

三、充当介词

许多汉语方言中"着"有方位介词的用法,根据梅祖麟(1988)、徐丹(1995)的调查,兰州方言"着"字有介词和持续貌两种用法,介词"着"是源,持续貌"着"是流,兰州方言源流兼用。关于"着"的介词用法来源,蒋绍愚(2006)有过详细的分析,认为是在魏晋南北朝时期,述补结构产生之后"V着"演变成述补结构,整体表达经过空间运动,物体处于某个处所,如果"着"前动词是静态的,"着"的意义相当于"在",如果"着"前动词是动态的,"着"的意义相当于"到"。例如:

员外一听,赶紧就把那请着屋里坐下。(员外一听,赶紧把他请到屋里坐下。)

那一打坐还给打着天亮了。(他一打坐还打到天亮了。)

那们让我蹲着后头,再不让我到前头去。(他们让我待在后面,不让我到前面去。)

会宁为啥高考考的好,那是把几届学生摞着一块了。(会宁为啥高考考得好,那是把几届学生摞在一起了。)

兰州方言"着"与"在""到"有以下对应或互补的关系:"在"构成的介词短语只出现在动词之前作状语,"着"只出现在动词之后,老派话语里"到"只出现在动词之前,与"在"相同,新派话语中动词后偶尔也可用"到";普通话"在""到"之后可以加上体助词"了",兰州方言中"在""到"绝大多数情况下都位于动词之前,不加体助词,动词后的"着"也不能加体助词,体助词只能加在句末。

普通话中,类似"放到桌上"这样的结构,可以将否定词"不"插入动词和介词之间表示动作主体不具备某种能力或能力达不到某种程度。相应的,兰州方言也是在"着"之前加"不",如"我放不着桌子上""等不着天亮了"。

四、结构助词"着"

(一)补语标记

1.介词"着"构成时地补语

许多汉语方言中"着"有方位介词的用法,这里仅列举几例,如安庆(鲍红,2007)、枞阳(杨芳,2014)、浙江遂昌(王文胜,2012)、陕西户县(孙立新,2011)、西宁(都兴宙,1993)等地方言中都可以用"着"作介词。专门提到兰州方言"着"的介词用法,最著名的是梅祖麟(1988)的研究,该文用详尽的材料分析了虚词"著"(一般写作"着")在方言中的三种用法,根据高葆泰先生提供的语料,梅祖麟先生指出,兰州方言"着"字有介词和持续貌两种用法,介词"着"是源,持续貌"着"是流,兰州方言源流兼用。徐丹(1995)也受到梅祖麟先生的启发,注意到北京话"V着"与西北方言"V的"有平行现象,该文涉及兰州方言表示持续的"着/的"互现的现象,更进一步证实了方言中相当于“着”、读音与[t]有关的字，如北京话的“着”、兰州方言的“到”“的”，本字都应是“著(着)”。

2.其他补语标记

普通话表示述补关系的结构助词是“得”，西宁方言(都兴宙，1993)凡是补语标记一律用“着”，而兰州方言中补语标记有两个，“着”和“的”，二者可以互相替换，但在以下语境中只能用“着”。

(1)补语为动词或补语不出现

哎呀，我吃着躺下了。

我把老鼠子断着跑了。

这个娃娃把我气着。

那阵把我肚子疼着。

这几句的补语标记一般不用“的”，前两句普通话里并不这样说，普通话“得”不能用于动词与单音节结果补语之间，如“撵跑”是不能加“得”的。后两句中表示程度、状态的补语可以不出现，而且“着”可以延长读音，读音越长，表示程度越深，此时“着”兼有补语标记和语气词的功能。虽然普通话也有“把人气得”“看他急得”之类的表达，但“得”无法延长读音以加强程度。需要说明的是，兰州方言能够省略作为补语使用的“着”，一般跟在形容词之后，由于形容词的补语一般都是补充说明该形容词的程度、状态等内容，起加强程度的作用，省略补语后，这一部分功能由“着”承担，虽然省略了具体的补语内容，但可以推知“着”起加强程度的作用。如果中心语是动词，那么补语可能是对动作的强度补充说明，也可能是对动作的某个侧面补充描写，如果省略补语只用“着”，会造成歧义，因为不知道“着”所表达的是加强程度还是从某个侧面说明。比较以下由动词和形容词充当中心语、省去补语的情况：

a.我昨天去，那把我说着。

a_1.我昨天去，那把我说着头都抬不起来了。

a_2.我昨天去，那把我说的特别狠。

b.昨个天热着。

b_1.昨个天热着都不敢出门了。

b_2.昨个天热的很。

上述两组例句，第一组中心语为动词，如果补语省略，一般听者的理解会是a_2的意思，“说着”表示的就是一直在说，说的时间很长，那么说的应该比较狠，而不会理解为a_1的意思。第二组中心语为形容词，如果补语省略，听者的理解是b_1、b_2都可以，b_1只不过说得更具体了，程度上并没有变化。因此，能够省略补语的一般是“A着”，动词中一般是心理动词能够这样使用。

正因为兰州方言“A着”的上述特点，“着”后还可以出现其他信息，而并不对中心语补充说明。例如：

转到西安，热着就华清池待给了几天。

那几天我就试着热着乏的很。

那们难受着就提前两天回了。

“着”可以不紧挨谓语核心而位于动宾结构之后，只表示程度之高，此时，“着”已经是纯粹的语气词，如“这个天冻耳朵着”。

(2)补语为趋向动词

兰州方言中如果趋向动词作补语，强制要求动补之间插入“着”。例如：

困难时期，我姑从陕西背着来一袋子白面把全家救下了。

赶紧把电话打着过去，不是你奶奶着急呢。

柜子太高了，拿个梯子爬着上去吧。

如果趋向补语之后还有宾语，普通话中可以说“背一袋面来”“背来一袋面”，宾语位置灵活。兰州方言中宾语只能处在趋向补语之后，位置固定，无法构成像普通话“背一袋面来”这样的结构。同时，趋向补语之后的宾语一般是有数量词修饰的，如果没有数量词修饰，在兰州方言中一般用“把”字提前，比如“*我领着来票了——我把票领着来了”。

(二)状语标记

普通话及兰州方言中，“着”都可以与动词、形容词以及主谓结构结合构成状中结构，“着”充当状语的标记。“V_1+着+V_2”状中结构如“走着去”“哭着说”；“A着V”状中结构如“忙着招呼客人”“急着出嫁”等，兰州方言与普通话是一致的，这里不再详述。兰州方言中，主谓结构完整的小句也可以在句尾加“着”成为更大句子中的状语成分。下面根据“着”前后成分的语义关系分别进行说明。

1.主谓结构充当原因状语

那头里娶了个媳妇，那嫌婆婆难缠着走掉了。

那是不懂道理着不孝，不是说那明知道道理着不孝。

那们难受着就提前两天回了。

转着西安，我们热着就华清池住给了几天。

以上四例中“着”之前的成分都是主谓结构，“着”将前后成分联系起来，使前面的成分成为后面成分的状语，提供原因信息。如果去掉“着”，整个句子就变成因果复句，而加上“着”使前后小句紧密结合起来成为复杂的单句，“着”前后的成分具有状中关系。

此外，普通话的特指问句是由疑问对象和疑问词构成的，而兰州方言中如果疑问的对象是动作性状，就必须在疑问对象之后加上“着”。例如：

你脸不展着做啥了?(你为什么不高兴?)

哋你哭着做啥了?(你为什么哭?)

那们屋里你住下着做啥呢，怎么不回来了？（你怎么住在他家，不回来了？）

这么价的破碗碗你要下着做啥呢？（你干吗要这样的破碗？）

有些文章将上述例句中的“着”看作特指疑问句的语法标记（谢晓安等，1996），而我们认为这仍是作原因状语标记的“着”在疑问句的使用。

2.主谓结构充当方式状语

工农兵大学生凭选拔着，那红色的帽子戴上着上下的。

那时节木匠就全凭一双手着，刨呢、推呢、凿呢、砍呢的。

那把窗子打开着透气着呢。

那车子骑上着送孙子着呢。

以上四例中“着”将前后成分联系起来，使前面的成分成为后面成分的状语，提供方式背景信息。如果去掉“着”，整个句子就变成了前后有时间先后顺序的两个小句，而加上“着”使前后小句紧密结合起来成为复杂的单句，“着”前后的成分具有状中关系。

此外，普通话中，如果前一个动词是“按照”“当作”“凭”等本身表示依凭意义的动词，那么它们与后一动词构成的状中式之间就不能插入“着”，如不能说“按照谋杀着判罪”，但是兰州方言中此类动词与后一动词构成的状中式却可以加上“着”。例如：

鼓皮洗干净，撂着锅里头，战士们就当饭着吃掉了。

背后看开了一样的，我还把你照住你儿子着喊了一声。

这个师傅受伤了，最后就按工伤着赔偿了。

姑娘不回来的不会早说吗，我还照住三个人着准备着呢。

上面四例中，两个动词结构中都可以插入“着”。如果本身表示依凭意义的动词所带的宾语是单音节的，一般加上“着”是最自然的表达，去掉“着”句子不成立，但是如果宾语的长度较长，如后两例，则“着”是可加可不加的。

普通话中有“红着脸说”“厚着脸皮要”等“A着”提供背景信息的用法，兰州方样一般常用“NA（上）”来作方式状语，并可以在“A（上）”之后再加“着”。

那脸红上着给老师献了个花。

你怎么脚光着站着呢？

那一天衣裳脏着就出门了。

没办法，我就脸皮子厚上着求那去了。

3.主谓结构充当时间状语

这个表还是我结婚着买下的。

我九几年卖菜着还把那见过一次。

娃娃尕着大人要教呢。

前面在“时”助词的部分提到过，兰州方言“着”可以作时助词，表达“先时、同时”的语法意义。由于具备了这种语法意义,“着”也就具有了作时间状语标记的功能,以上例句中“着”之前的主谓结构为“着”后面的成分提供时间信息,充当“着”后成分的时间状语。虽然上述例句中的“着”都可以用“时”“的时候”等关联词替换,但是这些关联词与兰州方言时助词“着”的性质不同。严格意义上,“时”“……的时候”等关联词构成的复句中正句和偏句之间的时间关系是靠这些关联词自身的语义来表达的,而“着”则是依附在状语成分之后的助词,本身不具备“时间”意义,加“着”的成分在句法上从属于后面的成分,充当状语。用“着”来标记时间状语,与主句的整合度高,语序上固定,主从句之间没有明显停顿。

以上,我们分析了兰州方言“着”作状语标记的相关句法表现。在兰州方言中,作为完整事件的主谓结构能够加“着”充当更大句子的状语成分,这说明“着”取消了主谓结构事件的完整性,降低了其具体的时空性,转而为“着”后的行为动作提供原因、方式、时间等背景信息。主谓结构也因为与“着”结合具有了泛时空特征。

(三)构成连动结构

普通话和兰州方言中都存在“V_1着V_2”格式,大多数情况下,“V_1着V_2”构成状中式。也有一些情况如V_1是表示留存、催促的动词时构成连动结构,如“留着吃”“催着走”“攒着买”“赶着走”等。这里的两个动词虽没有修饰关系,但“V_1着”与“V_2”之间还隐含着“行为—目的”等意义(李向农、张军,2001)。兰州方言中有与普通话相同的连动结构,如:

价你的这个事情我也不清楚,那你就个家打听着问去。

不舒坦就要检查着看去呢曼,尽拖啥着呢?

赶紧涮着洗完就休息。

笋子有些都烂了,赶紧削着吃掉。

以上四例中,前两例“V_1”与“V_2”在纯事理意义上同时发生,语义相同或相近,构成同义反复的连动结构。后两例前后的两个动词没有语义上的修饰关系,但有时间上的先后顺序或交错发生。以上四例中两个动词之间地位并不平等,前项动词都从不同的角度为后项提供背景信息。整个连动式在语义上倾向于后一动词,以后一动词为重。

除了两个动词连用的连动结构,兰州方言中还有三个动词连用,中间用两个“着”连接的连动结构“V_1着V_2着V_3”,三个动词之间在时间上存在先后顺序。例如:

每天干完活,要把地上刮着扫着收拾给下。

你把被窝拆着洗着晾下。

喜鹊一来,长虫那些五毒就吓着钻着躲掉了。

那们挖过洋芋的地,价我妈就又重新挖着找着拾上些。

这种结构中的动词之间是真正的连动关系,三个动词在时间上可能是先后发生，也可能是交错发生，彼此之间没有修饰关系，地位上也是平等的。这类连动结构中与“着”结合的“V_1”和“V_2”只能是单音节光杆动词，不能分别带补语，也不能分别受状语的修饰。比如，兰州方言中没有“把被子拆开洗干净晾好”这样的表达。也就是说，连动结构中与“着”结合的动词不能与表达具体动作结果、状态和时间的词语搭配。“着”的使用降低了其具体时空性，使之具有了泛时空特征。

此外，在普通话连动结构“V_1着V_2”中，催促类动词有时也蕴含兼语关系，如“催着结婚”“催着买票”等。兰州方言中，具有兼语性质的连动结构不限制在催促类“V_1”上，许多动词都可以构成动作主体不一的连动结构。例如：

你们把那个老工程师肘(推举、怂恿)着去给你们讲个课吵。

孤儿院的嬷嬷们，到底有西洋的东西呢，就给娃娃们教着学木匠呢。

领导把这个女的聘着干出纳着呢。

三缺一，赶紧把尕王叫着打麻将来。

以上四例前一个动作的对象即后一个动作的主体，这个兼语成分可以直接用“把”提前，构成整合度高的“V_1着V_2”形式。兼语关系中重点仍在后项，比如“把那个女的聘着干出纳”，重点在“那个女的干出纳”，“聘着”只是为“干出纳”提供了背景信息，而非“干出纳”的方式。

以上兰州方言连动结构中，只有“V_1着V_2着V_3”动词之间地位平等，互不依附。其他类型的连动结构中，“V_1着”在语义上都弱于后面的“V_2”，具有依存性，为“V_2”提供背景信息。这与普通话一致，多个动词连用在语义上地位很难完全平等。

五、语气词“着”

(一)确认语气

兰州方言中很多有确认语气的句子不能像普通话一样单靠谓语表达，语气词“呢/着呢”成为必须出现的形式，比如兰州方言中表达常态的已然事件，就需要在句末加上“着呢”。例如：

那最近医院里去着呢。

这个人我们认下着呢。

娃娃不懂事着呢。

我工作辞掉着呢。

普通话用在形容词性成分之后的“着呢”是表达对某种性状的强调，有夸张意味，如“他俩好着呢”。兰州方言形容词后加“着”除普通话这种用法外，还可以不表示强调，只表示确认的语气，经常出现在答句中。例如：

我们屋里一般，可是娃娃们都合适着呢。(我家里条件一般，但孩子们都听话。)

我妈那身体一直好着呢。

你看这个衣裳怎么样？——好着呢。

姑娘怎么床上躺着呢？——不舒坦着呢。

当然，兰州方言中的“着呢”也并非能够进入所有的直陈句中，比如有信息焦点的句子以及假设条件句中就不能用“着呢”。

(二)祈使语气

普通话和兰州方言中都有在动词后加上“着”表示祈使语气的用法。例如：

听着、待着、你歇着吧、看着些

此外，萧国政(2000)、杨永龙(2002)等学者还先后讨论过一种在方言中普遍存在的位于祈使句末尾表示命令、愿望、警告的“着”，兰州方言中也存在，这种祈使语气词“着”还带有持续意义。例如：

你等消息着，我先走。

上街把钱儿装好，小心贼娃子着。

你看娃着，我出去买个菜。

邢向东(2004)对方言中这类现象做了详细的分析，根据该文章中所罗列的材料，这种用法的“着”广泛存在于晋语、中原官话(汾河片、关中片、秦陇片)、兰银官话、西南官话、北京官话等方言中。方言中带“着”的祈使句一般是要求听话人继续做某件事或保持某种状态，因此能用于其中的动词一般是可持续性的。邢文在分析这种祈使语气用法的“着”的来源时指出，在现代西北方言官话和晋语方言中，陈述句中普遍存在“VO着”结构，而这种结构运被用于祈使句中时，位于句末的“着”加强了持续体助词“着”与祈使语气词“着”的联系，对巩固“着”的语气词用法作用匪浅。

(三)反问语气

兰州方言中，“着”用于句末还可以表达说话人不满、责怪和嘲讽的反诘语气。例如：

(男子骑车撞到行人)行人：你再不快些着！

一发东西那们就大包小包的背着装来了，怎么麻袋不背上着？

姑娘窗根子上过你那个眼睛就一直盯着，你不跟上去着！

可以看出，这种用法的“着”实际上都是跟在反语形式之后，是加强表达效果的，含有否定、讽刺和嘲弄的意味。

(四)委婉语气

我舅舅一辈子也可怜着，没儿没女没婆娘。

我们屋里只有个自行车，就给那学校里赔给了着。

钥匙来？——我给你给给了着。

句末用“着”能够表达说话人无奈、委屈、不满的委婉语气。

(五)感叹语气

我尕的时候,树爬的噌噌噌的着!

我奶奶做的拉条子刁不(特别。同音词,本字待考。)香了着!

今早上刁不精神了着!

奶奶听着刁不高兴了着!

用来表达感叹语气的“着”基本上与副词“刁不”搭配使用。并且与“刁不”搭配的“着”前必须出现“了”。

六、“着”的句法语义特征

对于普通话“着”的各种功能的形成过程,已有不少学者做过深入的研究和梳理,如吕叔湘(1941)、赵金铭(1979)、梅祖麟(1988)、曹广顺(1986,1995:26-37,2005)、孙朝奋(1997)、吴福祥(2004)、蒋绍愚(2006)等。本书重点讨论兰州方言“着”的特点,因而只是随文简要介绍“着”的语法化过程,不再对其进行专门讨论。通过对兰州方言中各种用法的“着”归类,可以观察到兰州方言“着”具有泛时空性强的特点,下面详细分析。

戴耀晶(1991)在观察普通话动态助词时指出,“了”的观察角度是外部,观察范围是整个事件,将事件的起始点纳入观察的范围,因此这种观察角度具有完整性。而“着”的观察角度是内部,观察范围是事件的一部分,不关注事件的起始点,只关注事件的持续部分,因此这种观察角度具有非完整性。表达事件具体时间长度的词语、标示动量的词语、表示动作结果的词语都与事件的整体完整性相关,因此它们能与“了”搭配。同时,只有这些词语都与具体的事件相关,该具体事件才有持续的时间,其中的动作才能被计量,具体事件才有具体的结果。时间词语、动量、动结式不能与“着”搭配,说明“着”无法构成具体事件,如“他挣扎着”,去掉了动词的具体时间、量及结果。动词与“着”结合后去掉了动词的具体性、个体性的内容,不具有现实时空性,而具有泛时空的特征(冯胜利,2010、2012)。陈刚(1980:23)、刘宁生(1985:127)指出“V着”无法独立成句,方梅(2000:47)也指出“着”具有依存性。这些特征正是因为“着”不能够表达现实的时空意义而导致的。因此,使用“V着”来代替“V”,会增强句子的泛时空性。

下面我们分析兰州方言中“着”的时空性。

体的方面,我们首先注意到兰州方言中一些有明显具体时空性的动补结构仍然能加上“着”,但是二者结合之后表达的是动作结果的持续,而非动作的结束,是将动作的结果看作一个新的持续过程;表示完成的“完”“下”标记之后还能够加上“着”,二者结合之后表达动作完成状态的持续,而非动作的完结;动补结构和完成体都关注事件结束点,具有完整性,但是在兰州方言中与“着”结合可以为“着”后的成分提供背景信息,观察角度从事件的结束点变成了新的状态的持续部分,带上了非完整性特征。这说明,兰州方言"着"是能够"削弱或去掉具体事物、事件或动作中的时间和空间的语法标记"[①],泛时空性强于普通话的"着";其次,兰州方言"着"能够构成反复体和接近惯常体的意义,关注的是成规律出现的动作行为,以及成规律的数量分配方式,而不是某一个具体的事件或动作,这也体现了"着"的泛时空性在兰州方言中明显增强。

时的方面,首先,兰州方言"着"在表达先时、同时等语法意义时,表达的内容不是具体的时间点或时间段,而是背景、条件或状况,具有泛时空的特征。也就是说,虽然与"着"结合的是具有具体时空性的事件、动作或时间词,但结合之后的整体并不是该行为的具体时间,而是该行为的事件背景或条件状况。这一特征消除了与"着"结合的事件、动作和时间词的具体时空性,使之时空性泛化;其次,"着"除了表达先时、同时的概念外,本身又是一种类似于名词化的操作,将具体的动作变成充当时间参照点的事件,而名词相较于动词、形容词来说本身就具有泛时空性。

结构方面,一些结构复杂的主谓结构本来应当构成独立的句子,但在兰州方言中却可以加上"着"成为更大句子的状语成分,为句子提供原因、方式、时间等背景信息,这种用法在普通话中是不存在的。这实际上是一种取消句子独立性的操作,将原本独立的句子通过加"着"转换成修饰成分,消除其作为句子的独立性,这与动词、形容词的名词化结果是一致的。名词化操作是增强句子泛时空性的手段之一[②],那么独立句子加"着"取消句子的独立性也同样会增强句子的泛时空性。连动结构中,兰州方言有三个动词连用构成的"V_1着V_2着V_3"结构,与"着"结合的V_1和V_2都不能再与表示动作方向、结果、时间和状态的状语、补语结合,因为这些成分都具有凸显动作具体时空的功能。兰州方言三个动词构成的连动式使用"着"也是降低或减弱了与之相结合的V_1和V_2的具体时空性,使之具有泛时空性。

语气的方面,"着呢"是很多陈述语气中不可或缺的成分,而加上"着呢"的句子本身表达的事件是已然的常态事件,在时间上有一定的恒久性,如"那把那妈一直照顾着呢""那医院里去着呢"。也就是说,加了"着呢"的句子关注的不是一次的具体动作行为,而是整体事件。此外,兰州方言中还有这样的句子:

你吃着一碗饭,挑三拣四的,破烦着。

从小学数学就考着个七八十分。

我爸说喔我这么一大家子呢,尽给你给钱着怎么做呢?

你住着个医院,把全家人都搭配进去了。

以上四例中,"着"都不表示某一个体动作行为的持续,而是常态的事件。第

①王永娜、冯胜利(2015)认为书面正式语体的语法特征为"泛时空化",泛时空化即削弱或去掉具体事物、事件或动作中的时间和空间的语法标记。

②王永娜(2010)北京语言大学博士论文(稿)中对具有泛时空性的几种句法手段做了阐述,该文所用的泛时空化的相关理论主要来自于冯胜利的相关论著。

一例中，并不指明是正在吃还是已经吃完，也不指明是这一碗饭还是其他的，动词后加“着”将“吃一碗饭”这个动作泛时空化操作，使其变成抽象的事件；第二例和第三例通过句中副词“从小”“尽”就能够表明“考七八十分”“给你给钱”并不是一次或几次，也不是具体的哪一次，而是常态的事件；最后一例也是将“住院”的时空性泛化，将“住院”看作一个持续匀质的事件。祈使句末的语气词“着”也是在持续体助词“着”的基础上发展而来的，要求听话人继续做某件事或保持某种状态。

综上所述，兰州方言中“着”的持续性得到巩固和发展，其泛时空性相较于普通话也更为明显，兰州方言更多地使用“着”来泛化句子的时空性，从而将小句整合进更大的句子，或关注常态的事件，这可以看作兰州方言句法整合的一种特有手段。

第三章　句法专题研究(上)

第一节　句法概述

汉语句子按照结构可以分为主谓句和非主谓句，一般句子都有主语和谓语两部分，非主谓句主要是一些独词句和无主句。根据充当谓语部分成分的性质，可以将主谓句分成名词谓语句、动词谓语句、形容词谓语句。本节简要介绍兰州方言各类谓语句以及谓语的修饰成分、句类、句子的复杂化等情况。

(一)名词谓语句和系词句

兰州方言中，体词、代词、定中式偏正短语、联合式短语、“的”字结构以及谓语本身是体词谓语句，这几种成分都可以充当谓语，在它们构成的句子中，系词的隐现是自由的；数量词语、“NP+了”构成的名词谓语句最为自然，系词无法补出；状中式偏正短语、体词性结构的重叠形式这两种成分一般不构成名词谓语句，句中必须出现系词，否则句子不成立。普通话主语是“的”字结构的体词谓语句一般有两个成分前后并列，句子的表达才自然，如“穿的皮尔卡丹，戴的劳力士”。如果“的”字结构作主语的体词谓语句能够独立成句，一般谓语部分有副词修饰，如“他说的尽废话”或者谓语采用疑问形式，如“交的什么钱”。兰州方言中，当句子主语是“的”字结构时，一般都可以删略系词，而且谓语部分可以没有修饰词和并列成分。

兰州方言用来定义或归类的判断命题句有显性的系词“是”。句末的数量词“一个”可以起到加强判断的作用，它不是判断句的必需标记，但是不用系词的判断句中使用“一个”可以起到标记名词性谓语的作用，相当于古代汉语判断句末的“也”。此外，兰州方言中也有“当”“干”“变(成)”“显”等半系词。

(二)动词谓语句

动词谓语句是最占优势的句型，但内部的分类比较复杂，普通话中小句作宾语、数量宾语句、被动句、存在句、连动句等情况，兰州方言中都存在。然而，兰州方言与普通话动词谓语句存在一些差异：(1)兰州方言中动词如果带两个受事宾语，至少一个要用介词提前，以排斥双宾句。处所宾语在特定的动词谓语句中经常前置。(2)"把"字句可以不表示处置，宾语也可以是无定的成分。(3)兼语句由于谓语部分过于复杂，在兰州方言中受到排斥，一般将兼语成分提前。(4)兰州方言中能够充当句子状语的成分有副词、介词、动词、名词等。当状语是否定词或介词"把"构成的介词短语时，经常发生语序的错配。否定词紧挨在谓语核心之前，"把"字结构则经常处在靠近句首的最外层，并不紧挨在谓语上，这些特点也将在句子的语序特征部分做专门讨论。(5)动词谓语句中补语的类型除了与普通话相同的结果、趋向、可能、程度等补语之外，兰州方言动词之后的"给"也可以充当补语，表示可能、结果、趋向等意义。

(三)形容词谓语句

兰州方言形容词谓语句与普通话大体一致，一般用来描写主语表示的人或事物的性状，也可以表示某种变化。但同时，兰州方言与普通话的形容词谓语句也存在一些小的差异，如普通话数量短语作形容词补语，二者是直接结合的，但是兰州方言中数量词补语与形容词之间一般不直接结合，而要加上其他助词。形容词和趋向补语之间也必须加上助词。普通话中有"红着脸""厚着脸皮"等形容词带宾语的用法，这种用法中形容词后跟直接宾语，整个结构一般是作谓语核心的背景信息的，兰州方言则一般常用"NA上"来作背景状语。

表3-1 兰州方言形容词谓语句特点举例

语法项目	特 点	例 句
数量补语	A+助词+数量	那个工程完了，我闲给了两个月。 估摸就热着一阵阵，还是穿厚些。
趋向补语	A+助词+趋向	一场雨下罢就冷着下来了。 改革开放一开始，深圳那面就富着起来了。
形容词带宾语	宾语+A+上	那脸红上跑掉了。 两口子脸皮子厚上求人去了。

(四)句类

句类是句子的功能类型，与普通话一致，兰州方言句子也有陈述、疑问、祈使、感叹四个功能类型。兰州方言陈述句类型和特征与普通话一致，涉及引语问题，兰州方言有三个词语能够用于引语之前，分别是"着""是""的"，其中"着""是"不能专门标记直接引语或间接引语，"的"能够标记直接引语。疑问句中，选择问有不同于普通话的格式，兰州方言以语气词作为前后两项之间的连接项，不用连词"还是"，下文将设专节讨论兰州方言的疑问句，这里暂不举例。兰州方言表达祈使的手段，有与普通话一致的动词、动词短语、名词及个别副词。此外，也用语气词、表短时少量的"V(给)一下"、表示持续的"着/上"、形容词等所带的"些""(一)点"、框式介词和特殊句式等来表达祈使。这些表达祈使的方式都是用一些相邻的形态和虚词手段兼表祈使,并非专门的祈使形态。兰州方言感叹句与普通话基本上是一致的。

(五)句子的复杂化

句子的复杂化可以通过包含小句或扩大成分的方式来实现。兰州方言中可以用并列、复句、从属小句三种形式来使句子复杂,前两种属于包含小句造成句子复杂,从属小句则属于成分扩大复杂化句子。表3–2列举了兰州方言并列和复句的表达手段,从属小句的相关内容将在之后章节专门讨论,这里暂不展开。

表3–2　句子复杂化手段——并列

并列类型	并列手段	举　例
等立型并列	连词	旋……旋……、一阵子……一阵子……、还……还、一个……(再)一个……、连……带……
	副词	又……又、又是……又是……、一面……一面
	助词	……着呢……着呢、……呢……呢、……了……了、了……啥的
	整齐的句式	有牙的没锅盔,有锅盔的没牙。
	提顿词	吵、曼、去、时
	名词拷贝式	眼睛眼睛看不着,牙齿牙齿也掉光了,再活啥呢。
转折型并列	关联词语	但是、还是、价就是
选择型并列关系	连词、副词	有……(还)不如……、要么……要么……、不是……就是……(就是为副词)
	助词	(呢)吗

表3–3　句子复杂化手段——复句

复句类型	连词、副词(加着重号区别)
因果复句	(因为)……所以、……就……
条件复句	不管……都、只有……才……、只要……就
假设复句	单、(单)……的话……
让步复句	就(是)……也……、哪怕……也……、再说……还是……
取舍复句	有……还不如、(宁肯)……也不
目的复句	为了
时间复句	就、还、才,或不用关联词语
递进复句	还、……都……还……
连锁复句	越……越……,或不用关联词语

以上我们对兰州方言句法的大概情况做了简单的介绍，下面将专门讨论句子的语序特征以及一些特殊的句式。

第二节 语序特征

语序指词、词组、短语等句子成分在句中的线性排列顺序，其中最主要的是主语(S)、谓语(V)和宾语(O)的排列顺序。语序问题一直以来受到语言类型学家的关注，根据已知的研究，人类语言普遍选择SOV语序和SVO语序。一般认为汉语各方言的语序是SVO，但语言学家很早就注意到，这种语序在口语中经常有例外，因此语法学界也研究"倒装""易位"等现象。还有一些学者提出，汉语并非严格意义的SVO语言，如刘丹青(2001)认为，在典型的SVO语言中，宾语是挤不走的，但是汉语至少在处置式中宾语可以提前，所以有处置式的汉语至少不是典型的SVO语言。戴浩一(1973、1976)更是基于汉语"把"字句、"被"字句将主宾语位置变化的现象，认为汉语正经历SVO到SOV语序的过渡，当然，很多学者并不认可这种观点(见张振兴，2003)。石毓智(2008a)观察到，西北方言由于受到周边SOV语序的少数民族语言的影响，已经具有了比较典型的SOV语言的语法特征。徐丹(2013)再一次证实被阿尔泰语系包围的甘肃唐汪话，其语序以OV为主。兰州方言不像临夏话、唐汪话与民族语言接触得那样深，但比起其他北方汉语方言来说，又确实受到了民族语言如同样采用SOV语序的藏语的影响，必然表现出一些中间阶段的状态，更多地体现出民族语言和汉语的杂糅互动，因此有必要对兰州方言语序进行专门的探讨。

本节讨论兰州方言的语序特征，首先观察简单句，即句子中只有基本论元和简单动词形式时，句子基本论元的组合情况和语序表现，兰州方言句子的基本论元以SVO语序为优先选择，个别条件下宾语可以提前；其次观察动词有修饰成分的句子中宾语前置的情况，探讨兰州方言中倾向于选择宾语前置语序的句法格式和语法条件。我们观察到，兰州方言除疑问、否定这些容易诱发话题化使宾语前置的句法条件之外，仍有其他句法格式以宾语前置为自然的表达，表现出向SOV语序靠拢的趋势；最后考察兰州方言几个特殊的状语在句中的位置以及"把"字句对宾语、动词的要求。兰州方言句中有特定状语时，语序有错配，"把"字句高频使用，宾语前置倾向明显。最后得出结论，由于兰州方言语序受到周边少数民族语言的影响，语序上表现出一些SOV的特征。

一、基本论元的组合情况和语序表现

(一)主语、宾语及其他论元的组合

这里考察的是简单句的情况,即句子只有基本构成成分,动词取简单形式,而不受状语、补语等成分修饰时,句中基本论元的组合和语序情况。

1. 主语+动词

如果句中只有主语和简单动词,那么兰州方言中只能是主语在前,动词在后,这种次序是固定的,不可随意变动,如“你看”“我去”等。

2. 主语+动词+直接宾语(直接单宾句)

兰州方言中,如果句子仅由上述三个成分构成,那么语序可以与普通话一致,主语在前,其次是动词,最后是宾语,也可以将直接宾语提前至动词之前。

调查过程中我们发现,兰州方言表示时间、地点的名词经常出现在动词之前。如果这些表示地点的名词遇到“去”“来”“住”这样的动词,一般只选择宾语前置的语序,或者虽然两种语序都可以,但表达的语义有所区别。

(1)动词为“去”

在我们随机抽选的一万字语料中,动词“去”与地点宾语结合的句子共有十一例,这十一例全都选择了宾语前置的表达。例如:

我爸非要那个院子里头去呢。(我爸非要去那个院子。)

这个表是结婚着买下的,还那年北京去着日掉了。(这表是结婚的时候买的,还那年去北京的时候丢掉了。)

今个这个寺庙里去,烧个香拜个佛。(今天去这个寺庙,烧个香拜个佛。)

结婚三天我屋里头去,我妈说让我给那缝个被窝。(结婚三天我去家里,我妈说让我缝被子。)

兰州方言和普通话中都有“到……去”的表达,但上面各例地点名词之前都没有介词,兰州方言动词“去”的宾语一律前置,像括号中普通话那样的表达在兰州方言中是不自然的,在我们抽取的语料中没有出现。

(2)动词为“来”

与动词“去”的情况一致,兰州方言中动词“来”的宾语也只能出现在动词之前。例如:

那们冬天到海南去,夏天兰州来就避暑。

你北京来不来?

那中国来学中文着呢。

当然,“来”的宾语也可以跟在介词“到”之后,也是自然的表达,如“到学校来”,但无论是直接处在动词之前,还是作为介词“到”的宾语,兰州方言动词为“来”时,地点宾语都不能位于“来”之后,必须前置。

(3)动词为“住”

动词为“住”的句子在我们调查的语料中呈现出自由的语序,宾语可以在前,也可以在后,但是在“住”之后的宾语通常只表示临时的居住地或居住状态,不是长期的,如果要表达长期的居住地只能选择宾语在前的语序。例如:

我们下西园住着呢。——我们住着下西园着呢。

你地里住着,不干农活不饿死吗?——? 你住着地里,不干农活不饿死吗?

? 双优班学校里住着,周末补课着呢。——双优班住着学校里,周末补课着呢。

1996年我伏龙坪住着呢,2004年才搬着下来。——? 1996年我住着伏龙坪,2004年才搬着下来。

以上四例中,第一例左侧一句是指长期的居住地,登记户口所在地时,民警只会问“你到哪里住着呢”,而不会问“你住着哪里着呢”,因为后一种是问临时住处或目前所在地,因此第一例右侧的句子只表示临时或最近在下西园居住。第二例中的地点宾语在“住”之前蕴含着职业意义,对事物定性,必然与该事物固定长期的属性相关。由于地点宾语在“住”之前,听话者必然长期在地里住着,能够让人联想到听话者是农民,不劳动才会饿死。右侧的例子不自然,理解上也有困难,不像左侧例句那样能够让人联想到听话人的身份,因此宾语在“住”之后只表示临时的属性。第三例中,学校补课的学生住校也应该是临时的,因此右侧宾语在“住”之后的表达是自然的。第四例中的1996年到2004年,八年时间不是临时短暂的,因此只有宾语在“住”之前是自然的表达。

通过上面的分析可以看出,兰州方言中动词是“住”时,虽然宾语的语序是相对自由的,但是语序不同蕴含的意义也有区别,宾语提前能够代表长期的固有属性,宾语在后则表临时的属性。因此,兰州方言要表达长期的居住情况时,只选择宾语前置顺序。

上面的例句表明,兰州方言的直接单宾句虽然语序较为自由,但是时地论元有前置倾向,当它们与以上这些动词搭配或表达特定语义时,宾语必须前置,如果宾语在动词后,则为不自然的表达或语义上有区别。

3.主语+动词+间接宾语(间接单宾句)

如果句中只有这三种成分,那么只能以答句形式出现,间接宾语只有成为介词宾语时可以提至动词前,否则只能在动词后,而且动词只能是“给予”类的,不能是“夺取”类的。例如:

A:钥匙来?

B:我给给尕王了。(我给小王了。)

A:红点点来?

B:我给娃点给了。(我给孩子点上了。)

A:药来?

B:我给奶奶喂给了。(我给奶奶喂了。)

第一句间接宾语在动词之后,后两句间接宾语成为"给"所标记的旁格[①],出现在动词之前。

4.主语+旁格+动词(旁格句)

兰州方言中上述三种论元的组合顺序只有"主语+旁格+动词"一种。例如:

顾客把那满意。(顾客对他很满意。)

我给你让,不要挤。

我给娃娃说。

这里需要说明的是,兰州方言中双宾句的直接宾语、间接宾语在一定条件下都可以变换成由介词介引的旁格提至动词之前,构成双旁格句。

5.主语+动词+直接宾语+旁格宾语(单宾带旁格句)

兰州方言排斥双宾句,在我们调查的十三万字语料中没有一例双宾语句,所以遇到两个宾语的情况,一般用介词"把/给"将至少一个宾语提前,关于这一点黄伯荣等人(1960)和李炜(1987)都有过描述。普通话中有"我送花给她"的表达,旁格可以在动词之后,而兰州方言一律要放在动词之前。例如:

我给老师买了个礼物。

我给尕杨送了个衣裳。

我给那打个电话。

兰州方言中没有"我给老师买礼物""我送小杨衣服""我送花给她""我打电话给他"的表达,旁格只能在动词之前。此外,还可以用"把"将直接宾语提前,用"给"将间接宾语提前,两个宾语都提到动词之前,相当于动词支配两个旁格宾语,可以归入前面"旁格句"的类别中。例如:

我给那把钥匙给给了。(我给了他钥匙。)

我把一件子衣裳给尕杨送给了。(我送给小杨一件衣服。)

我把电话给那打给了。(我给她打了电话。)

在句末的动词都要加上附缀"给",否则不能将直接宾语和间接宾语前置。

6.动词+直接宾语(无主单宾句)

此结构在兰州方言中和在普通话中是一致的,动词在前,直接宾语在后。一般用来描述自然现象,或是用在祈使句中,如"结冰了""起床了"。

(二)影响上述基本论元组合语序的因素

1.名词论元和代词论元之别

---

①刘丹青(2008a)将汉语"把""被"以及表与事的"给"看作旁格论元的标记。

动词后如果是代词论元，那么在“主语+动词+直接宾语（直接单宾句）”句中，宾语一般不前置，而是处在动词之后的位置上，这实际上与直接宾语的生命度有关，代词的生命度高于一般名词，是指人的，很难无标记地出现在主语之后宾语之前。在只能作答句的“主语+动词+间接宾语（间接单宾句）”句中，如果间接宾语是代词，那么它就倾向于成为“给”所介引的旁格成分出现在动词之前。例如：

a_1：衣裳来？

b_1：？我送给那了。

c_1：我给那送给了。

a_2：自行车来？

b_2：？我撂给那了。

c_2：我给那撂给了。

上述两组对话中，间接宾语为人称代词，那么 b_1、b_2 的回答都不如 c_1、c_2 自然，人称代词易成为旁格成分出现在动词之前。

2.名词代表事物的生命度

在“主语+动词+直接宾语（直接单宾句）”句中，影响其语序的因素之一是直接宾语的生命度，直接宾语生命度低，则倾向于将直接宾语置于动词之前。例如：

我阳台上的衣裳没取。

这个学生两套复习题没做。

老马家山上的房子盖好了。

那新房子的钥匙丢了。

3.成分的长度和复杂度

在“主语+动词+间接宾语（间接单宾句）”句中，间接宾语可以在动词之后，也可以转换成为“给”介引的旁格出现在动词之前，如果间接宾语是比较复杂的成分，长度长，则以转换为旁格出现在动词前为最自然的表达。例如：

a_1：你把旧衣裳来？

——我给给老王了。

——我给老王给给了。

——我给楼底下车棚子的老王给给了。

——我给给楼底下车棚子的老王了。

a_2：办公室的钥匙来？

——我捎给会计了。

——我给会计捎给了。

——我捎给财务上的会计了。

——我给财务上的会计捎给了。

上述两组问答中，所有回答都是可以说的，不存在错误的句子，但是间接宾语是简单成分时，在动词前后都可以，自然度相当。间接宾语加长变复杂之后，以在动词之前的表达最自然，在动词之后的表达次之。这可能也与兰州方言排斥复杂宾语的特点有关，宾语越复杂越倾向于前置。

4.指称意义

在“主语+动词+直接宾语(直接单宾句)”中，另一个影响语序的因素是直接宾语的指称意义。普通话中，直接宾语出现在动词之后不一定是无定的，但出现在动词之前，一般是有定的。兰州方言中对出现在动词之前的直接宾语的指称意义并没有严格的限制。例如：

我现在没挣工资。——我现在工资没挣。

那能吃一大碗。——那一大碗能吃上。

你买个衣裳。——你衣裳买上一个。

以上三句动词的直接宾语都是无定的，能够提前。因此，兰州方言中直接宾语的指称意义一般不影响句子基本论元的组合顺序。

在“主语+动词+直接宾语+旁格宾语(单宾带旁格句)”中，间接宾语本来就有强烈的前置倾向，通常转换为“给”介引的旁格宾语。同时，还可以用“把”将直接宾语也提前，将直接宾语和间接宾语都提到动词之前的位置上。

以上我们考察了句子的基本论元的组合情况和语序特征，可以看到这些句子的基本构成成分在句子中的语序以SVO为优先选择，但在一些条件下也要求将宾语提前，指称性对宾语的前置影响不大，不定的成分也可以提至动词之前。宾语是否前置主要受到自身生命度、复杂度的影响，生命度越低、越复杂的成分越倾向于前置。

二、宾语前置句

上面我们考察了兰州方言句子中基本论元的组合情况及线性顺序，发现在简单句中某些条件下宾语可以前置。现在我们考察在动词有修饰成分的句子中，宾语论元前置的自由度以及受到的限制和相应的表现。普通话和兰州方言中都存在宾语前置句，只是存在频率高低、使用范围大小的差异，不过在以下句子格式中，兰州方言以宾语前置为最自然的表达，其中有些格式强制要求宾语前置。

(一)否定式“没+有+的”的句子

兰州方言中，如果否定式为“没有的”，那么动词的宾语一定出现在动词前面。例如：

门背后扫帚没有的，你让我找啥着呢。——*门背后没有的扫帚，你让我找啥着呢?

我再钱儿没有的，你不要问我要。——*我再没有的钱儿，你不要问我要。

我现在光有个初中、高中的毕业证，小学的我没有的。——*我现在光有个初中、高中的毕业证,我没有的小学的。

这个掌柜的,家产置下了不少的,媳妇没有的。——*这个掌柜的,家产置下了不少的,没有的媳妇。

以上各句前置的宾语中,有类指成分,有定指成分,也有无定成分,如最后一例的"媳妇",就属于非实指性的无定成分。前置的宾语以生命度低的居多,生命度高的也可以前置,但比较少,同时有一定的条件,生命度较高的宾语前置之后多单独充当话题,如最后一例。如果还有其他次话题成分,句子很难成立,如"? 媳妇那没有的"。

(二)句中有尝试体标记

兰州方言尝试体标记不是动词的重叠形式,而是"V给一下/一阵子"。句子中出现尝试体标记只能用SOV语序。例如:

老妈走掉,墙刷给下,好好活给下。(老人去世了,刷刷墙,好好活。)

退休了,身体锻炼给下,不要给娃娃找麻烦。(退休了,锻炼锻炼身体,别给孩子找麻烦。)

你们娃娃管给下,害死了。(你管管你家孩子,调皮死了。)

早上公园里去,胳膊甩给下,腿踢给下。(早上去公园,甩甩胳膊,踢踢腿。)

(三)连动结构

兰州方言连动句中,前一个动词的宾语一般会提前,让两个动词性成分通过助词连接。例如:

那车坐上上班去了。(他坐上车去上班了。)

我明个老太太领上了逛个街去。(我明天领着老太太逛街去。)

赶早上就一个棉裤穿上了去的,冻着我的手就抽住了。(大清早就穿着一条棉裤去的,冻得我的手都抽住了。)

那新鞋穿上着踏着床上去了。(他穿着新鞋上了床。)

以上四例前置的宾语中,有有定成分,也有无定成分,生命度高的成分可以前置,但不能与主语直接结合,否则造成歧义,如"? 我老太太领上逛个街去"不自然,除非直接充当主话题,则没有歧义,如"老太太我领上逛个街去",宾语成分直接充当主话题也是自然的表达。括号中普通话的表达同样存在于兰州方言中,兰州方言中两种语序都是自然的表达。

(四)普通话中带"得"的动词拷贝句

有学者认为普通话带"得"的动词拷贝句,其句法功能可以看作话题表达方式之一,即V_1已经去动词化了(施春宏,2010a)。也就是说,普通话中可以将动词拷贝句中的第一个动词结构看作话题。兰州方言中也可以将第一个动词结构看作话题,有时还可以在动词后加上话题标记"去"。例如:

这个喝酒(去)喝的多。

那个老师教课(去)教的好。

这个医生看病(去)看的好。

同时,兰州方言中,以上结构还可以将第一个动词的宾语前置,单独充当次话题。例如:

那学就上的凶。(他上学上得好。)

哎呀,那命就算的准的很!(哎呀,他算命算得准得很!)

你书都念着傻掉了。(你都念书念傻了。)

那课都教的烦烦的了。(他教课教得烦死了。)

相较而言,上下两种表达在兰州方言中都是自然的,出现频率相当,但是直接将宾语提前的表达有一定的限制,如果施事的生命度本身不高,一般只用拷贝式话题,不能将宾语前置充当话题,如"这个机器洗衣服洗的干净——*这个机器衣服洗的干净"。同时,这一类宾语前置句中的话题一般是类指和定指的。

(五)动词后有补语[①]

兰州方言中,动补结构经常置于句末,补语的宾语论元以出现在动词之前为最自然的表达。例如:

奶奶,你这个字儿看清楚呢不?(奶奶你能看清楚这个字儿吗?)

我托下,那给我回话给给,这我才回呢。(我托付了,他给了我回话,这我才回了。)

多会陪着婆婆锅洗掉,这才就进了我的屋里休息呢。(陪着婆婆洗完锅,这才进了我的屋子休息。)

普通话中,动补结构的宾语也能够提前作话题,括号中的表达也同样存在于兰州方言中,但自然度不如宾语前置句高。同时,当兰州方言的动词补语是以下成分时,宾语必须前置。

赶紧电话打给,让那们放心。——*赶紧打给电话,让那们放心。

你给爷爷茶泡给。——*你给爷爷泡给茶。

门关掉浪走。——*关掉门浪走。

贼娃子急了包包撇掉了跑着呢。——*贼娃子急了撇掉包包了跑着呢。

兰州方言"给""掉"等成分可以作补语,但与动词结合之后只能处于句末,动词宾语必须提前。

董秀芳(2006)曾讨论过汉语宾语提前的话题结构的语义限制问题,得出的结论是,宾语提前的话题结构主要是表示提前的宾语所处的状态,不是表示事件,因

---

①陆俭明、马真(1996)研究汉语动补结构归纳了几条规则来预测动补短语带宾语的情况,指出当补语是主语的隐性谓语或补语是描写动作的状况时,动补结构一般不带宾语,如果补语是宾语的情形谓语,则动补带宾最自然。我们这里所说的动补结构是指最后一种,只有这种情况才会牵扯带宾语以及宾语的位置问题。

此在话题结构中的动词有很多是表示状态的，或者是动作动词加上了“过”、补语、否定词或情态成分使得动作动词着重表现状态。如果句中出现了明确表示时间、事件的词语，则宾语提前的话题结构不出现。我们赞同这种看法，观察上面所举的很多例句，宾语前置结构都能表示状态而非具体的一次事件。这里需要说明的是，无论普通话还是方言，话题结构在汉语中的使用十分广泛，宾语前置现象在许多方言中都是自然的表达。与普通话相比，兰州方言宾语前置的特点体现在句子中如果有以上结构，或者出现一些特定词语时，宾语前置是最自然的表达，一般不能将宾语置于动词后。

以上特点显示，兰州方言宾语前置的倾向是比较强烈的，前置的宾语成分受到话题的信息特征和指称特征的制约较小，没有特定语境的情况下，无定成分也可以充当话题。宾语成分前置时，动词后的宾语位置很少使用复指该宾语成分的代词或指代性短语，兰州方言的这些特点表现出向SOV语言靠拢的趋势。当然，我们还不能认为兰州方言已经成为真正的SOV类型的语言，因为兰州方言中仍存在很多句子不能换成话题结构表达，而且上面的描述也表明，兰州方言宾语前置虽然较少受到话题指称性质的限制，但宾语的生命度的确对其前置有限制作用。同时，兰州方言在语序上也不像西宁方言（张成材，1994）、临夏方言（李炜，1993）那样直接发展出了宾格标记，因此，虽然前面所介绍的各种特点反映了兰州方言与严格意义的SVO语言有很多差别，但并不是标准的SOV类型的语言。

三、几种状语的位置

以上讨论了句子基本论元的组合情况和语序表现，以及句子添加了修饰成分后宾语前置的情况，现在来看句子中所添加的一些修饰成分对句子语序的影响。兰州方言状语的语义类别与普通话是一致的，但有几类状语经常出现在句首主语和宾语之后的谓语部分，造成语序的错配。

（一）否定词

关于兰州方言的否定范畴将在第五章第一节专门讨论，此处只讨论否定词造成的语序错配现象。兰州方言否定词强烈倾向于紧靠谓词之前，很多本应在否定词辖域内的成分被挤到否定词前。例如：

那把钱给那男人没给。（她没给她丈夫钱。）

我连你不玩。（我不跟你玩。）

现在人啥都好好的给你不干。（现在人啥都不给你好好地干。）

你们把兰州的方言真正的没有玩透。（你们把兰州的方言没有真正地玩透。）

这种现象并不是孤立的，在西北方言中，如关中方言、乌鲁木齐的回民汉语中都存在这种现象。

由于兰州方言否定词的附缀化倾向,与之搭配使用的其他状语也产生了相应的错配现象。

1.程度副词

程度副词与“不”搭配构成的弱化程度副词,如“甚不/没”意为“不太”,在西北方言中比较常见,这应该看作阿尔泰影响的化石(唐正大,2013a)。兰州方言中相应的弱化程度副词为“很不”,不存在“不很”这样的表达,要表达普通话“不很”的含义,兰州方言只用“不太”,因此“很不”是孤立的,类词汇化的结构,如“现在没精神了,外头很不去(现在没精神了,不经常到外面去)”,但是“很不”现在只存在于老派话语中,年轻人已经不用这个词了。

2.“把”字句

兰州方言中对“把”字句的否定,“把”字状语必须在否定词之前。例如:

那把药没吃,就出门了。(他没吃药,就出门了。)

那把我没看着。(他没看着我。)

你把电脑不修着,怎么写论文呢?(你不修电脑,怎么写论文呢?)

我把这么价的人不喜欢的很。(我不喜欢这样的人。)

“把”字状语应该在否定词的辖域内,但在兰州方言中必须处在否定词之前。上面各例“把”字句也无法直接翻译成普通话中的“把”字句,这说明兰州方言“把”字句与普通话“把”字句存在差异。

3.方式状语

方式状语和否定词搭配使用,在兰州方言中语序比较多样。例如:

你不要胡折腾了。——你胡不要折腾了。

那给你不好好说。——那给你好好不说。

这个事情你出去不要到处说。——这个事情你出去到处不要说。

你给那细细的没讲曼。——你给那没细细的讲曼。

以上的方式状语虽然语序是多样的,但并不代表这些状语是自由的。普通话否定词的语序自由,只制约其右侧的成分,因此当否定词位置改变,被否定的成分也会改变,如“你不要去学校楼顶玩游戏——你去学校不要上楼顶玩游戏——你去学校上楼顶不要玩游戏”。这三句的否定词位置自由,随其位置改变,被否定的成分也改变,只有否定词右侧的成分被否定。可是兰州方言中否定词位置改变,被否定词制约的成分却没有改变,像上面的句子,无论否定词在什么位置,只要是表示动作方式状态的状语成分都会受到其否定。因此,上述各句中方式状语语序多样只是一种相对的自由,实际上语序的改变并不改变否定词对方式状语的制约。同时,如果增加动词前状语的数量,上面这种错配格式更容易成立。例如:

那把个钱好好往屋里给爹妈没放,就出去喝掉烂酒了。(他没把钱好好给爹妈放在家里,就出去喝酒花掉了。)

这个娃娃学校里乖乖的没念书去，尽疯着玩掉了。（这个孩子没乖乖到学校里念书，尽疯玩。）

嗰你把这么个事情曼尽心尽力想方设法的不干去，一天混光阴着呢吗？（你不把这件事尽心尽力想方设法地干，一天就混日子吗？）

这么个事情你都给我往清楚里不说，你就尽骗人着。（这么一件事你都不给我说清楚，你老骗人。）

尽管这些复杂的状语都是“不”的支配对象，受其制约，但还是以处在“不”的前面为最自然的表达，这说明兰州方言否定词造成的错配语序是无标记性的。

4.介词短语

兰州方言除了“把”字句的否定之外，其他介词短语一般也在否定词之前。例如：

我到你们屋里不去。（我不去你家。）

先给那们不要说了。（先不要给他们说。）

你往平里不躺，完了腰疼呢。（你不躺平，完了会腰疼的。）

我这个人一辈子连人没嚷过仗。（我这人一辈子没跟人吵过架。）

（二）“把”字结构

前面否定部分描述过兰州方言中对“把”字句否定时，“把”字状语必须出现在否定词的前面。实际上，兰州方言“把”字结构即便不在否定结构中，也是倾向于前置，经常造成语序的错配。例如：

解放了，把我奶奶就政府强制上戒烟去了。（解放了，政府就让我奶奶强制戒烟去了。）

把我的衣裳就叫那穿上了。（就让他把我的衣服穿上了。）

把一道数学题我就盘给了一节课。（我把一道数学题想了一节课。）

除了前面提到的否定词之外，以下成分充当状语与“把”字结构搭配时，也经常发生句法的错配。

1.情态助词

一晚上把两袋子苹果能吃完。（一晚上能把两袋苹果吃完。）

还谋着地方上的人把我们应该巴结上。（还以为地方上的人应该巴结我们。）

我前头打电话了，那把我应该记下了。（我前面打过电话，他应该记住我了。）

你把这个事情必须做清楚。（你必须把这件事弄清楚。）

上述例句中的情态助词在普通话中一般都出现在“把”字结构之前。

2.程度副词

那把你的话特别听。（他特别听你的话。）

我把你特别喜欢。(我特别喜欢你。)

你把这个事情好好办。(你好好办这件事。)

我把你习不想了的。(我特别想你。)

以上四例中的"把"字结构都无法直译成普通话,这说明兰州方言"把"能够介引的成分远多于普通话。

3.介词短语

我把你到这等给了一天。(我在这等了你一天。)

那把变蛋连线切开了。(他用线把变蛋切开了。)

尕王把电脑照住老张的那么价收拾了一下。(小王按照老张的样子把电脑收拾了一下。)

那把包包叫贼娃子偷掉了。(他让小偷把包给偷了。)

普通话中表示时间、地点的介词有时也可以省略,上述"把"字结构之后的时间、地点名词以及用工具、方式介词介引的名词在兰州方言中仍然可以删略介词。例如:

刚把你高头喊了两声,你没听见。(刚才在上面把你喊了两声,你没听见。)

你把这些草架子车拉着山上去。(你把这些草用架子车拉到山上去。)

你把那些瓜瓜两块钱买着来。(你把那些小瓜拿两块钱买来。)

(三)表示时间、频率的副词

"还""再""也""才""就""天天"等充当状语时,大多放在名词性的成分前面。例如:

媳妇走了,我也上头的房子卖掉了。(媳妇走了,我上面的房子也卖掉了。)

我再工作干啥呢?(我再干啥工作呢?)

那就学上的凶。(他学就学得好的很。)

干了十年,才工程师评上了。(干了十年,才评上工程师了。)

石毓智(2008a)认为,西北方言"否定词和其他类型状语都是出现在句首主语和宾语之后的谓语部分,因此西北方言'主语—宾语'和'谓语部分'之间关系比较松散,各自形成相对独立的语法单位"。上面所说的时间、频率副词一般放在名词性成分之前,而不是靠近谓语的位置,因此我们认为兰州方言中状语的各种语序错配只能够表明,谓语与宾语之间关系松散,这种松散的关系为宾语前置提供了基础。

四、"把"字句高频使用对语序的影响

兰州方言"把"字句使用频率非常高,我们随机抽选一万字语料,经过统计,在这一万字的语料中,共包含953个小句,其中出现"把"字句115句。"把"字句的高频使用与以下特征有密切关系。

(一)"把"字句中动词可以是光杆的

兰州方言有一种"把XV"句式,第四章第一节我们会专门探讨这种句式,该句式的最明显特征是动词取光杆形式。例如:

你把你的书看。

你把你回。

我把我的班上。

那把那的工作干。

上述四例兰州方言例句中动词都取光杆形式,但在普通话中都是不正确的表达。

(二)"把"字句中动词可以是不及物的

普通话"把"字句的动词一般是典型的动词,及物性强,但兰州方言中"把"字句动词对这方面的限制较低,不及物动词也能进入"把"字句。例如:

那把那生气去,我们玩我们的。(他生气他的,我们玩我们的。)

那们屋里把房子塌了。(他家的房子塌了。)

你把你睡。(你睡你的。)

你把你在。(你在。)

兰州方言这些"把"字句都无法直译为普通话,普通话中相应的表达不能使用"把"字句。

上面后两例"把"所介引的其实不是宾语而是主语①,这种现象我们将在"把"字句部分专门讨论,类似的例子还有:"我把我回""你把你坐""那把那走""你把你吃"等。可见,兰州方言"把"字句中出现的动词类型以及"把"所介引的成分类型都明显多于普通话。

(三)"把"字句的宾语

1.不定名词可以充当"把"字句宾语

普通话"把"字句中"把"所介引的宾语是有定的,因此可以用"把"字句作为判断宾语是否有定性的一种依据,兰州方言中不定名词也可以充当"把"字句宾语。例如:

那把一个纽子不知道丢着哪里去了。

我把一个花子给老师送给了。

把一个人跌着河里了。

你把一个石头跌着我的碗里了。

不定的名词也可以进入"把"字句受"把"的介引,这符合SOV语言的要求,宾

①石毓智(2008a)认为,像"你把你坐"这样的句子中,"把"所介引的成分类似反身代词,我们仍将这里"把"所介引的成分看作主语。

语名词的指称性不影响其前置。

以上兰州方言“把”字句中能够出现的动词、宾语类型以及“把”所介引的成分类型都明显多于普通话。换句话说,无论是有定的成分还是无定的成分,是动词的宾语还是主语,是及物动词宾语还是不及物动词宾语,在兰州方言中都可以以“把”字句为依托表现出SOV的语序,而且这种语序的出现频率很高。普通话“处置式”不代表OV语序,因为普通话“把”字句中非双及物动词后面仍可有宾语出现,此时“把”字的宾语与动词宾语之间有“整体—部分”的关系,即普通话“把”并不取消动词后宾语的位置。兰州方言中,类似普通话“他把橘子剥了皮”这样的表达不存在,不能将事物的整体与部分分列在动词两边。同时,普通话“把”的介词性是已经确定的,兰州方言中部分“把”字句中的“把”介词性已经弱化,逐渐语法化为一个宾语焦点的标记成分,其主要的语法功能是使其后的成分焦点化。更重要的是,兰州方言部分“把”字句并不是处置句式的一种,本身不表达处置意味。因此,兰州方言中用“把”将大量不同类型的宾语提前,泛化使用“把”字句导致至少部分“把”字句可以归入SOV类型。

本节开始处提到,兰州方言既不像临夏、西宁、唐汪等地方言那样与民族语言接触那么深,但与其他北方方言相比,又的确受到了SOV语序民族语言的影响,那么兰州方言必然表现出一定的的融合特征。这种融合性最明显地体现在“把”字句上,因为受到SOV语序影响更彻底的临夏方言中几乎不用“把”字句,而是发展出专门的宾格标记,宾语前置几乎不受限制。兰州方言也受到SOV语序的影响,许多宾语都有前置的倾向,但由于受到生命度等因素的制约,以及本身也尚未发展出专门的宾格标记,兰州方言的宾语不能像临夏方言那样自由前置,那么就借用“把”的提宾功能来满足宾语前置的强烈要求。相应的,兰州方言中能够用“把”提前的宾语类型就多于普通话,“把”之后的宾语也不限定为定指成分,甚至“把”字句本身也不只是表示处置意义,“把”也不仅仅是介词。在兰州方言中“把”字句高频使用,能够介引的宾语类型以及能够进入其中的动词类型都多于普通话,正是受到了SOV语序的影响,同时又使用汉语的提宾标记“把”来满足SOV语序要求的一种融合表现。

综上,兰州方言中句子的基本论元仍以SVO语序为优先选择,宾语前置受到自身生命度和复杂度的限制,但当句子中出现特定的状语时,有句法错配的现象,当句子中有特定的结构或特定的动词时,宾语前置是最自然的表达。那么我们可以得到结论:兰州方言语序受到了临近少数民族语言SOV语序的影响,在一定程度上已经具备了SOV语序的一些典型特征,与普通话相比,其SOV语序使用频率更高更自然。

这里将兰州方言语序中的SOV特征概括为下表(详见表3-4)。

表3-4　兰州方言SOV语序特征

<table>
<tr><td>与语序相关的项目</td><td colspan="2">特　征</td></tr>
<tr><td rowspan="2">宾语前置</td><td>原位置有无回指代词</td><td>宾语名词前置后原来位置没有回指代词。</td></tr>
<tr><td>受到的限制</td><td>生命度高的名词前置受限，复杂度低的名词前置受限，而指称性基本不影响宾语前置，一些特定的格式中宾语前置是自然的语序。</td></tr>
<tr><td rowspan="4">“把”字句</td><td>标记性</td><td>宾语前置一般没有标记。</td></tr>
<tr><td>谓语及物性和复杂性</td><td>低及物性动词、光杆动词可进入“把”字句。</td></tr>
<tr><td>宾语类型</td><td>无定宾语、低及物性动词的宾语都可以进入“把”字句。</td></tr>
<tr><td>使用频率范围</td><td>“把”字句格式使用范围广、频率高，不只表示处置。</td></tr>
<tr><td rowspan="2">其他状语</td><td>否定词</td><td>紧挨谓语核心。</td></tr>
<tr><td>时间、频率副词</td><td>在前置的名词前，宾语名词与动词关系松散。</td></tr>
</table>

第三节　兰州方言选择问句

一、选择问选项之间的选择标记

普通话选择问的选项之间以出现连词为常，但不是绝对强制的，连词的使用成为辨别选择问和反复问的标志。兰州方言选择问的形式有以下几种：

表3-5　兰州方言选择问形式

<table>
<tr><td>句类</td><td>表达形式</td><td>表达形式小类</td><td>例　句</td></tr>
<tr><td rowspan="5">选择问</td><td rowspan="2">A吗B</td><td>A吗B</td><td>你买的今天的票吗明天的票？</td></tr>
<tr><td>A(呢)吗B(呢)</td><td>你吃米饭呢吗吃面呢？</td></tr>
<tr><td rowspan="3">A吗不/没A</td><td>A(吗)不A</td><td>走吗不走？</td></tr>
<tr><td>A着呢/了吗没A</td><td>你看着呢吗没看？吃了吗没吃？</td></tr>
<tr><td>A(呢吗)不A</td><td>走呢吗不走？</td></tr>
</table>

上表中列出的是兰州方言表达选择问句常用的两种基本句式,每一种又根据是否使用语气词“呢”分出小类。张安生(2003)分析宁夏同心话的选择问句时也将该方言中选择问句式列出来,对比后发现,兰州方言“A吗不/没A”句式下只有“A(吗)不A”,没有“A(吗)没A”,只有“A(呢吗)不A”,没有“A(呢吗)没A”,也就是否定词在这个句式中是有选择的,而按照张安生所列情况来看,同心方言中存在“A(吗)不A”“A(吗)没A”和“A(呢吗)不A”“A(呢吗)没A”四种小类,句式对否定词没有限制。普通话“还是”之类的连词是前置性的,如“米饭,还是面条”,不能说“米饭还是,面条”。兰州方言使用的选择标记是语气词,它们都是后置性的,加入停顿后,只能是“米饭(呢)吗,面”,不能说“米饭,(呢)吗面”。下面来看兰州方言中表内所列各句式的具体情况。

1.“A吗B”句式

(1)A吗B?

你生下的姑娘吗儿子?(你生的是女孩还是男孩?)

你们掌柜的当着个厂长吗书记?(你家掌柜的当了个厂长还是书记?)

那拿了个手机吗还是那单位发下的小灵通时,你知不知道?(他拿的是手机还是单位发的小灵通,你知不知道?)

这个地方现在是私人的吗还是那公家开发掉了?(这里现在是私人的还是公家开发了。)

后两例虽然有连词,但仍以不出现连词为常见。

(2)A(呢)吗B呢?

你看库房呢吗打扫卫生呢?(你看库房还是打扫卫生?)

你吃面呢吗吃米饭呢?(你吃面呢还是吃米呢?)

你现在回呢吗转去呢?(你现在回家呢还是出去转呢?)

? 你做饭呢吗还是我们出去吃去呢?(你做饭还是我们出去吃?)

这种形式中,出现“还是”的用法不太自然,比较排斥使用连词。

2.“A吗不/没A”句式

(1)A吗不A

你睡吗不睡? 把人吵着!(你睡不睡? 吵死了!)

你赶紧问一下那去吗不去。(你赶快问一下他去不去。)

明个下雨吗不下?(明天下不下雨?)

这个车来吗不来吵?(这车来不来?)

(2)A着呢/了吗没A

水开了吗没开?(水开没开?)

你昨天去了吗没去?(你昨天去没去?)

奶奶醒着呢吗没醒?(奶奶醒着呢还是没醒?)

那给我们留下一手着呢吗没留？（他给我们留了一手还是没留？）

以上四句中，"着呢""了"是必须出现的。

（3）A呢吗不A

你去呢吗不去？（你去不去？）

将做下的饭你吃呢吗不吃？（刚做的饭你吃不吃？）

你买电脑呢吗不买？（你买不买电脑？）

楼上头的，你们睡呢吗不睡？（楼上的，你们睡不睡？）

此外，兰州方言的口语中有时还有A了好（吗/还是）B了好？但使用频率不高，不是基本句式。例如：

你说我吃米了好还是吃面了好？

那叫着呢，我去了好吗不去了好？

有辫子了好，还是没辫子了好？

这些面发了好吗凉下了好？

这种形式的选择问不强制要求连词或者语气词出现。

兰州方言选择问句的几种基本形式都不强制要求连词出现，有的还比较排斥连词，比如"A呢吗B呢"。因此，兰州方言选择问句的选择标记是语气词而不是连词。同时，疑问语气词"呢""吗"在普通话里一般是对立分布、不结合使用的，而兰州方言中"呢吗"可以结合成为选择疑问的标记。以语气词作为疑问句标记的并非兰州方言一家，在陕、甘、宁、青、新的方言中均有大面积分布（张安生，2003；宋金兰，1993），因此需要对比分析。

前面提到，兰州方言的选择问句中有否定词的基本句式对否定词是有选择的。基本上，否定词"不"可以没有限制地进入句式，而当否定词是"没"时，句式的限制非常严格，有"没"出现的选择句式，前一个选项末尾需要加上"着呢/了"。也就是说，兰州方言选择句式如果使用否定词"没"就会强制要求表现出前一选项中动作的时体特征，这一点不仅与宁夏同心方言产生对立，也与普通话产生对立。例如：

普通话/兰州方言

你去没去？ 你去了吗没去？

你走没走？ 你走了吗没走？

你饿没饿？ 你饿了吗没饿？

你睡没睡？ 你睡着了吗没睡着？

普通话和兰州方言中，否定词"不"都用来否定将来、惯常、意愿类的体意义，而否定词"没"则用来否定持续、进行、完成、完整等体意义。汉语将来时没有专门的体标记，而现在和过去的时间则可以通过动词加"着""了"等体标记来表达，因此表达对将来事件的疑问也无须加上体标记，但对现在和过去事件提问，则需要加上体标记。兰州方言中用否定词“没”的选择问句,必须出现能够反映现在时间的“着呢”和过去时间的“了”,但在普通话以及同心方言中,选择问句中的选项可以不带任何体标记,时体特征在这里并不凸显。因此,在普通话中,选择问句可以成为名词化的一种手段[①],整个疑问结构充当论元,而兰州方言选择问无法进入更大的句子充当主宾语。例如:

(普)你去没去直接影响我下面的安排。——(兰)*你去了吗没去影响我后头的安排呢。

(普)从你睡没睡着就能看出这个药的效果。——(兰)*从你睡着了吗没睡着就能看来这个药的效果。

(普)孩子饿没饿是我总在操心的问题。——(兰)*娃娃饿了吗没饿是我老操心的问题。

(普)他走没走决定着我什么时候接他。——(兰)*那走了吗没走决定我啥时候接那呢。

上面四句表明,兰州方言中“A了吗没A”是纯粹的疑问,突出选项中动词的动态,整个疑问结构无法变成一个事件。这也从侧面解释了为什么兰州方言没有“A(呢吗)没A”这种选择问句式,因为其中没有凸显动词时体特征的标记,无法与否定词“没”搭配。

二、选择问句中的语气词

张安生(2003)分析了宁夏同心方言中的选择问句,从形式上看,同心方言选择问句与兰州方言选择问句是一样的,张文分别讨论了选择问句中的语气词“呢”和“吗”,我们大致赞同其观点和结论,但同时也观察到兰州方言选择问句与同心方言存在细微的差别,因此其中一些问题仍需要进一步讨论。

(一)“吗”的用法和性质

张安生(2003)文中提到,吕叔湘(1985)认为汉语的选择问句在结构上是由两个是非问句合并派生的。张文在此基础上认为同心方言选择问句与是非问句共用了同一个疑问语气词“吗”,因此选择问句中的语气词“吗”也是疑问语气词。张文同时指出在语流连贯的选择问句中,“吗”表现出“一定的关联性,兼有传疑和连接问项双重功能,与普通话表示提问的选择连词‘还是’作用相当”。

我们认为上面的结论需要更进一步的论证,这就需要回答下面的两个问题。

1.是非问句的合并

吕叔湘(1985)指出,汉语的选择问句在结构上是由两个是非问句合并派生而

①刘丹青(2008a:35-36)指出:“间接问句由疑问小句充当主句谓语的论元,疑问小句成为一个主句的嵌入从句……有人认为某些句子中的疑问代词和‘V不V’式等疑问成分有间接问句标记词的作用。”

来的，但是这种观点只说明了选择问句的生成机制。普通话的例句显示出，如果要将两个是非问句合并，必然首先要去除前一个选项作为独立是非问句的疑问词。例如：

你去上海吗？你去北京吗？——你去上海还是北京？

你吃米饭吗？你吃面条吗？——你吃米饭呢还是面条？

上面普通话的例句表明，如果要将两个独立的是非问句合并，首先必须取消各自的独立性标志，即疑问语气词，其次合并之后前后两个选项之间除了连词“还是”之外，能在前一个选项之后带一个疑问语气词，但只能是“呢”，不能是“吗”。如果按照这样的思路就无法理解，为什么兰州方言的选择问句是由两个是非问句中前一个以独立的疑问句形式与后面取消了疑问词的问句合并，为什么两个是非问句合并在兰州方言中没有改变语气词，而是继续用是非问句的语气词“吗”。

2.“吗”的连接功能

张文指出了选择问句中“吗”兼有关联词功能，相当于普通话中的“还是”，并认为这种连接功能主要体现在语流连贯、形式简短的选择问句中，但是该文只用能否在形式简短的两个选择项中停顿来证明“吗”的连接功能，我们认为这样的证明尚显不足。连词连接前后两项有时也有较明显的停顿，如“你去吧，不过要早点回来”，这里的转折连词“不过”如果与前后项连接紧密，没有停顿，则是不自然的表达。因此，要证明“吗”具有关联性，不能仅仅依靠形式上的不可停顿来判断，关键还要靠功能上的支持。

下面就讨论这两个问题。我们认为，兰州方言“吗”本身需要区别对待，我们不能因为是非问句中“吗”表示疑问，就认为选择问句的“吗”也表示与是非问句一样的疑问，至少选择问句中的“吗”的传疑功能要低于是非问句中的“吗”。为方便说明，我们将是非问句中的“吗”标记为“吗$_1$”，将选择问句中的“吗”标记为“吗$_2$”。例如：

（普）他去吗？

——我们很好奇他去吗。

——*他去吗是个让所有人都好奇的问题。

——我们很好奇他去不去。

——他去不去是个让所有人都好奇的问题。

（兰）那去吗？

——*我们想知道那去吗。

——*那去吗老让我们好奇着不成。

——我们想知道那去吗不去。

——那去吗不去老让人好奇着不成。

以上两组例句中，第一组是普通话的例句，是非问句能够充当更大句子的宾语,符合主谓谓语句的要求,但不能充当主语。选择问句能够充当更大句子的主语、宾语,这说明,选择问句的独立性不如是非问句高,选择问句可以作为一个大句的论元,而是非问句充当论元是有限制的。既然能够充当论元,说明选择问句整体相当于一个名词,传疑的功能已经弱化,被看作一种失去了具体时空性的常态事件。第二组兰州方言例句更能显示出,独立的是非问句传疑功能强,不能作更大句子的主宾语,只有转变成传疑功能很弱的选择问句形式才能进入句子充当论元。

上面的论证表明,在选择问句中的语气词"吗$_2$"即便表达一定的传疑功能也不如独立的是非问句中的语气词"吗$_1$"所具有的传疑功能强。那么一个传疑功能很弱的语气词为什么会保留在选择问之间,不能删略呢?我们认为,"吗$_2$"在选择问句中更主要表达的是关联性,这种关联性在选择问的格式中不容易看出来,因为会受到"吗"的疑问语气词身份的干扰,那么我们可以看看在非疑问的环境中是否能观察到"吗$_2$"的关联性。例如:

红军长征到这搭,休整了一天吗两天,然后就穿过岷县,到通渭。

弟兄几个里头的大的,到河南工作了,当着个县官吗当着个啥。

也不知道把那个大锅端着下来找个尕些的锅吗缸缸子烧,就那么一锅水。

那们绿化所不管,那也认不得那是草皮吗草,有白色垃圾罚款单来了。

以上例句中"吗$_2$"连接前后两项,但都不表示疑问,并列出现的两项并不要求说话人或听话人做出选择,即没有明显的选择关系,多出现在说话人不确定所说对象的情况中,因此并列的两项实际是为说话人提供对象的大致范围,这种选择关系对于整个句子没有语义上的影响,因此无须选择。普通话用"还是/或者",兰州方言直接用选择问句格式扩展使用在陈述句中。上面所有例句中的"吗$_2$"都能直译为普通话的"还是/或者",前后连接的两项并不是选择关系,这足以证明兰州方言"吗$_2$"具有关联性。既然在非疑问的环境中都能体现出这种关联性,而且使用的正是选择问的格式,那么说明选择问句中的"吗$_2$"具有的关联功能大于传疑功能。

至此,我们可以解释前面提出的两个问题,兰州方言选择问句中的"吗$_2$"与是非问句中的"吗$_1$"不同,具有更强的关联性,更弱的传疑功能。因此,在兰州方言中,是非问句合并为选择问,并非是将是非问的疑问词"吗$_1$"直接带入选择问中,而是直接用具有关联功能的"吗$_2$"替换了具有传疑功能的"吗$_1$"。而兰州方言选择问句中使用语气词,我们认为与藏语影响有关,细节将在第六章说明,此处暂不展开。

(二)"呢"的用法和性质

张安生(2003)认为选择问句中的"呢"是陈述语气词,而非疑问词,我们赞同这种观点。兰州方言中"呢"的出现必须以"吗"的出现为前提。在我们调查的语料中,用"呢吗"构成的选择问句数量上远低于用"吗"构成的选择问句。同时经过观察,我们还发现兰州方言"呢吗"无法跟在以下成分后表示选择问。

再的生意比这大吗小?——*再的生意比这大呢吗小?

你生的姑娘吗儿子？——*你生的姑娘呢吗儿子？

你走了吗没走？——*你走了呢吗没走？

明天开学吗后天开学？——？明天开学呢吗后天开学呢？

上述四例显示，“呢吗”构成的选择问句中，选择项不能是形容词、名词，也不能是已然的成分，最后一句虽然与“呢吗”搭配的是动词，而且表示未然事件，但构成选择问的实际上是两个时间名词，因此句子的自然度降低。也就是说，“呢吗”只能与未然的动作联系。在由“呢吗”构成的反复问句中，“呢”也不是必须出现的，可以删略。例如：

那走呢吗不走？——那走吗不走？

你先吃呢吗先洗呢？——你先吃吗先洗呢？

你买包去呢吗买衣服去？——你买包去吗买衣服去？

上面四例中的“呢吗”都可以删略“呢”，直接用“吗”构成选择问，但也有一些句子中“呢”必须出现。例如：

你睡着呢吗醒着呢？——*你睡着吗醒着？

这个房子住呢吗卖呢？——*这个房子住吗卖呢？

这个水喝呢吗倒呢？——*这个水喝吗倒呢？

你走呢吗待呢？——*你走吗待呢？

以上四例中，第一句的“着呢”是结合在一起表示进行体的，因此凡选项有这种体意义，“呢”都不能删略；后三句中“呢吗”不能替换成“吗”，主要是因为选项都是单音节光杆动词，韵律上与“呢”组合成双音节更加自然[①]。

我们在语气词部分对语气词“呢”所表达的各种语气做过归类，发现兰州方言中，“呢”除了在疑问句中出现外，主要出现在陈述句中表示确认、提醒的语气。例如：

(普)吃这么硬会把牙齿弄坏的。——(兰)吃的这么硬的把牙做坏呢。

(普)他家在黄河北。——(兰)那们屋里在河北里呢。

(普)快下雨了，带把伞。——(兰)下雨呢，带个伞。

(普)要开学了，作业做完了没？——(兰)开学呢，作业做完了没有？

以上句子中普通话使用的语气词与兰州方言不同，但与普通话句末的“的”“了”一样，兰州方言句末的“呢”有完句功能，如果删除，句子不能成立。以上四例与“呢”结合的事件都是未然的，因此选择问句中“呢吗”不与已然事件结合的属性

①张安生(2003)讨论同心方言的选择问句格式，与兰州方言一样都使用“X吗Y”，同时认为在同心方言的选择问句中，“吗”是不可或缺的传疑要素，“哩”不是必需的，不能独立传疑，除了V着正然态正项一般要用“哩”，其他问项都可以不用。这里的“哩”与兰州方言“呢”是相同的，但我们所举的例子表明，在兰州方言中，至少是光杆动词构成的选择问句必须用“呢吗”，或者说用“呢吗”是最自然的表达，这也反映出兰州方言与同心方言选择问句仍有一些具体表现的差异。

应该是来自于“呢”。

通过这里的例句可以看出,兰州方言选择问句中的“呢”实际是一个表示陈述语气的词。是非问句的结构形式是“陈述式+吗”,那么表示陈述语气的“呢”与陈述式结合之后再与“吗”结合一样能构成是非问句,“(陈述式+呢)+吗”仍然符合是非问句的构造。这样的是非问句将其中表示疑问的“吗$_1$”替换成具有关联性的“吗$_2$”,即可合并构成选择问。

以上我们讨论了兰州方言选择问句的各种形式,以及选择问中语气词的用法和属性。通过上面的描述,我们对前人的研究做出了一些补充和修正,认为兰州方言选择问句中的语气词“吗”主要是一个具有关联性而非传疑功能的语气词,而“呢”是一个陈述语气词,不表示疑问。

第四节　从属小句

本节讨论兰州方言中句子复杂化方式之一的从属小句(简称从句)问题。英语语法里,对句子可以从结构上分为简单句(simple sentence)、并列句(compound sentence)和复合句(complex sentence)[①],其中并列句和复合句都与汉语复句的概念不同。英语复合句中包含主语从句、宾语从句、定语从句、状语从句等几种情况,前三类从句都可以看作主句内的嵌入成分,即这三种从句都可以作主句中的成分,而在汉语语法体系中,这三种成分一般是作为短语对待的。至于状语从句,在传统的汉语语法体系中没有与之对应的概念,一般是将其看作复句中的偏句,而不看作状语。

本节之所以采用“从属小句”的概念,主要是出于以下两个原因:首先,以往汉语语法,尤其是方言语法描写中,是从短语角度观察复杂的名词性成分和形容词性成分,关注的对象是决定整个短语性质的核心成分及其修饰成分,如果从从句角度去观察,可以发现帮助构成各种从句关系的标志词,接受从句关系操作的成分是否强制出现或可以删略,也可以在从属小句的框架中得到挖掘。其次,本节也采用状语从句的名称,这是因为,兰州方言表达时间、因果、条件、方式、目的关系的偏正复句,可以有带标记的表达方式,而带标记的偏句是可以嵌入正句之间作句子成分的,那么至少带标记的偏句的确具有状语的性质,应该将这些偏句看作状语(刘丹青,2008a:51),而这些偏句所带的标记在传统复句体系中并不是作为重点来考察的。基于以上原因,本节考察兰州方言中的名词从句、定语从句和状语从句。

①张道真:《实用英语语法》,外语教学与研究出版社2002年版,第586-596页;薄冰:《高级英语语法》(修订本),世界知识出版2008年版,第10-11页。

一、名词从句

名词从句是从句成分充当句子谓语所要求的论元的小句，包括小句作句子的主语、宾语和表语。这里我们主要考察兰州方言名词从句的标记。

刘丹青(2005)指出："现代汉语小句作主语、宾语、表语不需要加助词，如'他要来让我很紧张''我看见的是你打他'等。"兰州方言中名词从句中可以使用的标记词共有四个，其中三个的用法与普通话存在差异。

1."个"

北京话口语中有一个修饰形容词性、动词性词语的"一个"，周一民(2006)将其看作名词化的标记[①]。兰州方言中也存在这种用作名词性标记的"一个"，如"你一个住院，把全家人忙坏了"。调查中我们也发现，兰州方言中除了"一个"，还有一个与之对应的"个"，也能够起到名词化标记的作用。

(1)用在"把"字句中，与"把"结合。例如：

(普)一个开汽车，是人都能学会。——(兰)把个开汽车，是人都能学会。

(普)一个孩子入托，用的着走后门吗？——(兰)把个娃娃上幼儿园的曼，用的着走后门吗？

(普)一个车费报销，你同意就行了。——(兰)把个车费报销，你同意就成了曼。

(普)一个上街买菜穿那么整齐干吗？——(兰)把个上街上买个菜的曼，穿下那么整齐了做啥呢？

以上普通话例句都来自于周一民(2006)所举北京话口语的例子。兰州方言中用"把"字句直接将小句当作"把"的宾语，用"个"来作使小句名词化的标记。

(2)单独使用

以上在"把"字句中出现的"个"能使小句成分充当句子的主语，这个"个"也能够单独作为使小句充当表语的名词化标记。例如：

你走遍天下都是个不满仓。(你走遍天下还是一条穷命。)

啥啥不懂，死是个年轻。(什么都不懂，就剩下年轻了。)

你把那说死，那也是个爱答不理。(你狠狠地说他，他还是爱答不理。)

有的娃娃学上半天，也就是个糊里大东。(有的孩子学半天，也是糊里糊涂。)

2.自指功能的"的"

朱德熙(1983)分析了汉语里"的""者""所""之"四个名词化标记的性质，认为"一种名词化造成的名词性成分与原来的谓词性成分所指相同，这种名词化可以称

①周一民(2006)认为，动词、形容词性词语如果能够受到数量词"一个"的修饰，也就是能够被计量，那么性质一定发生了变化，而接近于名词了。

为自指;一种名词化造成的名词性成分与原来的谓词性成分所指不同,这种名词化可以称为转指”。

普通话中,自指的“VP的”只能作定语,后面的中心语不能删略,如“开车的技术”“说话的声音”等。我们发现,兰州方言表自指的助词“的”能够与前面的谓词性成分结合作定语,但当其后的中心语表示“某种情况,某件事情”时,可以删略。也就是说,“VP的”自指“VP的事情/情况”时,中心语不出现,“VP的”转化成名词,能够充当句子的主宾语。例如:

(普)他不来这情况我知道。——他不来我知道。

(兰)那不来的这个情况我知道呢。——那不来的我知道呢。

(普)你当心他报复你(这种情况)。——你当心他报复你。

(兰)你小心那报复你的(那个情况)。——你小心那报复你的。

(普)明天交报告的事情谁说的?——明天交报告谁说的?

(兰)明个交报告的事情谁说下的?——明个交报告的谁说下的?

(普)谁发现了他迟到这件事?——谁发现了他迟到?

(兰)那迟到的这个事谁发现了?——那迟到的谁发现了?

普通话中,指示词、指量短语可以兼作关系从句的标记[①],定语和中心语之间有指示词、指量短语时,可以删除“的”,因此带了指示词、指量短语的“VP”即便名词化之后,结构中也没有“的”。而上面的例子表明,兰州方言中即便有了指示词、指量短语,定语标记“的”还是不能删略,也就是说在兰州方言中,“的”是非常强势的定语标记,因此“VP的”名词化之后仍然带有“的”。上面所举例句中,“VP的”自指的都是“某种情况、某件事情”,如果是像“开车的技术”“说话的声音”这样的自指,则无法删除中心语。兰州方言中自指的“的”指某种情况或事情时,“的”能够直接加在谓词性成分之后充当使之名词化的标记。普通话中表示某种情况或事情的“的”被指示词或指量短语替代了,因此没有这种功能。需要说明的是,上述兰州方言中使用自指的“的”充当名词化标记不是强制性的,在新派的话语中已经不常用了。不过在我们的调查中还是记录下很多类似上面这样的表达。

3.“的个”

上文分别讨论了兰州方言中充当名词化标记的“的”和“个”,之前也指出,“个”并非只在“把”字之后与“把”结合,还有其他的分布位置,同样可以充当名词化标记,可以单独使用,也可以与上面所述表示自指的“的”结合构成“的个”位于谓词性成分之后。例如:

娃娃上幼儿园的个曼,用得着走后门吗?

上街买个菜的个曼,你穿下那么整齐了做啥呢?

①刘丹青(2005)指出,北京话口语中除了“的”之外,可以有条件地用指示词、指量短语等兼作定语的标记。

请个病假的个曼,你害怕啥呢?(一个请病假,你害怕什么?)

这里的"的个"由于受到自指"的"的制约,与之搭配的谓词性成分也只能自指表示"某种情况或事情"。此外,这里的"个"实际上相当于普通话表示"一种情况、一件事件"的"种、件",而兰州方言里个体量词只用"个"。普通话省略了"个"的"一"可以看作无定冠词,而兰州方言无定冠词则是省略了"一"的"个"。因此上面自指的概念结构中,兰州方言用"请病假的个情况",省略了中心语后剩下"请病假的个"。普通话中,只能说"请病假这事",其中"这"是定冠词。这也说明,普通话用作无定冠词的"一"不能出现在谓词性成分充当定语的定中结构中心语之前,而兰州方言无定冠词"个"则可以。

以上我们讨论了兰州方言的名词化标记,其中"一个"的用法与普通话一致,此外还有用在"把"字句中紧跟在"把"之后的"个",起自指作用的"的",自指"的"与无定冠词"个"结合而成的"的个"。相较之下,单独使用的"个"语法化程度最高,用在"把"后的名词化标记"个"语法化程度居中,而无定冠词"个"只有与自指"的"结合指"某种情况或事情"时可以兼任名词化标记。因此,这三个"个"并不一样,或者说它们是同一个"个"不同虚化阶段的表现。

二、定语从句

定语从句或称关系从句,是指"从句所修饰的中心名词在从句中也有一个句法位置,包括主语、宾语等,可能是空位,也可能有代词复指"(刘丹青,2005)。

(一)定语从句的标记

1.只用"的"

普通话各种定语的标记都是结构助词"的",兰州方言也是一样。一些南方方言中,量词可以兼任关系从句的标记,但兰州方言即便使用泛化量词"个"的结构,仍然必须要加定语标记"的"。

兰州方言中,"的"一般要与指示词、指量短语、量词等搭配构成从句标记,单用的情况不多。如果句子中只出现"的"作定语从句标记,那么句子有一定的限制。例如:

把爹妈好的儿女哪塔都有呢。——*把爹妈好的儿女到哪塔去了?

把爹妈好的儿女一直就好着呢,不是一天两天。——*把爹妈好的儿女昨天好着呢,今天不好。

把爹妈好的儿女老就操心着呢。——*把爹妈好的儿女正操心着呢。

上面例句显示出,只用"的"作定语从句标记的句子中一般会有表示常态事件的词语,如上面的"一直""老"表示恒常时间,"哪塔"是疑问代词的活用,表示全部。横线右侧的句子出现了表示具体时间的词语,则句子不能成立[1]。同时,上面例句中的中心语都是类指的,这一点与普通话一致。

2.有指示成分参与关系化的情况

普通话/兰州方言

我这书。我这个书

小王那朋友。尕王那个朋友

你要来那天给我打电话。你要来的那天给我打电话

你请来这些人一个比一个能喝。你请着来的这些人一个比一个能喝。

普通话中,指示词“这/那”可以兼作领属定语标记,而在兰州方言中,指示词必须与量词结合之后才可作领属定语标记。普通话关系从句中也可以用指示词或指量短语兼作定语标记,指示词前的“的”可以不出现,但是兰州方言中指示词前的“的”只有在主语是指人的名词时可以删略,其他情况不能删略。因此,兰州方言中指示词及指量短语作定语从句标记是有限制的。

3.核心名词不出现在定语从句中

王老师是哪个?——窗子边上的那个。——*窗子边上那个。

怎么没衣裳穿,我买下的那个来?——*怎么没衣裳穿,我买下那个呢?

你瞅你做下的这是啥吵?——*你瞅你做下这是啥吵?

你一个打工的懂个啥?——*你一个打工懂个啥?

以上定语从句中,“的”都不能删略,普通话中除最后一例中表示转指的“的”不能删略之外,前三句都可以删略“的”。

4.数量成分参与关系化的情况

用数量词作定语从句标记在兰州方言中也一样要加上“的”。例如:

裹头巾的两个女的是回族人。——*裹头巾两个女的是回族人。

那把我送给的那个花子扔掉了。——*那把我送给那个花子扔掉了。

将上车的三个人是贼娃子。——*将上车三个人是贼娃子。

我将买下的个鱼死掉了。——*我将买下个鱼死掉了。

综上,兰州方言“的”是专职的定语从句标记,数量短语等虽然与“的”结合后可以参与关系化的过程,但都不能单独用作定语从句标记,指示词充当定语从句标记是有限制的,这与普通话是不同的。兰州方言中严格意义的定语从句标记只有“的”,“的”必须出现。当然,只用“的”作标记的情况不多,大多数情况是“的”与指

①唐正大(2008a)在分析关中方言的关系从句时指出,关中方言只用“的”作定语标记的句子中,定语成分本身的谓语也排斥与表示具体时间的词语搭配,因此关中方言中没有“看咧十几页古书的老师”这样的表达。该文同时指出,普通话中也没有这样的要求。根据我们的观察,兰州方言中存在“买了几张彩票的人”这样的表达,也就是说兰州方言中光杆名词短语对关系从句谓语类型的要求并不严格。

示成分、量化成分、量词等①结合作标记。

(二)定语从句与核心名词相对应的成分

定语从句中关系化了的成分在汉语中一般采用替代性词语来表示。普通话中用以替代原来名词的成分是人称代词，兰州方言也有，如“你见过那i的那个记者i”，这里的“那”就是替代“记者”的人称代词，在普通话和兰州方言中其使用都是非强制性的，可以直接表述为“你上次见过[ti]的那个记者i”，但是类似这样的替代成分充当某些句法成分时，在兰州方言和普通话中使用的强制性有所不同。

1.核心名词在定语从句中充当前置介词的宾语

普通话中，如果核心名词是介词宾语，一般要求使用同指代词，不能删除，如“你替他i理过发的那个老人i”这里用来替代老人的“他”必须出现。

兰州方言介词是“给”时，其宾语关系化之后，不强制要求同指代词出现，以省略同指代词为最自然的表达。例如：

普通话/兰州方言

你给他i理过发的那个老人i。——你给[ti]推下头的那个老汉i。

我给他i借过钱的那个朋友i。——我给[ti]借下钱的那个朋友i。

我们给她i给过优惠的那个人i。——我们给[ti]给过优惠的那个人i。

学校给他i发过奖的那个学生i。——学校给[ti]发过奖的那个学生i。

兰州方言“给”字句有自身的特色，在给予句中，可以出现三个“给”，比如“我给奶奶给给了一杯子水”。从前往后将句中的“给”记作“给$_1$”“给$_2$”“给$_3$”，这里作为介词的“给”即兰州方言的“给$_1$”。即便不是在定语从句中，兰州方言“给$_1$”构成的句子，只要在一定上下文中明确其宾语，都是可以省去的。例如：

奶奶问开了，你先不要给说。

那们单知道了，你就给说给。

那跑着过来了，我给使了个绊子(故意使人摔跤)。

在普通话口语环境中介词“给”的宾语在一定上下文环境中也可以删略，如“上个月的工资你给结了吧”“就这么一情况，您给通融通融”。不过进入定语从句之后，“给”的宾语充当定语从句的核心名词，删略“给”的宾语的说法不多见，或者

①唐正大(2008a)观察到关中方言带有体意义的趋向补语“下”也可以充当关系化标记，可以说“人家木匠做下桌子就是结实”，因此将“下”也看作关系化标记来描写。兰州方言中必须说“人家木匠做下的桌子就是结实”，“的”必须出现，而且兰州方言中助词“下”只能作完成体标记，因此我们不再单独讨论“下”参与关系化的情况。

虽然偶尔出现,但表达上不自然,一般会替换成别的说法[①]。

2.核心名词在定语从句中充当兼语

(1)直接省略同指代词

兰州方言中,动词"叫""让"之后的兼语成分被关系化之后,同指代词可以省略。例如:

普通话/兰州方言

我让他i重写作业的那个学生i。——我让[ti]重写作业的那个学生i。

领导让他i回家的那个临时工i。——领导让[ti]回掉家的那个临时工i。

你叫他i擦过玻璃的那个民工i。——你叫[ti]擦下玻璃的那个民工i。

她叫他i擦桌子的那个伙计i。——那叫[ti]擦下桌子的那个伙计i。

即便不是在定语从句中,兰州方言"叫""让"构成的句子,只要在一定上下文中明确其宾语,宾语都是可以省去的。例如:

我们那时候插队,民兵小分队就路上堵着呢,不让回家,要让过革命化的春节呢。

我们那个儿子一天蹲着屋里不动弹,我刚硬让出去买醋去了。

镇子上的人设了个场子,你画画的好不好,打开了叫评价一下。

你们这都不成,你把老教授请着去叫给你们说一下就清楚了。

普通话中,兼语动词"让"的宾语也经常删略,如"老王呢——我让去取钥匙了",但是"叫"的使用频率相对较低,因此其宾语省略的情况就没有那么多、那么自然。

(2)以变化动词的方式省略同指代词

仍然是核心名词在定语从句中充当兼语,除了动词是"叫""让"的情况外,其他动词一般不能直接省略同指代词,但如果对动词做一些改变,也可以省略宾语表达关系化。例如:

普通话/兰州方言

你们选他当过班长的那个男生。——你们选着/上当下班长的那个男娃娃。

领导喊他来当司机的那个人。——领导喊着/上当下司机的那个人。

我们请他来做讲座的那个教授。——我们请着/上做讲座的那个教授。

厂长聘她来做财务的那个女人。——厂长聘着/上当财务的那个女的。

兰州方言中,如果不是在定语从句中,兼语动词仍然是以加"着/上"为常见的

---

①我们就上面的现象询问了几个北京人,他们认为普通话口语中介词"给"的宾语在一定上下文中偶尔也可以删略,虽然听起来能够理解,但口语表达时一般不这样说,最自然的表达是将介词及其宾语一同删略,如说成"你理过发的那个老人……"。而在兰州方言中,介词"给"一般不能删略,因此兰州方言定语从句中删略"给"的宾语的情况至少较普通话普遍。

表达,宾语用“把”字提前。例如:

我高考的那几天,我爸把这个司机喊着/上替了几天班。

看着这个人能干,我们就把那选着/上当了个业务骨干。

你不能把那逼着/上接受你的条件呀。

我们干脆把那个工程师请着/上讲个课吧。

这里前后两个动词相连,前一个动词加“着/上”再加后一个动词,时间上有先后顺序,语义上后一个动词是前一个动词的目的。需要说明的是,以上前一个动词加“着/上”与后一个动词结合,省略同指代词的表述并非一种可选的表达,而是兰州方言中表达兼语关系的最自然的表达。

普通话中也有将支配兼语成分的两个动词联合起来的表达方式,如“我们选来当班长的那个男生”“我们请来做讲座的那个教授”,表面上看与兰州方言上述例句的构造相同,但是普通话连接两个动词的“来”不如兰州方言“着/上”虚化程度高,还保留一定的词汇意义,因此像上面第三例普通话就不能说成“*你不能把他逼来接受你的条件啊”。兰州方言中用在两个动词之间的“着/上”的搭配范围没有限制,只要两个动词能构成上述句法关系,中间就可以用“着/上”。

以上核心名词在定语从句中充当兼语的情况,以及未关系化操作的兼语句,在兰州方言中以省略兼语或兼语的同指代词为最自然的表达。其主要原因在于,兰州方言排斥双宾语句,动词一般只带一个宾语,而且宾语不能太长太复杂,否则兼语动词所带的主谓谓语在兰州方言中就会受到排斥,最自然的表达就是用“把”将宾语提前,或直接省略宾语,两个动词或者直接相邻,或者结合成为更紧密的整体。“V_1着/上V_2”结构中,两个动词的结合比“叫/让+V_2”中两个动词的结合更紧密,“V_1着/上V_2”由于动词连用,V_1地位已经不如V_2,语义上倾向于为V_2提供背景信息。

这里有必要对以上涉及的兼语式动词加以讨论。按照目前学术界对兼类式动词的分类[①],兰州方言以及普通话中经常使用,能作兼语句中第一个动词的,除了“叫”“让”之外,其余兼语式动词都可以在不同环境中只带一个宾语,甚至不带宾语即可成句,比如“你一定要说服他”“班长我们选了”“我帮”“人我派了”等等。也就是说,除了“叫/让”之外的兼语式动词,如果其后没有完整的主谓结构,也是可以成句的,只是不构成兼语句,但是“叫/让”在所有环境中都必须与另一个动词结构结合才能成句。“叫/让”无法单独充当句子的主要动词,如不能说“我让儿子/儿子我让”“领导叫民工/民工领导叫”等。因此,“叫/让”只能构成兼语句,否则是不能成句的。在“叫/让”使用的任何环境中,其后都会出现另一个动词结构,而“叫/让”的宾语,即后面动词结构的主语就成了默认的成分,只要用了“叫/让”就自然会联想到

①我们这里采用的是游汝杰(2002)对兼类式动词的分类结果。关于“叫”“让”这两个词的归属问题,游汝杰文章中是将“叫”“让”归为兼语式动词的,采用这个结果我们可以在兼语式动词的整体框架中讨论“叫”“让”以及其他兼语式动词。

它有一个对象成分,听话人可以明白前后两个动词之间的关系,不影响对兼语句的理解。因此,普通话以及兰州方言中兼语动词是“叫/让”时,都能在关系化过程中删略宾语的同指代词。

除“叫/让”之外,其余兼语式动词之后并不是必然出现另一个主谓结构的,这些动词可以单独充当句子的主要动词,可以不带宾语。一旦这些动词之后跟上一个主谓结构,那么整个主谓结构都是新的信息,而非默认信息。后一个动词的主语也就是前一个动词的宾语,必须要出现,如果宾语通过移位等操作离开动词之后的位置,兼语式动词与其后的动词结构之间的关系也就无法理解了,如不能说“选当班长”“请讲课”“埋怨来晚了”等。普通话和兰州方言都可以通过变化动词的方式,使前后动词结构得以结合,但兰州方言用助词“着/上”构成的“V_1着/上V_2”搭配范围比普通话用“来”构成的“V_1来V_2”要广。因此在兰州方言定语从句中,无论兼语式动词是什么,宾语都可以省略;在非定语从句中,“叫/让”类兼语式动词的宾语仍然因为是默认信息而可以删略;而在一般兼语动词构成的兼语句中,兼语成分因为是新信息不能省略,否则语义上就缺失了,即便采用助词“着/上”整合前后两个动词,宾语也必须用“把”字提前,不能省略。综上,在兰州方言中,兼语动词的类别不影响定语从句中宾语的省略,影响的是非定语从句中宾语的隐现。

上文也提到,兰州方言比较排斥复杂的宾语句,所以兼语动词后的主谓结构自然也受到排斥,可能正是在这样的句法特征影响下,兼语动词后的第二个动词结构采用各种方法将其主语移出动词后的位置或干脆省去,目的就是为了削弱兼语动词后成分的复杂性。

(三)可以被关系化的成分

兰州方言可以实现关系化的成分,大部分与普通话是一致的。例如:

话题:这个娃个子高。——这个个子高的娃娃

主语:老汉听秦腔着呢。——正听秦腔的老汉

宾语:老汉看节目着呢。——老汉正看的节目

表语:伙计是个娃娃。——*是娃娃的伙计

兰州方言与普通话不一致之处,主要在双宾结构和介词宾语上。

兰州方言动词后排斥双宾语,普通话动词后的双宾语在兰州方言里一般都用“把”“给”将间接宾语提前。兰州方言用“把字句”等格式代替了动词后面带双宾语的格式。那么相应的关系化表现为:

双宾结构直接宾语:

(普)我送给老师一顶帽子。——(兰)我给老师送给了一个帽子。——我给老师送下的个帽子。

双宾结构间接宾语:

(普)我送给老师一顶帽子。——(兰)我给老师送给了一个帽子。——我

给送了一个帽子的老师

上面兰州方言里与普通话相对应的成分关系化，实际已经不是在双宾语环境下的关系化，当用“把”“给”将间接宾语提前后，至少间接宾语的关系化实际上已经变成了介词宾语的关系化了。

三、状语从句

（一）“状语从句”概念的提出

本节开始部分提到，传统的汉语语法体系中没有“状语从句”的概念，其所指单位一般被看作复句中的偏句。这里需要对状语从句概念的提出做简要的说明。刘丹青（2005、2008a）提到状语从句的概念，认为有标记的偏句能够嵌入正句中，发挥状语的功能，因此带标记的偏句应该看作单句内的构成成分。刘文所举例句中涉及的状语从句标记有表达时间的“时”“……的时候”“自从”“到……为止”；表示方式的“地”“似的”“像……似的”；表示目的的“以”“以便”“以使”“以免”“为了”；表示原因的“因为……所以”“由于……因此”“之所以……是因为”；表示条件的“的话”；表示程度的“像……似的/一样”等。我们认为上面所列的各种状语标记，除了“地”可以看作纯粹的状语标记，其他词语都是原来用于连接复句的关联词语，本身都保留着清晰的词汇意义，离“标记”还有很远的距离。那么采用“状语从句”的概念就只是对原来的因果复句、条件复句、假设复句、目的复句、时间复句等概念做了名称上的替换，基本内容没有变化，仍然是通过关联词语（包括连词、副词）将几个小句连接起来构成更大的句子。如果要说加上上述这些关联词语的小句成分在功能上的确充当了更大句子的状语，修饰正句，那也主要是通过关联词语本身的词汇意义以及逻辑关系来表达的。本节我们采用“状语从句”的名称，并不是要替换传统复句的名称，而是观察到兰州方言中的确存在小句成分加标记词充当更大句子的状语的情况。这种情况必须要和那些用关联词语连接表达的复句区别开来，而不是替代以往的复句概念。下面我们来讨论兰州方言中带标记作状语的从属小句的情况。

（二）兰州方言中的状语从句

1.时间状语从句

兰州方言“着”有时助词的功能，可以表达以某一事件为参照点的“当时”意义，发挥相当于普通话“……的时候”的作用，直接加在动宾短语之后。例如：

这个表还是我结婚着买下的。（这个表还是我结婚的时候买的。）

我九几年卖菜着还把那见过一次。（我九几年卖菜的时候还见过他一次。）

娃娃尕着大人要教呢。（孩子小的时候大人要教他。）

虽然如同普通话一样，兰州方言表示时间的成分之后也可以加上“时”“……的时候”“……以后/开始”“到……为止”等关联词，这些关联词从广义角度也可以看作一种标记,但是这些关联词与这里所描述的兰州方言时助词“着”性质不同。严格意义上,“时”“……的时候”“……以后/开始”“到……为止”等关联词构成的复句中正句和偏句之间的时间关系是靠这些关联词自身的语义来表达的,而“着”则是依附在状语成分之后的助词,本身不具备“时间”的词汇意义,加“着”之后的成分在句法上从属于其后的成分,充当状语。因此,兰州方言中时助词“着”构成的句子是时间状语从句。用“着”来标记时间状语,与主句的整合度高,语序上固定,主从句之间没有明显停顿。

2.原因状语从句

兰州方言“着”也可以跟在表示原因的成分后面,将前后小句整合成一个大的复句,“着”标记原因状语。例如:

头里娶了个媳妇,那嫌婆婆难缠着走掉了。(之前娶了个媳妇,她因为嫌婆婆不好相处就走掉了。)

下雨着,那爸就到校门口接去了。(因为下雨,他爸爸就去校门口接了。)

那犟嘴着叫那爹打了一顿。(他因为犟嘴被他爹打了一顿。)

兰州方言中,也可以用“因为……所以”之类的关联词表达因果关系,但这样的因果关系实际是关联词本身所表达的,兰州方言“着”本身不具备“原因”的词汇意义,但它能依附在表示原因的成分之后,将其从句法上整合进更大的句子中充当原因状语,因此“着”是状语标记,可以构成原因状语从句。助词“着”所标记的原因状语从句与主句的整合度高,前后顺序不能变换,主从句之间也没有明显的停顿。

3.条件状语从句

(1)“时”

兰州方言中条件状语的标记“时”是从时间名词发展而来的假设语气词,新派话语中偶尔也用“的话”,但最自然的表达一般是“(单)……时”。

你早说时,我就不用这么麻烦了。(你早说的话,我就不用这么麻烦了。)

你浪街时,我就跟上你去。(你逛街的话,我就跟你去。)

等你时,全都迟到呢。(如果等你的话,全都要迟到了。)

“时”的语法化过程的各个阶段,除了作纯粹的时间名词之外,其余阶段在兰州方言中都有体现,兰州方言中“时”可以作时间名词兼假设语气词、假设语气词、一般句中语气词,最后发展为话题标记,这在语气词部分有过详细介绍。

(2)“了”

兰州方言助词“了”可以出现在前后两个动作之间,表示前一动作是达成后一动作的条件。从而使前一个动词成为后一个动词的状语,为其提供背景信息。关于兰州方言的“了”后文还会专门描述,这里只简要列举。例如:

烧上些水了把茶泡给。

你能了你做去。

你要了我给你便宜些。

第一句中后面动作实现的前提是前半句动作结果的达成，即这里涉及的条件是真实条件，或者说是必要条件，此时“了”是体标记兼条件标记。后两句的条件是虚拟的，这时可以用“(单)……时”替换。

你(单)能时你做去。

你(单)要时我给你便宜些。

然而普通话在表达上述条件时，无论是真实条件还是虚拟条件，都不加“了”。

与那些靠自身语义表达条件关系的关联词如“如果”“只要”“只有”“不管……都”相比，兰州方言“时”“了”本身不具备“假设”的词汇意义，但能够使其所依附的成分在句法上充当条件状语，因此这两个助词能够充当状语标记，构成条件状语从句。由“了”标记的条件状语，可以表达真实的条件，也可以表达虚拟的假设条件，由“时”标记的一般是虚拟的假设条件。由“了”构成的条件状语从句与主句的整合度较高，语序上固定，主从句之间没有明显停顿。由“时”构成的条件状语从句与主句的整合度较高，语序上固定，但主从句之间停顿较明显。

4. 方式状语从句

普通话可以用“地”“似的”“(像)……似的”带小句表示方式，兰州方言中仍然可以用助词“着”和“了”构成方式状语从句。例如：

那个时候供应制，都拿粮本子了买着呢。(那个时候供应制，都是拿着粮本子买东西。)

广场上看电影的人多的很，我们就搬上凳子了看着呢。(广场上看电影的人很多，我们就搬着凳子看。)

鼓皮洗干净，搿着锅里头，战士们就当饭着吃掉了。(鼓皮洗干净，放在锅里，战士们就当饭似的吃掉了。)

后头看开一样的，我还把老王的儿子照住老王着喊了一声。(后面看起来都一样，我还把老王的儿子当成老王喊了一声。)

兰州方言助词“着”“了”本身没有“方式”的词汇意义，但能将其所依附的成分整合进更大的句子中充当方式状语，构成方式状语从句，助词“着”“了”所标记的方式状语从句与主句的整合度高，前后顺序不能变换，主从句之间也没有明显的停顿。

5. 目的状语从句

兰州方言助词“着”“了”也可以兼表“行为—目的”关系，构成目的状语从句。

到河北的红山根背红土着练字儿呢。(到河北红山根背红土来练字。)

有时候吃撑了，就抽烟着帮助消化着呢。(有时吃撑了，就抽烟来帮助消化。)

把你的画打开了叫评价一下。(把你的画打开让大家评价一下。)

要下这个了干啥呢?(你要这个是为什么呢?)

与靠自身语义表达目的的关联词如“以”“以便”“以使”“以免”“为了”等相比，兰州方言使用的助词“着”“了”本身没有“目的”的词汇意义，但能够标记表示目的的成分，构成目的状语从句。“着”“了”所标记的目的状语从句与主句的整合度高，前后顺序不能变换，主从句之间也没有明显的停顿。

以上五类状语从句都是依靠助词从句法上整合进整个句子中的，这些助词充当状语标记，依附于谓语核心，主从句语序不可改变，因此它们所构成的状语从句整合度高。由“着”“了”构成的状语从句与主句之间一般没有明显的停顿，这两个助词功能复杂多样，充当状语标记不仅仅能够与小句成分结合，还可以与词、短语等成分结合，而这些功能的来源值得我们进一步探究。

以上我们讨论了兰州方言另一种句子复杂化的手段——从句，这里将各类从句的标记和特征列表总结如下：

表3-6　句子复杂化手段——从句

<table>
<tr><th>从句</th><th colspan="2">从句标记或特征</th><th>举　例</th></tr>
<tr><td rowspan="3">名词从句</td><td rowspan="3">标记</td><td>“把”字句中的“个”</td><td>把个开汽车，是人都能学会。</td></tr>
<tr><td>自指性的“的”</td><td>那老骗人的我知道呢。</td></tr>
<tr><td>的个</td><td>娃上幼儿园的个曼，用的着走后门吗?</td></tr>
<tr><td rowspan="6">定语从句</td><td rowspan="3">标记</td><td rowspan="2">普通话有指示词或指量短语可删除“的”。兰州方言“的”是专职的定语从句标记。</td><td>王伟是哪个？——窗子边上的那个。</td></tr>
<tr><td>裹头巾的两个女的是回族人。
——*裹头巾两个女的是回族人。</td></tr>
<tr><td>指示词+量词</td><td>我这个书。尕王那个朋友。</td></tr>
<tr><td rowspan="3">特征</td><td>介词是“给”，其宾语被关系化时不强制要求同指代词。</td><td>你给推下头的那个老汉。
学校给发过奖的那个学生。</td></tr>
<tr><td>动词“叫”“让”之后的兼语成分被关系化时，同指代词可省略</td><td>我让重写作业的那个学生。
领导让回掉家的那个临时工。</td></tr>
<tr><td>其他兼语动词也可以通过变换动词的方式省略同指代词</td><td>我们请着/上做讲座的那个教授。
厂长聘着/上当财务的那个女的。</td></tr>
</table>

续表

<table>
<tr><th>从句</th><th colspan="2">从句标记或特征</th><th>举 例</th></tr>
<tr><td rowspan="5">状语从句</td><td rowspan="5">标记</td><td>时间状语从句标记:着</td><td>九几年我卖菜着还把那见过一次。</td></tr>
<tr><td>原因状语从句标记:着</td><td>那嫌婆婆难缠着走掉了。</td></tr>
<tr><td>条件状语从句标记:时、了</td><td>你早说时,我就不跑了。
你要了便宜些。</td></tr>
<tr><td>方式状语从句标记:着、了</td><td>那时节供应制,都拿粮本子了买着呢。
鼓皮洗干净,战士们就当饭着吃掉了。</td></tr>
<tr><td>目的状语从句标记:着、了</td><td>到河北的红山根背红土着练字儿呢。
你要下这个了干啥呢。</td></tr>
</table>

第四章　句法专题研究(下)

第一节　兰州方言“把”字句①

“把”字句在兰州方言中是一个非常重要的句型,这不仅表现在“把”字句的高频使用,更突出反映在兰州方言“把”字句已经在与普通话一致的处置式用法之外又扩展出一些其他功能。以往对兰州方言“把”字句的研究主要是从结构形式方面分类描写兰州方言的“把”字句,莫超(2009)大致描写了兰州方言“把”字句的特点,赵浚、张文轩(2002)将兰州方言“把”字句分为处置性的和非处置性两类,李蓝、曹茜蕾(2013a、2013b)又在此基础上进一步提取了兰州方言“把”字句的十种用法。其中,在处置用法之外扩展出其他功能的“把”字句有:

(1)用在句首强调主语:把我们算啥哩? 功劳是大家的。

(2)用于提宾:你把老师问了没有? 我把这件事情知道。

(3)用在宾语前强调宾语:我把啥没有吵!

(4)表示动作方向,相当于“对”:校长就是把理科班的学生好。

(5)在比较句中引入比较对象:窑街炭把靖远炭比不上。

可以看出,一些“把”字句虽然形式上与普通话“把”字句相似,“把”能够起到提宾作用,但句子却不表示处置意义,尤其是一些在普通话中不用介词介引的对象成分,兰州方言中都可以用“把”来介引,因此出现了兰州方言“把”用作提宾标记时,所介引的成分类型多于普通话的现象。例如:

我把你没认着出来。(我没认出你来。)

你把七十有了吧?(你有七十了吧?)

这个娃娃把老师不害怕。(这个娃娃不害怕老师。)

我把你还不知道吗。(我还不知道你。)

---

①本节已作为《近代西北方言文献研究》的前期成果发表。(贾莹:“兰州方言‘把XV’构式分析”,载《宁夏大学学报》2014年第6期。)

你把厂长没见吗?(你没见厂长吗?)

受到民族语言影响的河州方言和青海方言,没有SVO语序,而使用SOV语序,并且发展出专门的宾格标记。兰州方言也受到了民族语言的影响,SOV语序成为可选的语序类型(关于这一点将在第六章中讨论),一些无定的成分也可以前置,但是兰州方言中的宾语前置仍然受到宾语自身生命度等因素的制约,并没有发展出专门的宾格标记,因此不是所有宾语都能像河州方言那样自由前置。为了满足宾语前置的倾向,兰州方言中就大量借助"把"的提宾功能来实现这一需求。相应的,兰州方言中能够用"把"提前的宾语类型自然多于普通话,因此可以说在兰州方言中"把"字本身的提宾功能因为宾语前置的要求而得到了强化。同时,兰州方言"把"字句还经常用于非处置意义的环境中,像上面第二句,动词为"有",宾语可以用"把"提前,但整句与处置意义无关。因此,兰州方言中应宾语前置的要求,"把"字可以将多种类型的宾语提前,而整句不一定表示处置意义。这是兰州方言"把"字句高频使用的原因之一,也是下面我们分析兰州方言"把"字句其他功能的背景前提。

以往的研究主要是从形式角度对兰州方言"把"字句进行分类,没有关注兰州方言"把"字句各个小类之间的关系、发展演变过程以及与普通话"把"字句之间的关系,因此本节将在这一方面做出努力。可以注意到,上面(2)、(3)两种用法中的"把"都是用在宾语前,但前者是提宾标记,后者则增加了焦点标记功能,也就是说这两种用法的"把"字出现在同一种句式中,但功能上却出现了差异。在兰州方言中,这种句式即"把XV",它在形式上的最大特点是"V"取光杆形式。我们认为兰州方言"把XV"式的"把"字句是连接普通话处置式"把"字句与兰州方言中非处置式"把"字句的桥梁,只有对"把XV"式的"把"字句有了清晰的认识,才能理清兰州方言中其他非处置式"把"字句功能扩展的原因和路径。

"构式语法的一个重要主张是语言的非组合性……语言单位并非都具有可推导性"(陈满华,2014)。兰州方言"把XV"式的"把"字句所表达的意义是通过对比或排除其他情况来凸显动作或动作的对象,这种意义无法从它的构成成分中推知,而"把XV"整体又赋予其中的"把"字以提宾标记之外的强调功能。这些特点促使我们将兰州方言"把XV"结构看作一个构式,所以本节将运用构式语法理论,描述该构式的适用语境、构成成分及构式义。希望通过对该句式的分析,能够解释"把"的强调功能的来源,进而得到该功能的扩展推衍过程。

一、"把XV"构式的适用语境及构式义

普通话"把"字句有一个句法限制,即动词必须复杂,前后须有表达结果意义的成分(施春宏,2010b),而兰州方言"把XV"式的"把"字句,恰恰是动词挂单,其大部分成员根本不存在"致使结果"这种概念成分,即这种特殊用法的"把"字句并不

是表达致使的句群成员。那么兰州方言中的“把XV”构式的意义究竟是什么?

构式语法认为构式作为一个整体表达式,表达的是构式义,体现了说话人对情景的识解。下面就根据兰州方言“把XV”构式中不同小类所适用的语境和对语境的依赖程度将该构式分为三类来讨论。

(一)语境蕴含对比意义表示强调,但不强制要求补出语境

从语用的角度来说,这一小类“把XV”是为了建议、祈使、命令听话人或第三者关注目前动作及其对象,不要关注别的动作或对象。也用于强调说话人本身所关注的动作或对象,以与其他动作或对象形成对比。来看下面的对话:

孩子:我再看会儿动画片。

父亲:赶紧把书看。

孩子:那我翻会儿你的杂志。

父亲:把你的看!

孩子:电话响了,是谁?

父亲:你把你看,我接电话去!

在这段父子间的对话中,孩子要看动画片时,父亲在“书”和“动画片”两个对象中做对比选择,用“把书看”表明父亲命令孩子关注“书”,不要关注“动画片”,但这里父亲并没有说出“别看动画片”。紧接着孩子又在“书”的范围里找到另一个对象,即“你的杂志”,父亲在“你的”“我的”中选择突出“你的”,用“把你的看”来命令孩子只能关注自己的书,但也没有直接说“别看我的”。此时电话响了,孩子的注意力转移,父亲用“你把你看”命令孩子关注目前的动作,接电话的事由父亲去做,“看”与“接电话”形成对比,即两个动作形成对比,这时明确地将不希望孩子做的事情表达出来。这段对话中,父亲使用“把XV”依次突出的是“书”“你的(书)”“看”。

这一类“把XV”即便单独使用,也可以明确表示对比之后突出该构式内动作或对象之意,本身就蕴含与其他动作或对象对比的意义,所以并不强制要求补出语境。

(二)强制要求补出语境来表达对比强调意义,否则有歧义

这一小类“把XV”单独使用时常有歧义,必须补出语境,依据语境中所凸显的成分,与“把XV”的不同成分形成对比。若语境出现另一动作,则“把XV”凸显动作,两种动作形成对比;若语境出现另一对象,则“把XV”凸显对象,但不管“把XV”中凸显的成分是X还是V,语境中都必然存在对比方:

?我把厨房收拾。

——我把厨房收拾,收拾完了再做饭。

——我把厨房收拾,厕所先不管了。

?你把日子迭办(奋斗、奔波)。

——你把日子迭办,再不要混了。

——你把日子迭办,哥们义气的是个啥?

上面"我把厨房收拾"如果单独使用,会产生歧义,不知道说话人凸显的是什么内容,因此需要补出语境来帮助判断。补出的语境出现了与构式中"收拾"相对比的"做饭"。对比之后,说话人凸显动作"收拾";后一句补出的语境使"厨房"和"厕所"形成对比,以凸显"厨房"。"你把日子迭办"单独使用也有歧义,补出的语境出现与"迭办"相对应的"混",则说话人意在凸显动作"迭办",整个句义为:努力奋斗、奔波,不要再混了;后一句补出语境,出现与"日子"相对应的"哥们义气",从而凸显"日子",即强调要考虑生活,不要再考虑朋友义气了。

(三)可独立使用,只强调动作(除非有对比对象时,构式强调对象)

这一小类"把XV"构式单独使用时没有歧义,只强调动作。除非语境中出现另一对象与"把XV"的X形成对比,构式才有可能凸显"把"后的成分。例如:

我把书记认得。——我把书记认得(不用介绍)。

——我把书记认得,把厂长不认得。

我把这个事情知道。——我把这个事情知道(不用说了)。

——我把这个事情知道,那个事情还不清楚。

上面例句单独使用时,只是客观陈述说话人的一种心理动作,与后面补出语境的句子语义一致,其实补出的也只是赘余信息,可以不出现。除非语境中出现另一个对象,构式才转而凸显"把"后成分。因此,这一类构式不强制要求补出语境,也不蕴含对比之意,只有含有对比成分的语境出现时,构式才通过对比来强调"把"后的对象。

综上,兰州方言"把XV"构式常常出现在与某种对象或动作对比的语境中。可以概括出"把XV"构式的构式义:通过对比或排除其他情况来凸显动作或动作的对象。在以上三类构式中,第一小类"把XV"不需要语境即可表达对比强调的意义,因此是该构式中最为典型的成员。第三小类构式,语境不蕴含对比之意,构式依然成立,那么该构式就已经不是典型成员,而接近于普通话"把"字句了。

二、"把XV"构式的构成成分及分类

前文指出,兰州方言"把XV"构式中的"把"含有两种功能:提宾标记和强调功能。换言之,该构式中的重音有两种位置,当"把"是提宾标记时,重音在动词上;当"把"强调其后成分时,重音在"把"后的成分上。而不同的构成成分可能导致句子的重音不同。

(一)构式中的"X"

在兰州方言"把XV"构式中,"X"可以由三类成分充当。

1. "X"是名词性成分

下面分别列出各例单独使用和补出语境的情况。

你把药喝。——你把药喝,再不要喝水了。

你把书看。——你把书看,再不要看电视了。

我把书记认得。

——a.我把书记认得,不用介绍。

——b.我把书记认得,把厂长不认得。

? 他把他的事情操办。

——a.他把他的事情操办,再不要耽搁了。

——b.他把他的事情操办,再不要管别人的事了。

这里前两例的动词是单音节的,使用时一般不用补出语境,即便补出,句子重音也与单独使用时一样,在名词性成分上;而后两例的动词是双音节的,很明显,它们单独使用和补出语境后,句子重音会发生改变。最后一例单独使用时还会有歧义,两例中a句重音在动词上,b句重音在名词上。即"X"是名词性成分时,句子重音会受到动词特征和语境的影响而随之改变。

2."X"是"人称代词+的"

你把你的吃。——你把你的吃,我的还没做好呢。

个家把个家的收拾。——个家把个家的收拾,别人的事少操心。

你把你的回。——你把你的回,再不要等我。

他把他的干。——他把他的干,怎么老叫你顶班呢?

当"X"是"人称代词+的"时,句子重音都落在"X"上。这是因为,当"X"是"人称代词+的"时,有一个并不强制出现的语境,其中总是蕴含着另一个人称或者另一个名词性成分与它形成对比,比如上面补出语境之后的"你、我""个家、别人""他、你"都形成对比。因此,这种"把XV"中"X"的凸显也是由语义对比构成的对比焦点造成的。对比焦点和"把"的强调融合在一处,"X"得以凸显。"人称代词+的"所具有的这种特征决定了凡由"人称代词+的"构成的"把XV"无须补出语境,因其本身就蕴含着明显的对比强调意义,这种意义不受动词特征的影响。这还说明,"X"是"人称代词+的"时,句子重心不受语境影响。

3."X"是人称代词

你把你坐。——你把你坐,让年轻人忙去。

他把他睡。——他把他睡,我再看会电视。

你把你收拾。——你把你收拾,再不要玩了。

当"X"是人称代词时,不同于之前的两类,其中的"XV"构成主谓结构,而其他类型的"X"则是动词的支配对象。虽然出现的语境中总会有另一个主体发出其他动作,使得"X"与其他主体形成对比,"V"与其他动作形成对比,但整个构式语用上的建议、命令、祈使意义使得动作成为强调对象。上面第一例中的构式要表达的不是"你、我"的对比,而是建议主体"你"保持"坐"的动作,不要去发出"忙"的动作。

因此当“X”是人称代词时，句子重音在动词上，不受语境的影响。这在韵律上也可以得到解释，冯胜利(2000)指出代词经常轻读，不能接受重音，因为代词在接受重音的韵律等级上一般是比较轻的，那么重音就落在动词上。因此当“X”是人称代词时，句子重心也不受语境影响。

综上，构式中的“X”有三种成分，当“X”是“人称代词+的”时，无论语境如何，由于其语义上的对比，句子焦点集中在“X”上；当“X”是“人称代词”时，由于构式语用上的建议、命令、祈使意义，使动词成为关注重心，不受语境的影响；当“X”是名词性成分时，由于动词特征以及语境的影响，句子重音位置不定。

(二)构式中的“V”

1.“V”的音节数目

前面得出的结论表明：当构式中的“X”是名词性成分时，动词特征对构式的特征有影响，这里讨论动词的音节数目对构式的影响。

？你把婚事操心。

——a.你把婚事操心，不要不当回事。

——b.你把婚事操心，再不要操心房子了。

我把老张相信。

——a.我把老张相信，再不用问。

——b.我把老张相信，尕王我不相信。

上面第一组句子未补出语境时，不知道说话人的意图，说话人意图不同，句子的重音会落在不同的位置，比如a句中“操心”和“不当回事”之间存在对比，因此a句的重音落在双音节动词上。在b句中，动词是一样的，前后两小句语义上形成对比的是“婚事”和“房子”，说话人的意图在于要求听话人关注“婚事”而不是“房子”，因此“把”后的“婚事”成为关注的焦点而得到焦点重音。第二组句子未补出语境却没有歧义，由于补出语境的a句与原句的语义是一致的，补出的语境成了赘余信息，而只有b句出现含有对比意义的语境，才有可能改变句子的重音所在，从而使得“把”后的成分获得重音。

第一组句子说明，“X”是名词性成分时，如果动词取双音节形式，句子的成立与否以及重心位置会受到是否有语境以及语境凸显的对象的影响。第二组句子说明，除了动词的音节数量之外还存在其他因素影响句子的成立与否，下文将详述。

当“V”是单音节动词时：

你把电视看。

你把晚上的药吃。

你好好把书念。

你赶紧把衣裳洗。

以上四句中“X”均是名词，能够接受重音，无须补出语境，语义明确。因此，当动词是单音节词时,句子的重音是有明确位置的。

综上,在兰州方言"把XV"构式中,当"X"是名词性成分时,动词的音节数量对构式的特征有影响。若动词是单音节形式,句子重音位置明确,不受语境影响;若动词是双音节形式,句子的重音会因语境凸显不同成分而改变位置。

2."V"的语义类型

前文提到,除了动词的音节数量之外还存在其他因素影响句子的成立。这里观察动词的语义类型是否对构式产生影响。

(1)动作动词

你把书看。

?你好好把厂长巴结。

——你好好把厂长巴结,再不要光闷头干活了。

——你好好把厂长巴结,别人都说不上话。

这里的动词都属于动作行为动词,单音节和双音节都可以进入该构式,使用单音节动词的句子没有歧义,重音在名词上,但是使用双音节动词的句子是有歧义的,必须补出语境才能明确句子的意义。

(2)心理动词

我把厂长认得。

——我把厂长认得,不用介绍。

我把这个事情知道。

——我把这个事情知道,不用再说了。

可以发现,上面两例"X"都是名词性成分,动词也都是双音节形式,但句子单独使用时是没有歧义的。这是因为这里的动词都是心理活动动词,整个构式已经没有了建议、命令、祈使的意义,可以肯定说话人仅仅是在陈述一个事实,即"我认识厂长""我知道这件事"与横线后面补出语境的句子语义是一致的,而且补出的部分通常是赘余信息。此时句末的动词承担重音,除非出现含有对比意义的语境,才有可能改变句子的重音所在,从而使得"把"后的成分获得重音。例如:

我把厂长认得,把书记不认得。

我把这个事情知道,别的不知道。

这里需要说明的一点是,出现在"把XV"中的心理动词以双音节形式常见,单音节心理动词如"爱""恨""想""怕"等本身数量很少,如果用于"把XV"构式中,一般也不能单独使用,其后须加上语气词"呀""呢"或助词"了"等,如"我把老师想呢",但这种情况下的心理动词已经不是严格意义的单音节动词,因为它不能单独使用,必须加上其他助词,在韵律分量上有所加重,有别于一般单独使用的单音节动词。

(3)趋向动词

我把家回。

你把你的来。

娃娃把大学进去。

你把脸过来。(你把脸伸过来。)

上面后两例“X”也是名词性成分,动词也是双音节形式,但句子单独使用时是没有歧义的。这里的动词属于趋向动词。单音节趋向动词,句子重音都在“X”上,除了“X”是人称代词时,重音在动词上。双音节趋向动词,若“X”是“人称代词+的”,重音在“X”上;若“X”是人称代词,重音在动词上;若“X”是名词,句子单独使用没有歧义,重音落在动词上,除非补出含有对比意义的语境,重音在“X”上。例如:

你把家回去。

——a.你把家回去,好好连媳妇谈一下。

——b.你把家回去,酒馆子里头再不要去了。

句子单独使用时,并无歧义,只是一个祈使句“你回家去”。a句补出语境与原句的语义也是一致的,但是b句补出了一个蕴含对比对象的语境,将“家”和“酒馆子”对比,句子的重音就落在了“把”后的名词上。

(4)存现动词“在”

你把你在,再不要送了。

除“在”之外其他存现类动词都不能出现在“把XV”中,唯一能够使用的存现动词“在”一般也只有这一种用法,几乎成了固定表达。由于“X”是人称代词,句子重音还是落在动词上。

其他语义类型的动词,如使令动词、能愿动词、判断动词、比似动词、变化动词,都不能进入这一构式中。

综上,能够进入兰州方言“把XV”构式的动词,有单双音节的动作行为动词、双音节的心理活动动词、单音节存现动词“在”以及单双音节的趋向动词。其中动作行为动词若是双音节,句子存在歧义,重音位置不定;包含双音节的心理活动动词和双音节趋向动词的句子不存在歧义,但可以补出含有对比义的语境使其重音位置改变。也就是说,在“把XV”构式中,使得句子重音位置不定的动词类型是双音节的动作行为动词、心理活动动词和趋向动词。

3.动词特征对构式影响的解释

首先,动词的音节数目能够影响“把XV”句子的重音所在,这主要是因为兰州方言中“把XV”构式在形式上的最大特点是动词为光杆形式,与普通话“把”字句中形式复杂的谓语部分相比,兰州方言“把XV”的谓语部分韵律分量大大降低。从音节数目的角度来看,双音节动词比单音节动词更接近于普通话“把”字句动词不能挂单的要求。从韵律分量上来看,双音节动词重于单音节动词,尤其是当“X”也是单音节名词时,“把X”和双音节“V”的韵律分量是一样的,此时二者都可能获得句子的重音——双音节动词,由于处在句尾,是自然重音的常规位置,而"把X"由于"把"的标记作用,容易成为焦点所在。因此当动词为双音节时,"X"与"V"就会产生竞争,常常因所处语境的不同而改变句子的重音所在。而当"把XV"构式的动词为单音节形式时,韵律分量降低,不能与"把X"抗衡。一般都是"把"后成分获得焦点重音,而只有"X"是人称代词时,由于自身韵律分量低不适合接受重音而使动词获得重音。

其次,从语义上来看,造成句子重音位置不定的动词主要以双音节的动作行为动词、心理活动动词和趋向动词为代表。这主要是因为,在兰州方言"把XV"构式动词以光杆形式出现的前提下,双音节心理活动动词和趋向动词都蕴含结果因素,即表达主体心理活动达到某种状态或结果,在语义和音节数量上都靠近普通话"把"字句的动词要求。它们所表达的语义中都蕴含结果意义,比如"知道""认识""熟悉""上去""进去""回去"等,既是动作又是动作的结果。而普通动词要想表达动作的结果需要在动词后再加补语来实现,否则只是一个有起始点的动作,并不能表达任何与动作相关的结果信息。需要注意有些属于述补关系的复合词如:提高、消灭、取消等,虽然在语义上"补"体现的是"述"处置的结果,符合普通话"把"字句表示"处置及其结果"的句式语义要求,但这些能够融合成复合词的述补结构一般具有书面正式色彩,方言中本身也很少使用。

在一个句子中表述结果的成分常常是人们关注的重心,常常出现在句末,容易获得重音。既然心理活动动词和趋向动词蕴含结果意义,那么这些成分构成的"把XV"通常可以单独使用,不会有歧义,不强制要求补出语境,此时句末的双音节动词承担重音。除非补出了另一种语境,形成语义上的对比,才会使得"把"后成分获得重音。而当双音节动词是动作动词时,动作没有结果意义,"把XV"中,"目标"与"动作"都可能成为语义的重心所在,因此常常造成歧义,需要语境来补出相关信息,才能判断语义的重心,即强制要求语境出现。

综上,在构式中的动词是双音节的情况下,容易造成歧义,而动词是单音节的情况则没有歧义。这正说明"把XV"构式是连接普通话"把"字句和兰州方言中强调"把"后成分的"把"字句之间的过渡句式。此外,构式本身也是一个连续统:动词是双音节,比较接近普通话"把"字句动词的要求,双音节心理动词和趋向动词由于语义上蕴含结果意义,使得由这两种双音节动词构成的"把XV"最接近普通话"把"字句。只有补出含有对比对象的语境才会使重音位置改变。其他双音节动词构成的构式单用时会造成歧义,因为不蕴含结果,"V"与"把X"都可获得重音;动词是单音节时,除"X"是人称代词的情况,重音在动词上之外,其他情况下重音均在"把"后的"X"上,不存在歧义。句子重音由于句末动词音节数目减少,韵律分量降低,而向被标记的成分移动,"把"也就从标记成分获得了强调作用,从而成为焦点标记,因此兰州方言"把XV"构式的典型成员应该是动词为单音节的那一类。根据动词的特征，可以将“把XV”构式内部的连续统以下图4-1的方式表现：

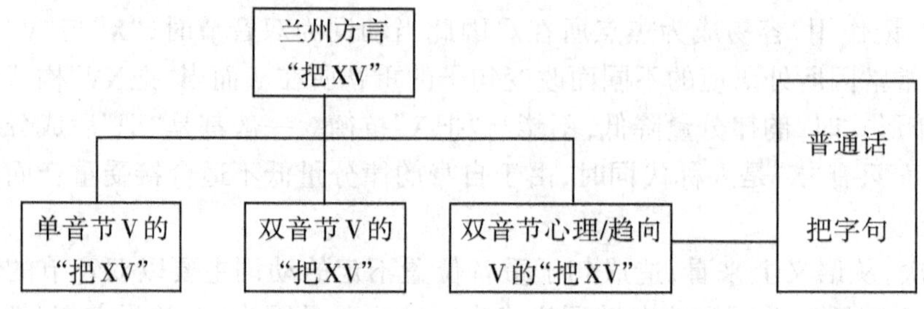

图4-1 “把XV”构式内部的连续统

(三)构式中的“把”

在普通话“把”字句的相关论述中，有些学者认为“把”字句强调的是“把”后的对象成分，句子重音在“把”后的宾语上（邵敬敏、赵春利，2005），但是遭到了质疑，因为如果普通话“把”字句的重音在“把”后的宾语上，那么就会跟一般韵律角度的分析相冲突（冯胜利，1997：88-93），也不合乎一般人的语感。普通话“把”字句重音一般都落在句末的成分上。其次，一般认为汉语句子的自然焦点在句末，如果“把”后的宾语承担焦点，也与汉语句子的信息分析相冲突（施春宏，2010b）。

在兰州方言“把XV”构式的典型成员中，“V”恰恰是光杆的，后面没有其他成分，“X”和“V”都是这个小句中句末的结构单位，韵律和信息在结构上都满足接受重音和焦点的条件。因此上述被质疑的论述正是兰州方言中“把XV”构式的特点：动词为双音节时，韵律分量可与“把X”抗衡，因此重音所在因语境而改变。而动词为单音节时，不存在歧义。“把”的作用就在于凸显受动作行为影响的某个对象或动作本身，因为这正是说话者注意的焦点。与普通话“把”字句具有的“主观性”相似，这里的“把XV”也表现出说话者的情感、视角和认识。

因此，兰州方言“把XV”构式中“把”的语法意义，即凸显动作行为或动作行为的对象。它的语法功能就是提宾以及充当焦点标记。“把”的这种功能也有其语义基础，即动词“把”的“掌控义”（牛保义，2008）。

这里需要补充说明一点，动词为光杆形式的“把”字句并非兰州方言所独有，据李蓝、曹茜蕾（2013a、2013b）的介绍，海南海口方言有“把双袜洗”的说法，陕西渭南方言（黄伯荣等，1996：661）“蛮把牛打一个劲打牛”其中的动词都是光杆形式，但是至少在李蓝、曹茜蕾（2013a、2013b）的文章中仍然是将这两种形式的“把”字句看作处置式的，尤其是海南海口方言的“把双袜洗”，其中的宾语虽然省略了数量词和指代词，却仍然是定指的意义，符合处置式“把”字句对宾语的定指要求。本节讨论的兰州方言中动词为光杆形式的“把XV”构式，虽然与处置式有联系，但已经不能被看作处置式了，因为“把”后的成分可以不是动作的对象，如“你把你忙”，根本不可能表达处置意义。即便“把”后的成分是动作的对象，也可以是不定指成分，如

"你把衣裳买,再不要抠门了"。同时,兰州方言"把XV"所表达的构式义是通过对比或排除其他情况来凸显动作或动作的对象,也就是说该构式要强调的并非处置结果,而是形成对比的成分。因此,兰州方言中光杆动词构成的"把XV"与前面所说动词取光杆形式、但仍然属于处置式的"把"字句是有区别的。

三、兰州方言"把"字句的功能扩展

上文讨论了兰州方言"把XV"构式的成分、构式义及特点。该构式是连接普通话"把"字句和兰州方言中强调"把"后成分的"把"字句之间的过渡句式。正是由于该构式在使得"把"字在提宾标记之外扩展出了焦点标记功能的基础上,兰州方言"把"字句扩展出了其他非处置用法。下面进行具体分析。

(一)与其他焦点标记互相替换

"把XV"构式中的"把"具有了焦点标记功能,可以强调"把"后的对象,那么具有相同功能的其他介词就可以与之互相替换,比如"连""对""使/让",都是专门介引和强调对象的介词,"把"就可以与它们互换。例如:

你把/连这么个事情都做不好,再做啥去了行呢吵?

娃娃不听话,把/让老师费心了。

那把/对这个小伙意见大的很。

那看人下菜着呢,把/对有钱人就热情的很。

以上四例中,用"把"替换"连""对""让"的用法在兰州方言中是自然的表达,尤其在老派口语中,基本不用"连""对""让"只用"把",新派口语中,"连""对""让"的出现频率有所提高,但仍然不如"把"的使用频率高。

(二)引进比较的对象

兰州方言比较句中,"把"可以充当比较标记,作用是引进比较对象,在句中强调比较对象,这在普通话中是不存在的。例如:

那把你高下一头呢。(他比你高一头呢。)

我把你小下一轮呢。(我比你小一轮呢。)

喝酒去,你把那喝不过。(喝酒,你喝不过他。)

你就是把那隔壁子的比不过。(你就是比不过隔壁的。)

前两句,"把"相当于普通话比较标记"比",这样使用的"把"有句法上的限制,即比较结果之后必须出现具体数值,否则只能用"比"。后两句中,用"V不过"表示比较结果,普通话中比较对象在"V不过"之后,而兰州方言中用"把"将这个比较对象提前,并强调它。

(三)强调主语

兰州方言中"把"字可以出现在主语之前,起到强调主语的作用。例如:

当妈的走了,把娃哭着伤心着。

把你有啥了不起的。

那都不操心，把你还惆怅坏了。

把老布鞋现在还稀罕吗?

如果说前面“把”字的功能扩展还是在提宾标记基础之上兼有强调功能，那么第三种用法的“把”字就是单纯的强调标记了。

兰州方言“把”字句在处置功能之外扩展出更多的功能，在功能扩展的过程中有两个重要的节点，首先是宾语前置的倾向使得兰州方言中“把”字的提宾功能强于普通话，进而导致了处置意义的表达不再是兰州方言“把”字句的必然。这是兰州方言“把”字句功能扩展的大背景。其次是句式“把XV”中的动词取光杆形式，导致“把”后成分成为句子强调的重心，这使得“把”在提宾标记的功能之上又获得了焦点标记的功能。

本节重点讨论了“把XV”构式，考察其适用语境、成分特点、内部分类以及构式义。这种构式常常出现于与某种对象或动作对比的语境中。其中单音节动词形式的“把XV”是该构式中最为典型的成员，不需要语境即可表达对比突出的意义，但当该构式的语境不蕴含对比之意而构式还能够成立时，该构式就已经不是典型成员，而是接近于普通话“把”字句了。

“把XV”构式由于动词的音节数目减少，使得整句的重音分布不同于普通话的“把”字句，而与“X”的成分属性和“V”的音节数目、语义类别呈现出一定的规律性对应关系。构式中“把”的语法意义是凸显动作行为或动作的对象。它的语法功能是提宾以及充当焦点标记，这种限定和凸显对象的标记功能也有其语义基础，即动词“把”的“掌控义”。整个构式的意义即通过对比或排除其他一切情况来凸显动作或动作的对象。

我们将兰州方言“把”字句的基本功能扩展情况用下图来表示。

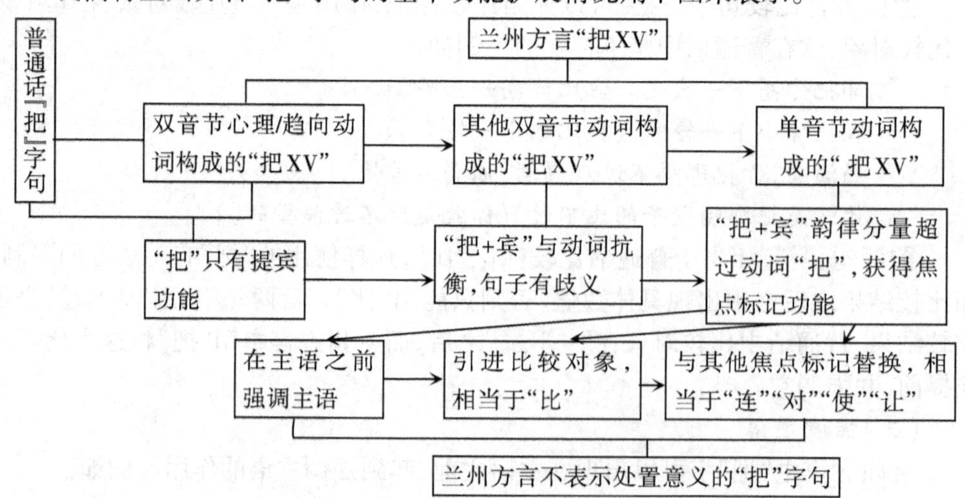

图4-2 兰州方言“把”字句的基本功能扩展

第二节 兰州方言“给”字句

朱德熙先生(1979)探讨了汉语中与“给”相关的句法问题之后,不少学者也都讨论过这个问题,并且搜集了许多方言的材料,如徐丹(1992)、周磊(2002)、沈明(2002)等。兰州方言中,“给”字句也是一个高频使用的句型,句义不局限于表示“给予”,一些非给予句中也可以出现“给”字。兰州方言“给予句”中至少要出现两个“给”,有时还会出现三个甚至四个“给”。因此,对“给”字句中各个“给”的词性、功能做出界定,成了兰州方言“给”字句研究的重点。至今,研究兰州方言中的“给”字句的文章主要有以下一些,刘公望(1986)讨论了兰州方言中“给”字的特殊用法,从用法上将“给”分为三种:把书给$_1$尕王给$_2$给$_3$了。该文章重点讨论“给$_3$”的用法,认为“给$_3$”大致相当于普通话的时体助词。李炜(1987)指出兰州方言里的给予句式只有一种,即N_1+给+N_2+V+给+N_3,这种句式中至少得有两个“给”字出现,有时还可以三个“给”字同时出现。李文重点讨论“给$_1$”和“给$_3$”的词性,通过与普通话对比得出,兰州方言中“给$_1$”是介词,“给$_2$”是动词,“给$_3$”不是动词,甚至连词的身份都值得怀疑。该文还探讨了给予义的表达,认为“给$_3$”不包含给予义,句子所体现的给予义主要是通过语法手段实现的,不是由某一个或几个词语来负载的。王森、王毅(2003)区分九类十八式来分别讨论兰州方言“V给”出现的句法环境和语法功能。文章提出,由于兰州方言“给”字句的特征导致了兰州方言“把/给”字句的大量使用以及双宾语句的逐渐消失,可见“给”字句的特征是影响兰州方言语法面貌的一个重要因素。关于“给”的词性,作者认为由于“给”的功能泛化,在动态的句子中已经难以确说,所以大致区分了动词、动量词、介词、虚词四类。贾莹(2013)重点讨论“V给$_3$”结构的性质,认为“V给$_3$”结构作为一个整体体现“词”的特征,界定其为“句法词”,但对于“给$_3$”本身的词性并没有做出界定。以往文章对兰州方言“给”字句的事实描述是比较全面的,但对一些特点的分析解释以及归类定性还有欠缺,本节将在这方面做出尝试,对象不局限在只表示给予意义的句子上,将兰州方言所有使用“给”的句子都称作“给”字句,首先分析各种“给”的词性,其次分析几种“给”的特殊用法。

一、动词“给”

吕叔湘等(1999:225)对动词“给”的界定是:表示使对方得到;使对方遭受;容许、致使。一般带双宾语,能带动态助词“了”“过”。下面举例说明兰州方言动词“给”的特征。

电影票你早些给,不要到跟前了来不及。

旧衣服我都给掉了,放下没用。

好单位就给福利呢。

奶奶的药你给了没有,不要吃多了。

以上四例的兰州方言动词“给”都表达“给予义”,可以带状语、补语、宾语,也能带动态助词“了”“过”,这些特征都与普通话动词“给”相同。

以下例句反映兰州方言动词“给”不同于普通话动词“给”的特征。

普通话/兰州方言

他给我一本书。那给我给了一本子书。

老李给我两张邮票。老李把两张邮票给我给了。

给我一壶开水沏茶。给我给上一壶开水(了)泡个茶。(祈使)

把开水给我给给一壶(了)泡个茶。(命令)

给我给了一壶开水泡了个茶。

给奶奶一杯水喝药。给奶奶给上一杯子水(了)喝药。(祈使)

给奶奶给给一杯子水(了)让喝药。(命令)

给奶奶给了一杯子水喝了个药。

根据“给”的语义,作为动词的“给”一般带双宾语,在普通话中经常构成给予义双宾语句,指人宾语在前,指物宾语在后,如“老师给我一个任务”。然而兰州方言中没有这样的表达,要将普通话双宾语句转换成相应的兰州方言的表达,必须用介词“把/给”将至少一个宾语提到动词之前。关于这一点,黄伯荣等(1960)、李炜(1987)都曾经提到过,到目前为止,还没有在兰州方言里发现过双宾语句。

普通话直接宾语后面还可以再加另一个动词,使得充当直接宾语的名词类似兼语。兰州方言如果再加另一个动词,句子必须至少出现两个“给”,动词“给”出现在直接宾语之前,而间接宾语之前则用介词“给”,如果动作未完成,要在动词“给”后面加一个“上”或再加一个附缀“给”,表示祈使或命令的意义。“给给”是动词“给”与附缀“给”结合产生的成分,在兰州方言中一般不带宾语成分,像上面表示命令的“给给”带了宾语,是因为“给”字句进入了更大的句子中,并非单独成句,关于这种复合形式下文还将详述。

上面例句还反映出,普通话给予义双宾语句中的动词“给”可以不加时态标记,而相应的兰州方言如果出现两个宾语,除了至少要将一个宾语提前之外,动词“给”必须带上助词“了”或者“上”,即动作的时间特征在兰州方言给予句中是必须凸显的。

“给予”意为使对方得到,那么使对方受惠或受损都属于“得到”这个范畴。因此,还有一些给予句,动词“给”实际上表示使对方遭受的意义,如“这么价的人,应该给上两脚”“好了,给上个教训就成了,再不要打了”“实在过分了,我就给了两个耳刮子”。相应的普通话给予句,如“给他点颜色看看”“给他一个耳光”等都是不必在动词之后加上时态助词的,而兰州方言动词“给”的已然性、未然性仍然是句子必须关注和表现的。

综上,兰州方言动词“给”的句法表现与普通话动词“给”存在差异。

二、介词“给”

吕叔湘等(1999:226)认为,普通话介词“给”可以引进交付、传递的接受者、动作的受益者、动作的受害者;“给”字有“朝”“替”“向”“被”的意思;介词“给”可以出现在动词前后。兰州方言作介词的“给”除了以上这些与普通话介词“给”一致的用法外,还有以下语法特征:

(一)引进动作的协同者,相当于“和”“跟”“同”

例如:

我想给大家讲一讲。(我想和大家讲一讲。)(李炜,1987)

那今个早上已经给我们告别了。(他今早已经同我们告别了。)(同上)

那的车子给汽车撞上了。(他的自行车跟汽车撞上了。)(同上)

河南确山方言中“给”可以用在“协同”类动词后引出与动作相关的另外一方,一些需要由两个或两个以上的个体协同完成的动作如“打架”“吵架”“结婚”等都可以在两个主体间用“给”连接(刘春卉,2009)。在河南确山方言中这种用法比较普遍,这些用法中的“给”在普通话中多用“跟”,在兰州方言中除了上述三个转引自李炜(1987)的例句外,一般比较少见这种用法的“给”,尤其是在“打架”“吵架”“结婚”之类的动词所涉及的两个主体之间,兰州方言是不能用“给”来介引的,而李炜(1987)所举三例反映的是老派话语的面貌,可见相当于“和”“跟”“同”用法的介词“给”在兰州方言老派话语中还有出现,新派话语中已很少使用。

许多方言如宝鸡(任永辉,2010)、襄樊(王丹荣,2005)、户县(孙立新,2007)、太原(沈明,2002)都有介词“给”引进动作施事、相当于“叫”“让”的用法。例如:

做一双花鞋给娃娃穿。(宝鸡)

他霸着娃娃儿书不给(让/叫)妹妹看。(襄樊)

快回去做饭给(叫)一家人吃。(户县)

天黑沉沉的眼看是下雨呀,拿把伞给(让/叫)娃娃们带上。(太原)

其中包括“给”表示“容许”意义的用法,如上例二。兰州方言中,虽然偶有“空间房子给奶奶住”这样的句子,其中的“给”还是重在表达引进动作的对象这一语法意义。要引进施事,仍是以“叫/让”为最自然的表达。例如:

赶紧搬个凳子叫你大伯坐下。

那捂住着不叫我看。

这个果子让奶奶尝一下。

那旧衣裳不穿了就让我穿呢。

此外，北京（徐丹，1992）、襄樊（王丹荣，2005）、开封（张恒，2007）等地方言中，介词“给”能够单独表达处置、被动的意义，如北京话中“给”作处置标记和被动标记的“小王给车修好了”“羊给狼吃了”。太原方言（沈明，2002）中的“给”不能够单独表示处置，但可以兼表被动。兰州方言中“给”没有发展为被动标记与处置标记，这也许与“叫”语法化为处置标记与被动标记的时间更早，使得“给”的相关功能扩展受到了抑制有关。兰州方言中“给”有时可以与“把/叫/让”搭配进入表示被动、处置的句法环境中，此时“给”为助词，只加强语气，不是必须出现的，而是可有可无的。

（二）介词之后删略宾语

普通话中，介词“给”的宾语在上下文已经明确的条件下，可以删略，如“他那两天生病，是我给提的水”“天冷了，他肯定受不了，我给找条被子去”。兰州方言中，介词“给”的宾语也可以很自然地删略。例如：

其实这个丁郎本性是善良的，那是没人给讲这个理着造成的对母亲的不孝。

实际这四个人的名字都不是父母给起下的，是师傅给起下的。

儿子说：“我不上班了你给发工资呢吗？”

那儿子结婚我给帮下忙的。

与普通话不同的是，兰州方言介词“给”之后的宾语在关系化从句之中仍然可以不出现，下列例句括号中列出相应的普通话表达，下加着重号的词即普通话中必须出现而兰州方言中可以删略的宾语。例如：

你给推下头的那个老汉又来了。（你给他理过发的那个老人又来了。）

我给补下课的那个学生今年考走了。（我给她补过课的那个学生今年考走了。）

你给修下电脑的那个顾客好像有钱的很。（你给他修过电脑的那个顾客好像挺有钱的。）

那给搞下卫生的那一家又叫那着呢。（他给人家搞过卫生的那一家又叫他了。）

普通话相应的句子中，介词宾语必须出现，或直接将介词和宾语都删略，否则句子不成立，而兰州方言中，只要上下文中介词宾语已经明确，“给”是可以悬空的，即便是关系化操作之后，宾语也可以删略。这说明，兰州方言介词“给”是蕴含着动作相关当事人的信息的，这种功能是强势的，不受关系化操作的干扰。

（三）介词“给”与动词的相对位置

在普通话以及许多其他方言中，介词“给”既可以在动词之前也可以在动词之后，包括紧挨动词的位置和离动词较远的位置。兰州方言中，介词“给”只能出现在动词之前。紧挨动词之后的位置出现的“给”，并非介词。下面对比普通话以及各个方言的句子在兰州方言中相应的表达。

写一封信给我。(普通话)——给我写给一封信。(兰州)

借给我钳子用一下。(太原)(沈明,2002)——给我把钳子借给一下。(兰州)

留给你一把钥匙。(乌鲁木齐)(周磊,2002)——给你留给一把钥匙。(兰州)

借给咱俩千元。(宝鸡)(任永辉,2010)——给我借给两千块钱。(兰州)

以上兰州方言的四例中,只有加着重号出现在动词之前的"给"是介词,动词后的"给"并不介引动作的接受者、受益者或者受害者,而是紧跟在动词之后与动词结合,再和直接宾语构成动宾结构,这便是我们下文要讨论的助词"给"和附缀"给"。兰州方言介词"给"只出现在动词前的位置上,其他位置的"给"都不是介词。

兰州方言中"V给"并不构成双宾语句,其中的"给"也不是介词。学界关于"V给"的研究不少,朱德熙(1979)讨论由动词"给"构成的三种句式,并对出现在每一种句式中的动词分类。其中第一种句型S_1即"N_1+V+给+N_2+N_3",把能够出现在这个句式里的动词记为Da,与之相关,还有一个句式S_4为"N_1+V+N_2+N_3"。将Da中能够进入S_4的记为Da_2,不能进入S_4的记为Da_1。能够进入这个句子的动词是一个封闭的表达"给予"意义的类别,整个句式是表示给予的,因此少数包含给予意义,但给予意义不凸显的动词能够进入这个句式,使得给予意义得到凸显。可见朱德熙先生认为由动词与"给"构成的句子中,"给"是动词。施关淦(1981)指出,将S_1中的"给"都看作动词还应该再具体分析,他认为由不能进入S_4句式的动词构成的S_1中,"给"是动词性的,而能够进入S_4句式的动词构成的S_1中,"给"应该看作助词。

对方言中"V给"的描写和研究也比较多,如张恒(2007)、李志忠(2005)、孙立新(2007)、沈明(2002)、周磊(2002)等分别讨论了开封、兰银官话北疆片、陕西户县、太原和乌鲁木齐方言中"V给"的组合。以上各方言中除兰银官话北疆片以及乌鲁木齐动词之后的"给"是助词之外,其他方言中动词之后的"给"一般是看作介词的。下面来分析兰州方言中动词之后"给"的词性。

三、助词"给"

兰州方言中作为助词的"给",主要是指出现在动词之后、对动词有补充说明作用并标明动词体意义的"给"。这一类"给"在语义上可以明确地表现出动作的结果状态意义和体意义,形式上是不能删略的,删略之后句子不成立。根据"给"代表的语义不同,分为以下几类:

(一)"给"表示趋向

青海那边做的那些奶茶,也就是用这个茶,再把奶子加给。(青海那边做的那些奶茶,也就是用这个茶,再把牛奶加进去。)

一个大瓦盆子,里头是小米针子,盐颗[kʻuə]子碾碎以后放给。(一个大瓦盆子,里头是小米针子,大盐粒碾碎以后放进去。)

柜子上头还有地方呢,你看着不常用的就柜子上头放给。(柜子上面还有地方呢,你看着不常用的就柜子上放上去。)

你给屋里把电话打给,那们就不担心了。(你给家里把电话打回去,他们就不担心了。)

以上四例中的"给"在语义上都表示趋向,可以用"进去""上去""回去"等替换。

(二)"给"表示完成,相当于"好/下/了"

那年那是老天爷帮了个忙,雨水好的很,乱种给的东西还讨给了。(那年老天爷帮了忙,雨水好,乱种的东西还丰收了。"讨给"就是"赐给",有时也说"讨下",因此"给"相当于"下"。)

你看吵,那个墙上不是写给的那么大的"拆"字吗?(你看,那墙上不是写了那么大的"拆"字吗?)

专门有个发牌牌子的个老汉,那就蹲着那塔,做下的纸牌牌,高头拓给的那砖厂负责人的章子。(专门有个发牌子的老头,他就蹲在那,做好的纸牌子,上面盖好的砖厂负责人的章子。)

甲:你们两家哈巴订给合同着呢吧。乙:就是的,订给合同着呢。(甲:你们两家大概订好合同了吧。乙:对,订好合同了。)(王森、王毅,2003)

(三)"给"表示动作的结果,相当于"上"

一早上起来,眼睛窝子一揉,脸都不洗,先把茶搭给。(早上起来,一揉眼睛,不洗脸,先把茶烧上。)

报名的时候把我填给了,我就去了。(报名的时候把我填上了,我就去了。)

等的人还没来吗,那你就一个人照给。(等的人还没来吗,那你就一个人照上。)

人操心的是饭吃罢了赶紧把水搭给。(要操心吃完了饭赶紧把水烧上。)

这一类"给"在已然和未然的环境中都可以使用。当用于已然环境中时,就与上一类表示动作完成的"给"有重合,因为已经完成的动作自然有结果。用于未然环境的"给"可以出现于祈使句和陈述句中,只表示动作向着某种结果进行,但不一定已经完成。

以上三类充当动词补语的"给"与动词之间类似于已经凝固、词汇化的"提高""说明"等复合词。在这种功能的基础上,兰州方言"给"进一步扩展,成为更加虚化的成分。

(四)可能补语

柜子上头塞给塞不给?(柜子上面塞进去塞不进去?)

这么尕的洞洞,你钻给钻不给?(这么小的洞,你钻进去钻不进去?)

这个盒盒子,架子上担给担不给?(这个小盒子,架子上担住担不住?)

这么多衣裳呢,你那么尕的个箱子放给放不给?(这么多衣服,你那么小的箱子放得了放不了?)

以上例句中表示可能的补语“给”多是表示趋向结果的,由趋向补语扩展出可能补语的用法。我们阅读文献时还看到下面的例子:

大米饭十分钟熟给呢吗熟不给?(王森、王毅,2003)

豆子煮下半个小时煮烂给呢。(同上)

这样的例子如今在口语中已经听不到了,至少在笔者调查过程中未听到这样的用法,因此只做列举,暂不做分析。

(五)“V/A+补语+给+了”

那天走着路上没小心,把我绊坏给了。(那天走在路上没小心,把我绊坏了。)

今个把人热坏给了。(今天热死人了。)

小王把资料丢掉了,厂长把那骂臧给了。(小王把资料丢掉了,厂长把他骂坏了。)

你跑着哪里去了,把我找臧给了。(你跑哪儿去了,找死我了。)

以上四例都是“把”字句,“给”之前的补语一般是“坏”“臧”等表示结果程度深的词,“给”跟在补语之后,是对补语的再一次强调。这样使用的“给”,使用面积尚不广泛,与之结合的补语只有有限的几个,“给”已经在充当补语的基础上进一步虚化,成为补语的标记。

(六)“V+给(+了+一)+下”

刘尔炘给这个老汉磕头拜师呢,老汉笑给了一下,就把那扶着起来了,上下打量给了一下,看这个娃长的心疼,这就把头点给了一下。(刘尔炘向这个老头磕头拜师,老头笑了笑,就把他扶起来了,上下打量了一下,看这个孩子长得可爱,就点了点头。)

你给我把头梳给下,衣裳们换给下,我要出门呢。(你给我梳一梳头,换一换衣服,我要出门。)

你把这该撂的撂给下了,把墙刷掉了好好活给下。(你把该扔的扔一扔,刷了墙好好活一活。)

奶奶叫到那们屋里坐给下。(奶奶叫我们到她屋里坐一下。)

兰州方言表示短时、尝试意义不用动词的重叠式,而是用这种“V给一下”,其中的“给”应看作体助词。值得注意的是“给”和“下”的合音形式,一般读作“咔”[k‘a0],也读为不送气的“嘎”[ka0](王森、王毅,2003),“给”与“下”直接组合而成的这种合音形式,时态助词“了”无法插入其中,因此读为合音的“V给下”只能表示未然事件。上面第一例还表明,兰州方言与“给”结合的动词可以是双音节的,如“打量给了一下”。

综上所述，动词之后表示动作行为结果的“给”相当于补语，并且发展出补语标记的用法，帮助动词表达结果意义，因此可以看作助词。表示短时、尝试意义的“V给一下”结构中，“给”也应该看作体助词。

四、附缀“给”

我们首先对“附缀”的概念做简单的说明。传统汉语研究中不采用这种称谓，没有专门针对“附缀”的系统性研究专著，而且这种成分与助词、介词等虚词也有纠葛现象，因此汉语学界至今没有出现统一的定义。刘丹青(2008a:547-548)指出：“附缀(clitic)，指失去语音独立性，必须依附于一个独立的词，但句法仍有词的地位(而非词内语素)的词，又称‘语缀’‘附着词’‘词组尾’等。”由上面的定义可以看出，“附缀”主要是指句法上有词的地位，语音上类似词缀具有依附性的那类成分，它们在传统的“词—词缀”二分系统中很难找到明确的归属。刘丹青(2008a:549)进一步对比了附缀和虚词，指出附缀是定位语素，只出现在固定的位置；虚词多依附在自己的直接成分上，而附缀不乏附着在非直接成分上；附缀化是一种句法规则运用完毕之后的操作，其后不能再接受其他句法操作。对于附缀的认定，刘文建议参照句法从宽、语音从严的原则，认为汉语中那些句法上涉及语序改变、结构错配及有明显语音脱落的现象可称为附缀，没有出现上述现象的，可分析为虚词或词缀。我们依据这种定义和判断标准来考察兰州方言与动词紧密结合的“给”。

兰州方言动词之后的“给”可以与动词紧密结合构成一个整体，我们用“V给”来表示这个整体，这一类“给”没有实在的语义，删略之后不影响句子的语义，前人学者对于这一类“给”的词性没有统一的结论，由于“V给”不仅仅出现于给予句中，还可以出现在非给予句中，这里依次分析，最后对其定性。

(一)给予句中的“V给”

你赶紧把相片子给单位上送给去。(你赶紧把相片给单位上送去。)

那把钥匙给我给给了。(他把钥匙给我了。)

学校里单发电影票了，你给我也要给一个吵。(要是学校里发电影票，你给我也要一个吧。)

让你们老师傅给我刻给个章子吵。(让你们老师傅给我刻个章子吧。)

以上四句中，动词有包含给予意义的“送”“给”，也有获取意义的“要”和制作意义的“刻”。王森、王毅(2003)认为，与“给”结合的动词其给予义逐渐减弱，则“给”的给予义逐渐增强，非给予义动词与“给”结合构成的“V给”实际上构成连动关系，“给”是动词，“V”是方式、手段，“给”是目的。以上四句显示，无论动词本身的给予义是否明显，整个句子都是表示给予的，句中有给予者、接受者以及给予物。正是由于这样的句子特点，使得兰州方言中“送给”“卖给”“借给”之类的“V给”与普通话相似，很容易将其中的“给”看作表示转移过程的动词，下面分析这种看法。

(普)他送给我一件毛衣。——他送了一件毛衣给我。

(兰)*那送给我一件子毛衣——那给我送给了一件子毛衣。——*那给我送了/过/着给一件子毛衣。

(普)老师傅刻给我一个章子。——老师傅刻了一个章子给我。

(兰)*老师傅刻给我一个章子——老师傅给我刻给了个章子。——*老师傅给我刻了/过/着给一个章子。

上面的例句表明,兰州方言的给予句在形式上首先与普通话不同,只有一种给予形式,即“N_1+给+N_2+V+给+N_3”,没有像普通话那样“给”字与其宾语构成介宾补语的句式。兰州方言能够进入给予句,与动词结合成“V给”的“给”本身是黏附在前面的动词之上的,语音的停顿在“V给”之后,动态助词只能加在“给”之后,不能加在动词与“给”之间,那么前面动词与后面的“给”不可能是连动关系。“V给”不受短语规则的制约,因此兰州方言给予句“V给”中的“给”并非另一个动词。

除了上面所举包含给予义的动词能够与“给”结合构成“V给”进入给予句,其他不含有给予义的动词也能够与“给”结合构成“V给”进入给予句。例如:

我给你装给几个洋芋你拿上。(我给你装几个土豆你拿上。)

公海上给我们进口给的粮食,就支援到越南了。(公海上给我们进口的粮食,就支援给越南了。)

看着你岁数能适应了,厂里就给你调给些重活让你干。(看你的岁数能适应了,厂里就给你调些重活干。)

掌柜的给那娶给了个媳妇。(老板给他娶了个媳妇。)

以上四例中动词都不包含给予义,但整个句子是表达给予义的。这说明,能够与兰州方言“给”结合构成“V给”表达给予义的动词远多于普通话。

(二)非给予句中的“V给”

1.复指“V”前指人对象

你去给奶奶说给,我明个就回去了。(你给奶奶说,我明天就回去。)

这个事情我就给你靠给了哦。(这个事我就托付给你了啊。)

娃娃号开了,赶紧把奶子搭给喂给。(孩子哭起来了,赶紧把牛奶烧上喂给孩子。)

事情给那通知给,去不去那自己看。(事情通知给他,去不去他自己看。)

以上例句中,与动词紧密结合的“给”在语义上都指向动词之前的指人对象,这个指人对象在句法上不能出现在“V给”之后,但是说话人使用“V给”之后,听话人都能够通过这个“给”联想到动词之前的指人对象。

2.“V+给+数量词语”

那姐姐苦给了一天了,连那两个冰棍钱挣不着来曼。(他姐姐苦了一天,连他的两根冰棍钱都挣不来。)

这个要要吃那就把这个经过给说给了一遍。(这个乞丐就把这个经过给说了一遍。)

那吃给了两碗,还吃着呢。(他吃了两碗,还在吃呢。)

我路上走着呢把一个人碰了一下,那还把我骂给了一句。(我走在路上把一个人碰了一下,他还骂了我一句。)

以上四句,数量词语分别是时量、动量、名量词语,其中时量、动量词语充当补语,名量词语是省去了中心语的修饰语。上面第一例的谓语核心是形容词,这里是形容词用作动词的情况,单音节形容词也可以加上"给"整体构成谓语。

此外,兰州方言老派话语中的"给"还有以下这种用法:

老妈来了,一天领着吃给喝给住给,老太太就高兴着呢。

这个娃娃,一天打给骂给,那还是个满不在乎。

公司招人着呢,一天吃给住给,还给着十块钱工钱。(王森、王毅,2003)

一天价吃给睡给,啥事都不干。(同上)

这种用法的"给"在老派话语中还有保留,新派话语中已不经常出现。更常见的多个动词连用的手段是在多个动词之间用"着"。

研究兰银官话北疆片、乌鲁木齐汉语方言以及兰州方言的一些文章中将"V给"中的"给"定性为助词,主要是从功能和语义角度出发,认为这一位置上的"给"一般是起加强语气的作用,伴有一定的施加、给予意味。下面分析这种看法。

1.与助词有一致的特征,兰州方言动词后的"给"语音上不重读,重音和声调都在前面的动词上。

2.助词一般是依附在自己的直接成分上的,如"我妈的衣服""好好的学""去过上海""学下俄语的""价来吵""好曼"等。其中结构助词"的"依附在定语和状语上;动态助词"过""下"依附在动词上;语气词"价""吵""曼"依附在谓语中心上,依附的对象都是各个助词的直接成分。前面所述词性为助词的"给",虽然也出现在动词之后,但由于语义上这一类"给"表达动作的结果意义和体意义,与动词直接相关,因此这一类"给"的直接成分正是动词,这也更进一步证明充当补语的那一类"给"以及表短时、尝试意义的"给"是助词。这里构成"V给"的"给"虽然依附在动词上,与动词结合成整体,但是动词不是"给"的直接成分,在语义上,这个"给"是靠"复指"的手段来明确间接宾语的内容的,在一定语境中,如果间接宾语是已经明确的信息而删略,"给"就只有隐含该间接宾语的作用了(李炜,1987),比如下面的例子:

赶紧给娃把药喂给。(赶紧把药喂给孩子。)

你把地方指给,让他自己找去。(你把地方指给他,让他自己找去。)

钥匙你交给了没有?(钥匙你交给他/她/办公室了没有?)

书我送给了。(书我送给他/她/别人了。)

以上四句中,动词之后的"给"不带宾语,在普通话中是不成立的,但在兰州方言中是自然的表达,不用说明动作的接受者或者转移的终点,"给"很自然地提示了接受者或转移终点的存在。前两句的"给"分别复指"娃""他",后两句人们自然会通过"给"联想到一个受事名词的存在,无须明确表示。在兰州人日常口语语感中,动词后用"给"之后都能明确地感觉到这个"给"中蕴含了一个名词性成分,因此在语法和语义上"给"的直接成分都不是前面的动词而是蕴含在其中的名词性成分,表示动作的接受者或转移的终点,实际上就是动词前的受事、与事成分。那么兰州方言与动词构成"V给"的"给"在形式(语音)上紧附于动词上,而句法上动词却不是其直接成分,造成了句法和语音的错配,所以"V给"中的"给"就不是助词。

3. 助词与其直接成分组合之后,韵律上不一定是一个词,如"墙上那幅画的颜料""一个评委手搭上着准备揭开呢",其中结构助词"的"、时助词"着"与其所依附的直接成分在韵律上都超过了一个词的长度,而兰州方言"V给"中的"给"与动词构成的整体在韵律上构成一个词,遵循"词汇完整性原则",任何短语的规则不能影响这个成分。

综合上面的论述,兰州方言与动词构成"V给"的"给"失去语音的独立性,必须依附于一个独立的词构成一个韵律上的词,但依附对象并非其直接成分。这个"给"既非动词也非助词,正如李炜(1987)的论述:"'给'不但没有理由说它是动词,而且它连词的身份都值得怀疑,它本身不包含给予义。"不过李炜先生只指出了这种"给"的特性,却没有为它定性,基于以上特征,我们认为这种"给"应该看作附缀。

五、"给"的特殊用法

(一)"给给"

"给给"实际上就是前面所述"V给"的一种具体形式,其中动词为"给",则语义上决定了"给给"只能构成给予句。朱德熙先生(1979)认为,普通话"我给你一本书"中的"给"从"理论上说应当是'给给'的紧缩形式,普通话里没有'给给'的说法,是因为两个接连出现的'给'字融合成为一个"。李炜(1987)进一步明确指出,在普通话里合并为一个的"给"在兰州方言里是分离的。一个是动词"给",一个是紧跟动词之后的"给",它并非动词重叠式。许多方言中都存在这种组合,如陕西宝鸡(任永辉,2010)、户县(孙立新,2007),新疆乌鲁木齐(周磊,2002),兰银官话北疆片(李志忠,2005),宁夏中宁(李树俨,1987)、同心(张安生,2000),河南罗山(王东,2008),晋北(武玉芳,2012),山西平定(延俊荣,2006)、交城(潘家懿,1981)、宁武(郭慧,2010),湖北武汉(易洪川,1988)、襄樊(王丹荣,2005),江苏泗洪(朱文夫,2009)等。

以上各方言中的"给给"与兰州方言的"给给"存在区别,刘公望(1986)认为那福义所举“给给小郎”的说法在口语中不多见，不如“给小郎给给”流行。孙立新（2007）针对这一论述提出反驳，认为这可能是兰州方言的特点，户县方言里“给给N_2”的句式就很多，下面我们来具体分析兰州方言“给给”的使用情况。

1.不同句类中“给给”的使用情况

（1）陈述句中的“给给”

这个衣裳是你二姨给你妈给给的。——*这个衣裳是你二姨给给你妈的。

你爱给谁给给就给给去。——*你爱给给谁就给给谁去。

钱儿给他给给，他自己掌握。——*钱儿给给他，他自己掌握。

这些东西你给那们给给，那们也不要。——*这些东西你给给那们，那们也不要。

以上四句反映出，兰州方言的一般陈述句中“给给”不能带间接宾语。间接宾语用介词“给”提至动词前是最自然的表达。

同时我们还要注意下面的例句：

？你二姨给你给给了一件衣裳。

？那个人给我给给了一个围巾。

厂长给那给给了三天假。——厂长给那给了三天假。

困难时候，给我给给一个馍，就能吃上一天。——困难时候，给我给（上）一个馍，就能吃上一天。

你还挑呢，能给你给给一碗饭就不错了。——你还挑呢，能给你给一碗饭就不错了。

以上例句首先表明，在陈述句中，如果间接宾语是第一、第二人称的代词，“给给”句的表达不太自然，第三人称代词作接受者是最自然的，但如果动作的发生没有具体的时空限制，而是一种假设的情况，则“给给”的受者没有限制，第一、第二人称都可以作受者，如后两例。其次，“给给”后可以带上直接宾语，但直接宾语都要有数量词修饰。相比之下，如果要带一个宾语，“给给”没有单用的“给”自然，虽然“给给”也可以说，但不是最自然的表达。

如果要否定陈述的“给给”句，一般不能直接用“不”来否定，可以用“没”以及其他否定词，如“不敢”“不要”“不是”等。例如：

我妈说身份信息不要随便给给。（我妈说身份信息不要随便给别人。）

我爷靠附着这些钱给我哥不敢给给。（爷爷嘱咐这些钱不能给我哥。）

这个衣裳不是那给给的。（这件衣服不是他给的。）

钱儿我没给给，忘掉了。（钱我没给，忘了。）

如果“给给”用于虚拟的句子环境中，也可以用“不”来否定。例如：

你今天单给我不给给，我就不走了。（你今天要是不给我，我就不走了。）

那钥匙不给给，我也没办法。（他不给我钥匙，我也没法办法。）

(2)祈使句中的“给给”

你不要了,给我给给吵。——*你不要了,给给我吵。(你不要,给我吧。)

你赶紧把伞给奶奶给给吵!——*你赶紧把伞给给奶奶吵!(赶快把伞给奶奶呀!)

旧衣裳不穿了,给要饭的给给去。——? 旧衣裳不穿了,给给要饭的去。(旧衣服不穿的话,给要饭的去。)

这个衣裳你嫌小呢,给尕王给给去。——? 这个衣裳你嫌小呢,给给尕王去。(这件衣服你嫌小,给小王去。)

以上四例表明,虽然祈使句中的受者为第一人称是可以的,但间接宾语仍然不能出现在“给给”之后,是不自然的表达。如果祈使句末有表示祈使语气的“去”与“给给”搭配,则口语中偶尔也可以在“给给”和“去”之间插入间接宾语,当然这仍然不是最自然的表达,但是口语中偶有出现,我们也将其记录下来。

要否定祈使的“给给”句,主要是通过“不敢”“不要”“不能”等否定词来实现。例如:

这个东西你不敢给别人给给啊。(这东西不能随便给别人啊。)

这个书你不能给那给给,我还用呢。(这书你不能给他,我还用呢。)

再不要给那给给了,丢三落四的。(再别给他了,丢三落四的。)

(3)疑问句中的“给给”

奶奶的药你给那给给了没?(是非问)(奶奶的药你给了没?)

你为啥要给那们给给呢吵?(特指问)(你为啥要给他们呢?)

? 你说给尕王给给呢吗给老张给给呢?(选择问)(你说给小王还是给老张?)

? 你说这个东西我给那给给不给给?(正反问)(你说这东西我给不给他?)

? 作业我给老师不给给我给谁给给呢?(反诘问)(作业我不给老师给谁?)

以上五例属于不同的问句类型,选择问、正反问以及反诘问中用“给给”由于其音节长而不自然,一般只留一个动词“给”即可。

(4)感叹句

这么多的钱,给我给给时!(这么多的钱,给我多好!)

这个房子你给老妈给给时!(这个房子你给妈多好!)

这么贵的东西,你给那给给可惜死了!(这么贵的东西,你给他可惜了!)

房子那非要给中介给给呢,把我气死了!(他非要把房子交给中介,气死我了!)

可见感叹句中,可以用第一人称代词作受者。

2.三个“给”连续出现,四个“给”共现

前面关系从句部分有过论述,兰州方言作介词的“给”可以省去宾语,这里所讨论的“给给”与省略宾语的介词“给”共现，就出现了三个“给”连续出现的情况。例如：

娃哭着要吃的呢，你赶紧给给给吵。（孩子哭着要吃的呢，你赶紧给他。）

把要要吃的砂锅子拿着来，把剩下的饭给给给。（把乞丐的饭碗拿来，把剩下的饭给他。）

我们的奶奶那时节，旧社会为了生我的姑姑，月子里面拉肚子，治不好，就把大烟给给给了。（我奶奶那时候，旧社会为了生我姑，月子里面拉肚子，治不好，就把大烟喂给她了。）

大队书记歪的很，我们提了些茶叶，就赶紧给给给了。（大队书记很凶，我们提了点茶叶，就赶紧给他了。）

以上例句中，由于介词“给”的宾语在上文中已经出现，是共知的信息，因此可以删略，三个“给”连续共现。

口语中，有时还会出现四个“给”共现的情况，但是非常少。四个“给”共现，一般是后三个“给”连续共现，第一个“给”后还有宾语，与后三个“给”共现但不连续，后三个“给”中的第一个仍然是介词，与第一个“给”完全等同，只是在口语表达中为了强调介词宾语，再出现一次，如“你把这个书给隔壁子老李的老头子给给给”，第一个介词“给”的宾语较长，后面介词“给”再出现一次，复指该宾语，目的是使信息表达流畅，不过这种四个“给”共现的情况是比较少见的。

（二）“给我”“给你”“给那”的特殊用法

1.“给我”

“给我”加动词，可以用于陈述句、祈使句和命令句。例如：

你给我便宜些吵。

我干脆让那个老师给我讲给下。

你给我小心着！

以上后两例为命令句，其中“我”都不是动作的接受者和终点，“给我”以合音形式出现，读作“国[kuɣ]”。“给我”的合音形式表示一种强烈的命令。

2.“给你”

“给你”有两种用法，其一是“你”有确定所指，指第二人称的听者，如“我给你收拾一下”“给你说现在的娃娃们没有受过一点点苦”。另一种用法的“给你”，“你”是虚指的，没有确定所指，整个结构表达说话人不满、遗憾、无奈的否定情绪，省略之后句子也可以说。例如：

我们住的炕洞，钱儿塞着炕洞里面那也给你能挖着出来。

我们单把那说的劲大，那就给你屋里头不来了。

刚擦下的玻璃，一阵雨过去就给你做着花下了。

3.“给那”

“给那”也有两种用法，其一是“那”有确定所指，指第三人称，如“你怎么把老爷子的茶杯子给那砸掉了""娃娃们打着闹着呢,把那的书给那扯掉了"。另一种用法的"给那"中的"那"没有明确所指,是虚指的。例如:

兰州市那个时候有一个邓家花园,现在也给那拆干净了。我谋着那们拆掉原给那恢复呢曼,结果给白银的一个老板卖掉了。

人家封建时代都知道种树的,你们现在给那砍掉了。

嗨你怎么老给那就睡迟着呢吵,把啥事都耽误下了。

这种"给那"容易将其中的"给"看作处置标记"把",如上面第三例,可能会理解成"人家封建时代都知道种树的,你们现在把那砍掉了"。实际上,这里的"给那"是一个虚指的整体,表示说话人不满、愤怒、遗憾、无奈的否定情绪,因为上面第三例还可以变换成"你们现在把树给那砍掉了"。这说明,"给"并非处置标记"把"。

(三)"给"的否定

兰州方言中由"给"构成的介宾短语,其否定与"把"字句的否定有相同的特征,即否定词一般出现在谓语中心之前。例如:

那给我不说着。(他不给我说。)

你单今个给我不给给,我就不走了。(你要是今天不给我,我就不走了。)

那把钱给男人没拿。(她没给男人拿钱。)

那钥匙给我没配,我就进不去了。(他没给我配钥匙,我就进不去了。)

以上我们讨论了兰州方言中"给"的词性、"给"的特殊用法等内容,根据以上内容,我们对兰州方言"给"字句做以下总结。

首先,兰州方言"给"从词性上看有三种,动词、介词和助词,根据其实际的句法表现,还可以分出一类,即出现在动词后,与动词结合成韵律词"V给"的"给",失去语音的独立性,必须依附于前面独立的动词构成一个韵律上的词,这一类"给"属于附缀。兰州方言中几乎所有动词,还有一些用作动词的形容词,无论是否包含给予义,都可以与附缀"给"结合构成"V给",音节上,动词以单音节为主,但双音节动词也可以与"给"结合,只是不如单音节更常见。

其次,"给"在作介词和作动词附缀时有一个共同的功能,即语义上蕴含一个名词性成分,一般是动作的受事、与事。这个成分有时在介词"给"之后可以不出现(上下文中名词性成分明确时),在附缀"给"之后则必须隐去,但"给"的语义上都明确地蕴含和提示着相关名词性成分的存在,通过"给"自然能够使人联想到相关名词性成分的存在,这种语义上的蕴含功能是强势的,不受句法操作的干扰。正是由于"给"的这种特征,以及兰州方言里"给$_2$"和"给$_3$"的分化,出现了三个"给"连用共现的现象。

再次,动词"给"逐渐扩展出介词"给"的用法,关于这一点,已有学者讨论过,如洪波(2004)。至于动词后的"给",王森、王毅(2003)对其功能的扩展过程有过论述,认为动词后的"给"也是源于动词"给",在语义上动词后的"给"总是指向动词前的受事、与事,成了这些成分的形式标记,听话者可以通过这个"给"联想到动词前受事、与事的存在。在此基础上根据所在句式以及所依附动词的类别扩展出了其他语法功能,如表示"给予、施加于、短时或尝试、结果、趋向、可能"的补语①。我们对这种观点持反对意见。首先,本文已经证实动词之后的"给"并非另一个动词。其次,兰州方言"V给"形式应该是受到藏语的影响,这一点我们将在第六章中讨论。至于"给"的补语功能是如何扩展出来的,该文并没有详细讨论。我们认为由于兰州方言在句式上排斥双宾句,动词后的"给"只能与直接宾语连接,甚至直接处于句末。刘公望(1986)就指出"给"是"V"的定位后置成分,它有排斥其他后置成分的作用。这可能也与兰州方言受到SOV语序的影响有关,受事成分经常前置,"V给"经常处于句末。在这种句法环境中,动词后的"给"经常与时量、动量等补语成分连接,或者直接处于句末,逐渐具有了补语功能,表示动作的结果状态,甚至表达可能意义,进一步发展成补语标记,但这种功能尚未泛化。

最后,动词后的"给"表示已然或未然。兰州方言动词后的"给"包括与动词构成"V给"的"给",在陈述句中,由于经常作动词的结果补语,所表达的结果状态都是已经完成的,因此通常表达已然,只有在祈使句中表达未然,不能表达当前时间内的动作。文章中出现的一些不表示已然、未然的句子,如"给那给给一个馍了啃的香的很"这样的句子,实际上是虚拟的条件,没有具体的时空限制,只有在这样的句子中,"给"可以不表示已然、未然。

第三节 兰州方言助词"了"及其相关句式

兰州方言助词"了"的用法多样,除了在表示可能的个别短语中"了"读作[liau44]之外,其他各种用法的"了"读音没有差别,都读作[lau0],因此其内部分类无法通过读音来分辨。本节讨论兰州方言助词"了"及其相关句式,根据其句法分布将兰州方言助词"了"分为词尾"了$_1$"、句末"了$_2$"和短语之后的"了$_3$"。

"了"作为一个高频词,在普通话和方言领域都是学者们研究的热点。吕叔湘等人(1999:351)将现代汉语作助词的"了"分为两种,"了$_1$"用在动词后表示动作的完成,若动词有宾语,"了$_1$"在宾语前;"了$_2$"在句末主要肯定事态出现了变化或即将出现变化,有成句作用,如动词有宾语,"了$_2$"在宾语后。本文根据兰州方言助词

①王森、王毅(2003)认为,由于兰州方言"给"置于动词后构成"V给",导致了大量"把/给"字句的产生,进而导致双宾句渐趋消失,我们认为该结论尚需考察验证。事实上,"把/给"字句的频繁使用是受到受事前置句的影响,双宾句消失也与此有关,而这两个特征应该主要是受到阿尔泰语"SOV"语序的影响而产生的,彼此之间又存在相互的影响关系,但很难说哪一个是决定因素,当然这种观点也需要进一步探讨验证。

"了"的出现位置,将其分为三类,其中"了$_1$""了$_2$"大致对应普通话的"了$_1$""了$_2$",而"了$_3$"是活动于短语层面的,是与普通话差异较大的一类,下面分别分析。

一、词尾动态助词"了$_1$"

活动于"词"层面的"了",用于词尾,表示动作行为及性质本身的实现。下面对比兰州方言的"了$_1$"在句法搭配上与普通话"了$_1$"的异同。

(一)"动词+了+宾语"

普通话/兰州方言

我只吃了一碗面。我只吃了一碗面。

今年招人,单位里进了三个。今年招人,单位上进了三个。

他踢了我一下。那把我踢给了一下。

我早就认识了老王。我早就认识老王了。

他买了白菜准备腌成咸菜。那买了个白菜想着腌成咸菜呢。

他出了车祸不愿见人。那出了个车祸不愿意见人。

以上例句表明,当宾语是数量词时,兰州方言"了$_1$"的使用与普通话一致。如果宾语不带数量修饰语,则兰州方言动宾之间不会出现"了$_1$",要使用"了$_1$",则其后必须至少出现一个量词"个",否则句子不成立。

(二)"动词+了+补语"

普通话/兰州方言

他学了两年了,快毕业了。那学了两年了,快毕业了。

我都说了三遍了,还记不住吗?我都说了三遍了,还记不住吗?

窗子一开蚊子就飞了进来。窗子一开蚊子就飞着进来了。

才一会儿电话就打了过来。将一会会电话就打着过来了。

以上例句表明,补语是时量成分时,兰州方言"了$_1$"的使用与普通话一致。补语是趋向成分时,兰州方言动补之间不能用"了$_1$",趋向补语之前必须用"着"。

(三)"形容词+了+数量补语"

你胖了一圈子啊。

这个衣裳大了些。

桌子脏了两天了,不知道擦一下的。

以上兰州方言例句中,形容词之后有数量成分作补语,中间用"了",与普通话一致。

(四)动词、形容词处在句末

出现在句末位置的"了$_1$"表示可能。这种用法的"了$_1$"在兰州方言中不多,只有少数情况下使用,如"这个病好不了""我吃不了"。此时"了$_1$"的读音为[liau^{44}]。

通过以上比较可以看出,兰州方言"了$_1$"大致对应于普通话"了$_1$",但在句法搭配上存在一些区别，兰州方言词尾的“了$_1$”更倾向于与数量成分搭配出现。同时，兰州方言趋向补语之前只能用助词“着”，不用“了”。

二、句末时态·语气词“了$_2$”

胡明扬(1981)将句末的“了”称为“时态·语气助词”。这种活动于“句”层面的“了$_2$”，用于句末表示句子所述事件作为一种新情况的实现。句末“了$_2$”关涉的是整个句子所表达的事件，而词尾的“了$_1$”关涉的是动作行为。

兰州方言用于句末的“了$_2$”基本与普通话一致，也表达新情况的出现和肯定变化，也表示列举。如：

前头出了个车祸，大车尕车一刮碰到一搭了。

娃娃号开了。

菜咸了。

两个月了。

我进去以后把院子了、树了、楼了全都拍着下来，以后看。

普通话有“吃完了”“把灯关了”之类“了$_2$”在祈使句末的用法，而兰州方言“了$_2$”没有这种用法。

普通话语气词“的”“了”可以连用，如“已经怪可怜的了，就不说了”“他够快的了”。这种“的了”连用的形式表达前面形容词充当的谓语核心程度之高。兰州方言中，“的”“了”也可以连用，也表示程度高，但是与普通话顺序相反，即“了的”。这种形式有一个使用限制，修饰谓语核心的程度副词只能是“习不(同音字)”。例如：

你光看外头的雨习不大了的。(外面的雨下得可大了。)

我们老师习不厉害了的，我就根本不敢迟到。(我们老师可厉害了，我根本不敢迟到。)

这个娃娃习不听话了的。(这个孩子可听话了。)

这个习不爱干净了的，你进去就不要给那做脏。(这家人特别爱干净，你进去别给人家弄脏。)

以上四例中，前两例谓语是形容词，后两例谓语为动词性成分①。兰州方言中，“的”作语气词表示“加强肯定”，是一个相对强度大、程度高的语气词，因此“了”“的”共用时，肯定语气主要由“的”来承担。

三、用在XP之后的助词“了$_3$”

这是活动于“短语(XP)”层面的“了”，我们暂时只根据这种“了”活动的层面将其记作“了$_3$”，语义上，这种“了$_3$”与“了$_1$”“了$_2$”都有联系。下面根据“了$_3$”表达的语

①相似的现象还出现在湖北孝感方言中，孝感方言中“了的”连用的形式对副词和谓语核心都没有限制，适用范围更广(王求是，2003)。

义和时体特征具体讨论“了$_3$”的小类。

(一)“了$_{3a}$”:“了”表示动词短语所示将来事件的完成、实现

1. 两个VP之间有先后顺序,一个完成之后第二个才发生,“了”相当于“……以后”。

你搬个凳子了我们消停说。(你搬把凳子,我们慢慢说。)

你们要上个娃娃了我就赶紧给你往大里拉吵。(你们要个孩子,我就赶紧帮你拉大。)

你吃上些了休息给下。(你吃一点休息休息。)

我泡上些茶了我们消停喧吵。(我泡点茶,我们慢慢聊。)

以上四例中,“了$_3$”都没有成句功能,其后都必须出现后续成分,“了$_3$”前后的成分有时间上的先后顺序。普通话“了$_1$”也可以用在两个动词性成分之间,表示前一个动作完成后再进行下一个动作,如“吃了饭来我家”。不过,普通话中“了$_1$”一般出现在动宾之间,而兰州方言相应的表达为“吃罢饭了到我屋里来”,“了$_3$”在两个动词短语之间。此外,上述兰州方言例句中的动词性成分表示的事件都是未然的,说话人表达命令或对将来的计划。如果用在已然或正在发生的事件中,兰州方言的表达与普通话一致。

上面例句中的“了”可以删略,但去掉“了”之后的表达自然度降低,句子整合度也降低,有明显的停顿,成为有时间先后顺序的两个分句,而使用“了”之后,自然度最高,整合度也提高,变成一个中间不停顿的整句。

2. VP_2是VP_1的结果/目的

把你的画打开了叫评价一下。(把你的画打开,让大家评价一下。)

要下这个了干啥呢?(你要这个有什么用呢?)

和上些煤了赶紧把火熳住。不是,你还把火着下了做啥呢?(和点煤把火熳住,要不然,你让火着着干吗?)

老想着把爹妈接着来了享个福。(老想着把爹妈接来享享福。)

以上四句,VP_2是VP_1要达到的目的,VP_1是为达到VP_2这个目的所采取的行动,二者构成“行为—目的”的关系,当然VP_1必然先于VP_2发生和结束。相应的普通话句子不使用“了”,但兰州方言中如果不加“了”,如“烧水泡茶”只是陈述了有先后时间顺序的两个动作行为,并不凸显二者之间的“行为—目的”关系,如果加上“了”则是强调为了“泡茶”而“烧水”,使得加上“了”的前一分句在语义上得到强调。

上面例句中,“了”也可以删略,但删略之后,自然度降低,句子的整合度降低,有明显停顿,形成两个分句,而使用“了”之后是最自然的表达,句子整合度提高,成为一个整句。

(二)“了$_{3b}$”:动词短语+“了”充当方式状语

1. VP_1是VP_2发生的方式

把我们两家搬着一搭了比,那真的不一样。(把我们两家放在一起比较,那真的不一样。)

女娃娃们做毽子要鸡毛呢,就把那个公鸡拽住了拔着呢(女孩子们做毽子需要鸡毛,就拽着公鸡拔毛。)

那个时候供应制,都拿粮本子了买着呢。(那个时候供应制,都是拿着粮本子买东西。)

广场上看电影的人多的很,我们就搬上凳子了看着呢。(广场上看电影的人很多,我们就搬着凳子看。)

上面四句中"了"前后的动词性成分构成"方式—动作"的关系,这种结构中的VP_2一般是单个动词,而VP_1则可以是复杂的成分。上述四句中,"了"可以删略,但有"了"是最自然的表达。

2.VP_1是得出AP结论的方式

我嫌她配我儿子了瓤呢。(我嫌她配我儿子差一些。)

这个木头做家具去了好的很。(这个木头如果做家具好得很。)

面活的太软了,揪去了就粘手着不成。(面活得太软了,揪起来就粘手。)

这种用法的"了"主要出现在动词性成分和形容词性成分之间,形容词性成分表示某种观点、认识,动词性成分则是得出这种认识所依据的方式、手段。上述句子中,"了"可以删略,但删略后句子的自然度会降低。

以上两类"了$_{3b}$"有的也关注具体的动作或事件,有的却将与之搭配的成分变成常态的"情况",比如上面第二类,要得到AP的结论,VP_1都是没有具体时空限制的常态。因此"了$_{3b}$"与"了$_{3a}$"相比,在时空的具体性上有所降低,具有了初步的泛时空特征。

(三)"了$_{3c}$":"了"是条件标记

根据条件是否真实,又可分为真实条件和虚拟条件两种情况。

1."了"所依附的成分构成真实的条件

真实的条件是已经发生的事实,"了"前后一般是动词短语,VP_1是VP_2发生的条件。

那考的好了我也老夸着呢。(他考得好的时候我也一直在夸。)

这些药是我睡不着了吃下的。(这些药是我睡不着的情况下吃过的。)

外头那些烟我心上有事了抽下的。(外面那些烟是我心里有事的情况下抽的。)

以上三句中,"了"前成分是"了"后动作发生的真实条件,但上述例句中的"了"前成分都不表示某一次具体的动作,没有现实时空性,而是经常发生的常态事件。上述各句中的"了"都不能删除,如第一句中若没有"了",句子为"那考的好我也老夸着呢",说话人并不限制夸奖的条件,全句表明对"他考得好"这件事予以夸奖。加上“了”后则明确限定了夸奖的条件,当他考得好的时候我总是在夸奖。因此上述各句中“……的时候/情况下”意义是由“了”表达的,“了”不能删略。此时也可以把“了”看作时间状语标记,与之结合的成分充当“了”后动作的时间参照点。

2.“了”所依附的成分构成假设的虚拟条件

吕叔湘等人(1999:351)对普通话词尾“了”的描述中提到:“动+了$_1$+宾”结构不独立成句,有后续小句时,前一情况可以成为后一情况的假设条件,如“你做完了功课,我才让你替我去办这件事儿”,但这种假设与“了$_1$”并无关系,删除“了”句子仍能表示“条件—结果”关系。兰州方言短语之后的“了$_3$”可以用来表示假设,“了”前成分可以是省略了补述成分的光杆动词,也可以是形容词、名词、动宾短语甚至小句。“了”可理解为“如果”“……的话”。

(1)用在动词、形容词之后

你(单)问了我就给你打听一下去。(你问的话,我就帮你去打听。)

你不要使唤了我就干的好的很,你单把我使唤上我就能做的都不做。(你如果不使唤,我就干得好,你要是使唤我,我就能做的都不做。)

你(单)能了干去。(你如果厉害,你去干。)

以上例句中,谓语核心之前都可以加上表示如果的“单”,但是只要在谓语核心之后有“了”,“单”就可以删略,不影响整体句义的表达,上面第二句前后两个分句中就是分别用“V了”和“单”来表示假设的。上面兰州方言的四句都是不能删略“了”的,删略之后是不自然的表达。此外,如果删略“了”,如上面第一句为“你问,我就给你打听一下去”,整个句子的表达是有歧义的,逗号之前的分句既可以表达假设意义,又可以表达让步意义,句子可以理解为“如果你问,我就给你打听一下去”,也可以理解为“既然你问,我就给你打听一下去”。即前一分句所涉及的时间既可以是已然的也可以是未然的。加上“了”之后,句子只表达对未然情况的假设。因此,兰州方言“了$_3$”虽然也是用在动词、形容词之后的,但是并不表示动作的完成或性状的实现,谓语核心所代表的动作、性状甚至还没有发生、出现,后面也不跟宾语或补语。“V/A了”表示假设,“了”不能删略。

(2)用在名词之后

你不要张罗了,有饭就饭,洋芋了就洋芋。(你别张罗了,如果有饭就吃饭,如果有洋芋就吃洋芋。)

(单)这个老师了我爱听呢。(如果是这个老师,我爱听。)

(单)外国电影了我就看去呢,国产的不爱看。(外国电影的话我就去看,国产的不爱看。)

以上例句中与表示假设的“了”组合的是名词,支配这些名词成分的动词被省略,当然也可以补出,每一句中也都可以加入表示“如果”的“单”,但只要表示假设的“了”出现,“单”就可以删略。相应的普通话句子可以用“……的话”来表示。以上各句中的“了”不可以删略，因为有没有“了”，句义是有区别的。没有“了”的句子是将可能出现的情况进行列举，而有“了”的句子则增加了假设意义。比如第二句，去除“了”之后的句子是“这个老师，我爱听呢。”表明说话人喜欢听这个老师的课。加上“了”之后，句子为“这个老师了我爱听呢。”带有明显的假设意义，表示如果是别的老师的课就不爱听，如果是这个老师的课就爱听。因此，这种假设与“了”有关，是由“了”来表达的，“了”不能删除，删除之后的句子不表示假设意义。

以上例句中与“了$_3$”结合的名词都不是“春天”“副教授”“二月”这样带有顺序性和时间推移性的名词，即使“了$_3$”与这样的名词结合，仍然不像“了$_2$”那样表示变化，如：

娃娃啥时候养下的，春天了就叫个春生。（孩子什么时候出生的，如果是春天，就叫春生。）

讲师了就没有这个优惠政策，副教授了就可能能享受上。（如果是讲师就没有这个优惠政策，如果是副教授就可能能够享受上。）

以上与“了$_3$”结合的名词有顺序性和时间推移性，因此有一定的具体时空性，但“了$_3$”与这些名词结合并不表示变化，而是将名词所指视作一种假定的“情况”，表示假设，同时也取消了这些名词的时空特征。由此也可推断，与“了$_2$”相比，“了$_3$”时体功能退化，不关注具体时空中的变化，只关注泛时空中可能出现的虚拟“情况”。

(3)用在动宾短语之后

喝酸奶了冰箱里取去。（要是想喝酸奶，就去冰箱里取。）

不是我们了你们能走下吗？（如果不是因为我们，你们能走吗？）

这阵子洗头了头发干不了。（现在洗头的话，头发干不了。）

交材料了找我来，交钱了就找老王去。（如果要交材料的话来找我，交钱的话就去找老王。）

上面各例中，动宾结构能够与表示假设的“了”结合，每一句中也可以加上表示“如果”的“单”。上述各句的“了”不能删略，比如第一句，去掉“了”后句子为“喝酸奶，冰箱里取去”。此句蕴含着听话人已经有了想喝酸奶这一真实的需求，说话人是针对这一已经存在的真实需求做出的回答。同时，去掉了“了”的句子整合度降低，中间有明显的停顿。加上“了”则是说话人假设了听话人想喝酸奶这一需求，因此，假设意义是由“了”表达的。同时，兰州方言加“了”表示假设的句子与普通话对应的表达相比，整合度高，普通话句子实际上是由前后两个分句加上表示条件关系的“要是/……的话/如果……（就）”构成的条件复句，而兰州方言用表示假设的“了”连接前后两个成分构成一个整句。

(4)用在小句之后

我不上班了你给发工资呢吗？（我要是不上班，你给我发工资吗？）

你补一下课了多少钱?(你补一节课的话需要多少钱?)

我撂给几拳了你们都趴下呢。(我如果出几拳,你们都会趴下的。)

这种用法中,“了”所依附的成分是一个小句,小句加“了”也表示出现新的情况或发生新的事件,与普通话“了$_{2}$”相似,不过这里的“了$_{3}$”与普通话中的“了$_{2}$”仍有区别。首先,这里出现的新情况和事件只能是一种假设的虚拟情况[①]。其次,这里的“了”不具有成句功能,或者说正因为有了“了$_{3}$”才使得主谓完整的句子无法独立,而必须与后续成分搭配。此外,以上各句中的“了”都不能删略,比如第二句,如果删略“了”,句子为“你补一下课多少钱?”这是针对一个已然的事实提出的疑问,该句蕴含着听话人已经在补课。加上“了”之后则是对一种假设情况的疑问,无论听话人是否已经在补课,说话人都将其视作一种假设的情况。因此,假设意义都是由“了”来表达的。同时,普通话各句都是由前后两个分句构成的条件复句,中间有明显停顿,兰州方言用“了”连接前后成分构成整合度高的一个整句。

同“了$_{3b}$”相比,“了$_{3c}$”都不关注具体的动作行为以及由这些动作行为所构成的具体的事件,它关注的是没有具体时空限制的情况,“了$_{3c}$”所关注的事件是为其后成分提供条件信息的。那些成为条件的事件一般是成为常态的事件或某种情况。因此上述各种用法中,“了”之前的成分都不能再加上表达事件具体时间长度的词语、标示动量的词语,因为这些词语都与具体事件相关,一个具体的事件才有持续的时间,才能为其中的动作计量。例如:

我不上班了你给我发工资呢吗?

——*我不上班一年了你给我发工资呢吗?

我问了他肯定给我说呢。

——*我问给一下了他肯定给我说呢。

住了我就给你铺床去。

——*住给下了我就给你铺床去。

以上例句中,“了”之前的动词都不能加上其他表示具体动作特征的成分,因此“了$_{3c}$”使其之前的成分具有了泛时空特征。普通话中,动词性成分可以名词化充当主宾语,下面看看普通话动词性成分名词化的情况和相应的兰州方言的表达。

(普)这个领导太麻烦,不知道该不该去看他,看是给他添麻烦,不看是不尊重他,弄得我不知道怎么办了。

(兰)这个领导太破烦,不知道该不该看那去,看了是给那添麻烦,不看了

---

①“了”用在各种成分之后表示假设的用法,也见于其他方言,据张子华(2014)的调查,山西地区也有这种表示假设的“了”。在山西方言中,这种表假设的“了”“放在名词、名词性短语以及动词和动词性短语之后,与前面的成分共同构成假设复句的前一分句,表示‘……的时候’‘……的话’的意义”。另外,温端政(2002)描述了沂州方言中“了”可以用在小句之后表示停顿、假设的用法。不过以上方言中这种表示假设的“了”可以重叠,而兰州方言没有这样的用法。

是把那没放着眼里,做的人不知道怎么做了。

(普)老师没关系,考得好是您努力教的结果,考得不好是我自己的责任。

(兰)老师没关系,考的好了是你认真教下的,考的不好了是我自己的责任。

上面两例中,兰州方言名词化的动词性成分后都必须加"了"表示假设或条件,这说明兰州方言表示假设的"了$_3$"带有泛时空性,因此就取消了与之结合的成分的具体时空性。正因为这种特征,"了$_{3c}$"才可以直接与名词连接表示假设。

(四)"了$_{3d}$":与开始体搭配,"了"前成分变成话题

老兰州们喝开茶了就是罐罐茶。

那个人走开了摇着呢。

那个时候吃开水了都是挑着呢。

尕的时候,我妈们打开我们了都是擀杖,打开我哥了绳子泡着水里打着呢。

金立鑫(2003)认为,句尾"了"的体意义主要是表现某种状态的"起始"。即便前面还有表示动作完结的词尾"了",句尾"了"也将动作的结束看作一个事件的结束,而这种"结束状态"是一个"新事件"。可见句尾的"了"与状态的"起始"有关,但他同时指明,"句尾'了'表示的'起始'体和'V起来'表示的'起始'不同,前者是整个事件或状态的起始,后者是动作行为的起始"。这里我们看到的四例却是将这两种情况杂糅在了一起,上面各句都使用起始体,兰州方言不用"V起来",而用"V开",上面各句中的"了"都不表示某个特定的具体动作的起始,而表示没有具体时空限制的事件或者常态事件的起始,但这个"了"只用在句中,不在句末。这种"了"在语法属性上靠近普通话"了$_2$",在句法分布上靠近普通话"了$_1$",但是仍然与"了$_1$"有差异,普通话中"唱起了歌"的"了$_1$"跟在起始体之后,兰州方言只能说"唱开歌了","了"在宾语之后。也就是说,兰州方言没有与开始体相结合的"了$_1$"。我们可以将这种与开始体搭配的"了$_3$"看作话题的标记。上面各例如果转换成相应的普通话,可以将"了$_3$"换成"呢"或者停顿。例如:

老兰州喝茶呢就是罐罐茶。

那个人走起来,摇着呢。

那个时候吃水呢都是挑的。

小时候,我妈打我们呢都是擀杖,打我哥,绳子泡在水里打呢。

兰州方言与开始体搭配的"了"实际上是一种话题标记,这样也能够进一步说明,加了"了$_{3d}$"之后的成分实际已经转变成了一种"情况"充当话题,被其后的成分说明和讨论。也就是说,这种"了"的确使得前面表达"动态"的具体动作失去了时空限制,具有了泛时空的特性。

四、“了$_3$”的句法语义特征

兰州方言的“了$_3$”主要包含四类：第一类与普通话“了$_1$”表达动作的完成紧密相关，记作“了$_{3a}$”，它出现在两个有时间先后顺序的短语结构之间，进而使“VP_1了VP_2”构成“行为—目的”关系；第二类“了$_3$”关注前后动词短语构成的情况之间的关系，如“方式—动作”“方式—观点”，记作“了$_{3b}$”；第三类“了$_3$”搭配的XP可以是光杆的核心词，也可以是核心词构成的短语，还可以是短语构成的小句，记作“了$_{3c}$”，它将前面的成分变成一种真实或假设的“情况”，继而成为其后成分的发生条件；第四类“了$_3$”与开始体搭配使用，句法上相当于话题标记，起到提顿作用，记作“了$_{3d}$”。

从时体特征来看，“了$_3$”内部又可以分成两种：“了$_{3a}$”及部分“了$_{3b}$”关注具体动作行为的完成实现；一部分“了$_{3b}$”以及“了$_{3c}$”“了$_{3d}$”有一个共同的功能，即将其前面具体的动作行为或事件转化成为泛时空的常态事件。这种特征明显区别于表示动作完成的“了$_1$”和关注变化的“了$_2$”。它并非体标记，相反消除了其中的时体特征。也就是说，兰州方言“了$_3$”开始具备泛时空性，使得与之结合成分的时体特征得不到凸显，正因如此，兰州方言“了$_3$”可以与名词化的动词性成分结合表示假设或条件，进而与没有具体时空性的名词搭配表示假设。那些带有一定时空顺序性的名词与“了$_3$”结合之后也不能表示变化，仍然充当虚拟的条件。

施其生(2014)调查了闽南方言表达实现体貌的“了”，其中提到一种表示“事态实现体貌”的“了$_3$”，它表达的不是动作本身或全句所述事件的实现，它所附着的对象多是动词性短语，如果动词带宾语，“了$_3$”在宾语之后。该作者指出这种“了$_3$”在近代白话中常见，而现代方言中多数已经消失，却仍普遍存在于闽南方言中。兰州方言上述各种用法的“了$_3$”在句法分布上与闽南方言“了$_3$”有相似之处：附着在短语性成分之上，动词带宾语或动补带宾，且“了$_3$”都只能出现在宾语之后。施文认为闽南方言中表示事态完成的“了$_3$”从不同的句法位置开始其发展过程，最终形成了“了$_1$”和“了$_2$”。通过前面的描述可以看到，兰州方言“了$_3$”中的大部分成分如“了$_{3b}$”“了$_{3c}$”“了$_{3d}$”都具有泛时空特征，语义上甚至与“完成”“实现”无关，那么不表示完成意义的助词何以在语法化过程中获得完成意义最终变成时体标记？因此，兰州方言“了$_3$”的语法功能是从“了$_1$”“了$_2$”进一步扩展而来的，而不是相反的。

戴耀晶(1991)认为，“了”的观察角度是外部，具有完整性；“着”的观察角度是内部，具有非完整性。兰州方言“了$_2$”基本对应于普通话的时态·语气词“了$_2$”；兰州方言“了$_1$”使用时受到的限制多于普通话体助词“了$_1$”，但大体可以对应，都是从外部观察，体现完整性特征；兰州方言附着在短语上的“了$_3$”多数情况下虽然观察整个事件，但它所关注的并非具体动作或事件的完成、实现，而是常态事件或是某种“情况”。同时，它丢失了“了”表示完成的“有界”特征，使得“XP了”无法独立成句，而必须依赖于其他成分的配合，从这一点看，兰州方言短语上附着的“了$_3$”与

“着”有相似之处，是非完整的，具有泛时空特征。由于这种特征，兰州方言可以利用“了$_3$”将两个谓词性成分整合起来构成更大的单位，“了$_3$”之前的核心动词无法再加上表示动作、事件的具体性词语，也就取消了“了$_3$”之前成分的独立性和具体时空性，使词、短语无法成句，使句子成为更大单位的构成成分，为整个句子提供方式或条件等信息。

当然，“了$_3$”与“着”之间也存在差异：首先，兰州方言“着”能够与动词性成分结合成为更大成分中的状语成分。兰州方言“了$_3$”所起的作用则主要是将两个结构松散的分句整合成一个更大的整句。其次，“着”连接前后两个成分，充当状语标记，与之结合的状语表示方式、时间、原因等语法意义，一般是作为动作发生的背景信息出现，而与“了$_3$”结合的成分主要成为其后动作发出的条件，在语义上既可以作背景信息，也可以凸显成为前景信息，尤其是那些动作发生的充分必要条件，语义上就不会处于从属地位，但那些与“着”结合的时间、原因、方式信息一般只能充当动作发生的背景，甚至可以删略，也不影响句义，因此经常处于从属地位。

表4-1 兰州方言“了$_3$”的小类

<table>
<tr><th>了$_3$小类</th><th>语法意义</th><th colspan="2">特 征</th><th>举 例</th></tr>
<tr><td rowspan="2">了$_{3a}$</td><td rowspan="2">动词短语表示动作的完成、实现</td><td colspan="2">两个VP先后发生，一件完成之后第二个才发生</td><td>你搬个凳子了我们消停说。
泡上个茶了解个渴。</td></tr>
<tr><td colspan="2">VP_2是VP_1的结果/目的</td><td>烧上些水了赶紧把茶泡给。</td></tr>
<tr><td rowspan="2">了$_{3b}$</td><td rowspan="2">“了”前后成分构成方式—动作/方式—结论关系</td><td colspan="2">VP_1是VP_2发生的方式</td><td>那个时候供应制，都拿粮本子了买着呢。</td></tr>
<tr><td colspan="2">VP_1是得出AP结论的方式</td><td>我嫌她配我儿子了瓤呢。</td></tr>
<tr><td rowspan="5">了$_{3c}$</td><td rowspan="5">“了”标记条件</td><td>真实条件</td><td>VP_1是VP_2发生的条件</td><td>这些药我睡不着了吃的。</td></tr>
<tr><td rowspan="4">虚拟条件</td><td>动词、形容词之后</td><td>你问了我就打听去。</td></tr>
<tr><td>名词之后</td><td>有饭就饭，洋芋了就洋芋。</td></tr>
<tr><td>动宾短语之后</td><td>不是我们了你能走下吗？</td></tr>
<tr><td>小句后</td><td>你补一下课了多少钱？</td></tr>
<tr><td>了$_{3d}$</td><td>话题标记</td><td colspan="2">与开始体搭配，“了”前成分变为话题</td><td>那时节吃开水了都是挑着呢。</td></tr>
</table>

第五章　几个常见的表达范畴

本章讨论几个常见的表达范畴，内容涉及否定、趋向表达、比较、焦点四个方面。兰州方言否定表达突出的特点表现在语序的错配，否定词紧挨在谓语核心上；趋向表达即位移事件，兰州方言中位移事件最主要通过起点类位移事件格式和终点类位移事件格式来表达，此外还可以用助词“给”替换趋向补语表达位移事件；比较范畴中，兰州方言等比和极比都与普通话差异不大，但差比句中兰州方言有不同于普通话的比较标记“把”；强调和焦点的表达中，兰州方言“是”的虚化程度更低，不能算作一个虚化程度高的、专用的、适用面广的焦点标记。同时，兰州方言动词前的位置是一种可选的焦点位置，能够放置疑问代词、框式介词、状语等焦点成分。以下各节分别讨论这几个范畴及其对应的句法表达方式等内容。

第一节　否定范畴

本节讨论兰州方言的否定系统和否定结构，即有否定词“不”“没”“不是”等出现的结构，从词项否定、谓语否定和句子否定三部分考察兰州方言不同层面结构的否定，最后讨论否定成分的语序，描述和分析一些错配的现象。

一、词项否定

兰州方言中能够进入词汇层面的否定词项有“不”和“没”。与普通话一致，兰州方言中否定词“不”主要否定形容词，如“不高”“不乖”“不顺眼”“不烫”。否定词“没”主要否定名词，如“没钱儿”“没人”“没意思”。

普通话中有表示“否定/拒绝”类言语行为的词项，如“拒绝”“否定”“谢绝”等，兰州方言中只能用否定范畴来表达，如“不行”“没答应”“不要”等。此外普通话的“非”类否定，兰州方言中也不存在。

普通话中，否定词“不”可以成为独词句，此时，“不”是否定叹词，具有代词性，能够代替整个句子，如“他去吗——不”。兰州方言中不存在代词性的否定词，否定词不能单独成句,必须补出后面的成分才能使用,如“他去不去——不去”。既然兰州方言中否定词不能构成独词句,那么也就没有叹词性和代词性的否定词。

二、谓语否定

(一)否定词与封闭性动词词项

有一些词类可以随社会发展而变化,不断产生新词,淘汰旧词,因此这样类别中的词项可以无限排列,不能穷尽列举,这样的词类称作开放式词类。相对的,那些成员数目有限,可以穷尽列举,一般不发生变化的词类称作封闭式词类。动词本身是开放式词类,但动词中又包含一些封闭性质的小类,其成员的否定形式可能与其他开放式小类词项的否定形式不同。

“有”作为基本存在动词,是封闭性的词项,其否定式为“没有”,普通话中“没”和“没有”都可以作否定词。兰州方言中,“没”是基本否定词,“没有”可以用来否定谓词,也可以单用,但是除单独作谓语之外,其他用法出现的频率不如“没”高。新派话语中“没有”的使用频率更高一些。

其他封闭性动词,如系词“是”,否定式为“不是”;存在动词、助动词“在”,否定式为“不在”;普通话表示禁止的“别”是“不要”的合音词,兰州方言中没有“别”,只用“不要”,仍然是两个语素。

(二)否定词与动词情态的关联

兰州方言否定句和相应的肯定句在句法结构上的格局如下:

普通话/兰州方言

熊猫吃竹子。熊猫不吃竹子。——熊猫吃竹子呢。熊猫不吃竹子。

我抽烟。我不抽烟。——我吃烟呢。我不吃烟。

他在看书。他没在看书。——那看书着呢。那没看书。

我吃了。我没吃。——我吃了。我没吃。

我吃过了。我没吃。——我吃下的。我没吃。

我吃过。我没吃过。——我吃过。我没吃过。

以上六组例子中,兰州方言前五组都是肯否不对称的,主要体现在兰州方言肯定式不能缺少表示时体或者情态的语气词,而在否定句中却都发生了中和,否定式都不带这些表示时体和情态的语气词。只有最后一组中,肯定式所带的时体助词也出现在否定式中,肯否对称。同时,上述六组句子中的否定形式,普通话与兰州方言大多是相同的,“不”能够否定带有将来、惯常、意愿等时体情态的句子;“没”多否定带有持续/进行、完成、完整、经历等体意义的情态范畴。“没”能够否定完成体,那么“没”也能够否定具有现实相关性的事件,而“不”只能否定非现实的事件。

三、句子的否定

(一)否定词

兰州方言中能够否定句子的除了前面所说的否定词“不”和“没”,还有一个只能用来否定句子的否定词“不是”,它并非判断动词的否定形式。判断动词的否定形式为“不是”,如“我不是学生”,这种形式的“不是”出现在句中,是否定词对谓语的否定。兰州方言否定句子的“不是”,表示“如果不是这样,不然的话”。否定副词“不是”是一个整体,只能出现在分句末,表示对前面分句的整体否定,如“天黑了,我要早些回呢,不是,路不好走”。这个否定词是受到藏语的影响而形成的,并非汉语系统的产物,我们将会在第六章中详述。

(二)固定格式的否定

句子的否定涉及否定成分的辖域、位置等问题,这一节第三部分将一并讨论,这里只描写对于一些固定格式的否定。

1. 可能式的否定

兰州方言与普通话表示可能的否定式都用“V不C”,而普通话表示肯定的“V得C”在兰州方言则用“能VC/VC呢”。例如:

能吃上/吃上呢　能看着/看着呢　能写完/写完呢

也就是说,兰州方言表示能力—可能的范畴存在形式上的不对称现象。表示肯定方面的,是用助动词“能”或者语气词“呢”表示,而表示否定方面的,是用虚词“不”来表示的。

2. 实现式的否定

(1)“VC”

普通话实现式述补结构的肯定形式是“VC”,否定形式为“没VC”,这是将否定词“没”放在谓词前,形成的是谓前否定形式。

兰州方言中实现式述补结构也可以用“VC”“没VC”来表达,如“吃饱了”“没吃饱”。那么可能式与实现式中“不”和“没”的位置出现差异,“不”在“V”与“C”之间,“没”在“VC”之前。可以看出,“不”只能与它所否定的成分紧密相连,“没”与它所否定的成分之间则可以插入别的成分。“不”的否定范围是其右侧的所有成分,“没”否定的可能是其右侧的一部分成分。

(2)“往A里V”

1)形容词充当补语

兰州方言中实现式的述补结构还可以采用“往A里V”的形式,肯定形式为“往A里V”,否定形式为“不往A里V”“没往A里V”,如“不往完里吃”“没往完里吃”。用“不”否定的述补结构可用于未然和已然的环境,用“没”否定的述补结构只关注已然,用“不/没”否定的述补结构,还可以采用“往A里不/没V”的表达。例如:

你学校里去不往好里学，就小心着。——你学校里去往好里不学，就小心着。

你现在哭，谁让你不往好里学呢。——你现在哭，姆谁让你往好里不学呢。

*你衣服洗罢没往平里拽，晾干了衣服就皱下了。——*你衣服洗罢往平里没拽，晾干了衣服就皱下了。

衣服皱下了怪谁呢，你没往平里拽曼。——衣服皱下了怪谁呢，你往平里没拽曼。

上面四例中，前两例"往A里V"用"不"否定，第一句是未然的事件，第二句是已然的事件，同时"往A里不V"也可以使用。后两句用"没"来否定，第三例关注未然的事件，不能用"没"，第四句关注已然的事件，可以用"没"来否定，也可以用"往A里没V"来表达。

普通话中独立的否定词语序灵活，根据不同的位置而改变否定范围，但是这里所描述的兰州方言中"不/没往A里V""往A里不/没V"，并不因为否定词的位置不同而改变其辖域和焦点。实际上包括兰州方言在内的西北方言中，否定词有向谓语核心靠拢的倾向，这种现象在陕西关中方言（唐正大，2013a）、户县方言（康素娟、孙立新，2008）、青海西宁方言（张成材，1998、2001）、宁夏同心方言（张安生，2000）都存在，张振兴（2003）指出银川方言、临夏方言、新疆方言也有同样的现象。在兰州方言老派话语中"往A里不/没V"的说法更常见，但是随着普通话的影响加大，新派话语中"往A里不/没V"出现频率降低，"不/没往A里V"的说法越来越多，并能够在否定词与框式介词之间插入别的词语，这说明兰州方言中否定词"不"向谓语核心靠拢的趋势正在减弱、消失。上面的例句也说明，否定词"没"受到的限制较多，只能用于已然事件。

2）处所名词充当补语

"往A里V"是形容词充当补语，还有一种普通话也使用的"往C(里)V"，是处所名词充当补语，其中"里"并非结构上必须出现的，可以省略，如"往家里拿""往学校送"等。普通话中对其否定只能将否定词加在"往C(里)V"之前，如"不往家里拿""没往学校送"等。兰州方言中，否定词除了处于这种位置之外，还可以在动词之前的位置上。例如：

钱儿往屋里不拿，日子怎么过呢？

水你往缸里不倒去，怎么全洒着外头了？

*收下的礼给那往屋里没送，那生气呢。

提上水转了一圈，单（只、偏）往那杯子里头没倒，价把那惹下了。

上面例句显示出，兰州方言对"往C(里)V"的否定，否定词"不""没"都表现出向谓语核心靠拢的强烈倾向，不过否定词"没"还是只能用于已然事件。如果介词之前还有状语，错配格式更易成立，尽管这些状语都在否定词的辖域之内。

兰州方言中一些本来跟在介词之后的时地、工具名词，可以省去介词直接放在动词之前充当状语。此时，否定词只能处在省略介词的名词之后。例如：

你一天领导跟前不去，那肯定生气呢。（你成天不到领导跟前去，他肯定生气呢。）

那次连那吵了一架，我就再那们屋里没去。（那次跟他吵了一架，我就再没到他们家里去了。）

这么多的草，你架子车不拉着。（这么多的草，你怎么不拿架子车拉。）

这么一坨子油，你洗涤剂不洗根本做不干净。（这么一坨油，你不用洗涤剂洗根本弄不干净。）

3. 比较句的否定

关于这一部分我们在比较范畴中再讨论。

四、否定成分的语序

（一）否定指向

否定成分的语序有一个方向的问题，“否定范围指否定意义在句中扩及的范围，一般来说，从否定词到句末或者到句末修饰性状语之前均在否定范围之内，这条原则被称为‘右项原则’”（张春柏，1984）。那么在普通话中，否定词右侧的成分一般是包含在否定范围之内的，而否定词左侧的成分，一般在否定范围的统辖之外。否定词的作用向右，从否定词开始一直到右侧句末的成分都受其约束，是前进型（forward-type）否定词。这里不讨论“右项原则”，只描述兰州方言中否定的辖域和语序的情况。

（二）兰州方言否定辖域与状语的位置

1. 弱化程度副词“很不”“把”字短语的否定。

我山上的房子也没人住了，我很不去。

现在的娃娃们，家务活很不做了。

那把钱给那男人没给。

我把北京没去过。

程度副词“很不”和“把”字短语的否定中，否定词都有向谓语核心靠拢的趋势。其中在对“把”字短语否定时“把”必须在否定词之前，否则不成立。其他成分否定时，语序是多样的。

2. 方式状语、其他介词短语的否定

那好好不念书，怎么办呢？

这个话出去胡不要说。

我到你们屋里没去。

那从门上不进，单要从窗子上爬呢。

对方式状语和“把”字之外的其他介词短语否定时，否定词也是经常向谓语核心靠拢。

3.框式介词作状语的否定

前面在句子成分的否定中已经描述过，兰州方言中用框式介词“往……里”与动词构成的动补结构的否定，由于框式介词出现在动词左侧，否定词“不”有两种位置，其中之一就是补语在否定词之前，否定词紧挨着动词，如“你往清楚里不说”“那往高里不站”。

4.禁止类副词或疑问副词与其他状语连用

普通话的语序一般不允许副词或疑问副词位于句子的谓语动词或谓语动词的修饰语之前，兰州方言中禁止类副词或疑问副词可以位于状语之后，谓语动词之前。例如：

出去东西多不要买，一点点就行。

你远不要去，要让我看见呢。

看着那了，胖的不敢说啊。（看见他，别说他胖。）

你多不要锻炼，但是也要适当的锻炼一下呢。

以上四例中，否定词紧挨谓语，其辖域是针对其左侧的受事成分或修饰成分，这都超出了否定范围“右项原则”的解释范围。关于这种否定词辖域方向向左的情况，一些学者也做过介绍和讨论[①]，认为与阿尔泰语言接触有关。我们认为兰州方言中的这些现象主要是受到了藏语的影响，第六章中将举例说明。

前面提到兰州方言中还有一个专门用来否定小句的词“不是”，它也是只能出现在前一个小句之后，向左否定前面的整句，也不符合“右向原则”。

（三）错配语序的使用环境和影响因素

兰州方言中，“把”字短语的否定语序有严格规定：介词短语作状语时，大多数情况下都在否定词之前，受事名词或话题成分一般在否定词之前。此外，其他成分作修饰语时，否定词的位置并不是严格地限制在谓语核心之前，也可以在离谓语核心较远的位置上，下面来分析。

1.兰州方言老派话语和新派话语共存，上述错配语序多见于老派话语中，新派话语则是两种位置的情况共存。近年来，错配语序的表达在新派话语中越来越少，兰州方言中保留的上述特点正在逐渐消失。

2.在新派话语中，两种语序的表达共存，使用频率有区别。此外，一些结构中错序表达的使用还受到一些因素的影响。

（1）句子的限定性

①唐正大（2013a）提到：“这种状语性成分远离动词核心、否定词靠近动词核心的现象应和阿尔泰语言接触有关。”

错配的语序更容易出现在非限定性的句子中。例如：

你老按时不上班，那行呢吗？

尕的时候书没念下，现在干啥就难的很。

那干开活了老给你尽心尽力的不干。

饭往完里不吃，那你就饿着。

(2)状语的复杂程度

增加动词前状语的数量，也能够使错配语序的表达更自然。例如：

我钥匙没拿。——我新换下的柜子上的钥匙没拿。

你把个话不说。——你把个话往清楚里不说。

我往清楚里不说。——我连你往清楚里不说。

你屋里不要去了。——你到沈家坡你奶奶屋里不要去了。

(3)句子焦点

上文的分析表明，否定词紧靠谓语核心时，修饰成分在否定词的左侧，但仍然在否定词的辖域内。需要注意的是，兰州方言新派话语中，否定词的位置并不固定，那么否定词位置的不同是否会造成句义的差异？看下面的例子：

你不早说，我还以为那来呢。——你早不说，让我还多准备了一个人的饭。

你不往平里躺，窝下了腰疼呢。——你往平里不躺，腰疼了怪谁呢？

你不按时上班，领导不说吗？——你按时不上班，我把你说两句还不成吗？

门背后没有扫帚，你记错了吧。——门背后扫帚没有的，还让我找着呢。

首先，日常口语中错配语序的形式似乎更容易表达说话人的不满与责怪情绪，多用于事情已经发生，但并未按照某种方式发生，引起了说话人的不满。正常语序的形式虽然也可以表达对已经发生的事情的责备情绪，但不如错配语序表达的不满情绪强烈。错配语序的表达同时还可以关注未然事件。这二者的区别在于：西北方言中否定词靠近谓语核心时，容易使前置的状语得以凸显（唐正大，2013a）。因为状语与中心语被否定词隔开，形式上不构成整体，而使状语单独得到强调成为焦点。正常语序中，状语只是修饰成分，不如核心凸显，且状中结构是一个整体，当状中结构占据句末自然焦点的位置时，整体得到强调。而说话人要对已经发生的事件或动作表达不满，一般不是针对已经发生的整个事件，而只能是针对其方式方法，状语凸显的错配语序就符合这样的要求。上面第四例“没有”单独作谓语，支配“扫帚”，强调不存在某种事物，而错配语序中“没有”居于句尾，谓语本身得到强调，即强调“事物不存在”这种状态，“没有的”含有肯定的语气。那么说话人要表达不满一般是针对某种状态，而非某种事物，因此含有肯定语气的“没有的”符合这种要求。

其次，错配语序中状语凸显，那么在状语之前再加上别的修饰成分，使状语变得复杂只是使原本显赫的状语更加显赫，不改变否定的辖域以及句子的焦点，因此状语复杂度提高，错配语序更容易成立。正常语序的否定形式中，状语并不凸显，状中结构整体得到强调，要在状语上再加修饰成分，一般是作整个状中结构的修饰成分。如果是针对状语的，会使原来不显赫的成分变得复杂，就有违句子焦点的分配，自然度降低。

以上，我们考察了兰州方言的否定范畴，最突出的特点表现在否定词紧挨在谓语核心之前，造成句子的错配，这种错配现象在非限定性句子中，以及句中状语复杂时更易出现，我们认为应该是受到了少数民族语言的影响。

第二节 趋向范畴

趋向范畴在普通语言学中一般称作位移事件，本节考察兰州方言趋向成分如何构成位移事件。兰州方言中位移事件最主要通过两种格式，即起点类位移事件格式和终点类位移事件格式来表达，其他位移事件类型一般都要转换成这两种格式，功能上相对规整。此外，兰州方言还有一种在一定条件下使用助词“给”替换趋向补语，以表达位移事件的特殊现象。

首先，我们对本节可能使用的一些术语做简要的介绍和梳理，在普通语言学研究中，趋向范畴一般也称作“位移事件(motion event)”，按照Talmy(2000)的分析，一个运动事件由四个概念要素组成。凸象(figure)：指一个运动物体相对于另一个物体(背衬)而运动；背衬(ground)：指一个参照物体，另一个物体(凸象)相对它而运动；运动(motion)：指运动本身；路径(path)：指凸象相对背衬而运动的路径(见沈家煊，2003b)。在“瓶子漂出岩洞”这句话中，凸象即“瓶子”，背衬即“岩洞”，运动指动词“漂”，路径即趋向动词“出”。

位移事件可以通过本身就具有位移语义特征或者具有位移动程的一般位移动词来表达，也可以通过路径动词来表达，即汉语中一般所说的趋向补语，其中又分直指性趋向补语，与说话者所处的位置有参照关系，如“来/去”，以及非直指性趋向补语，与说话者所处的位置没有参照关系，如“上/出/过”等。这两种趋向补语又是分别从直指性路径动词和非直指性路径动词语法化而来的。直指性路径动词，指重读的“来/去”，非直指性路径动词，即重读的“上/出”类动词。所谓直指性和非直指性，实际就是趋向动词以说话人和言谈现场为参照或以外界客观物体为参照，前者主要是“来”“去”，后者即“上”“下”“进”“出”“过”等。句子中的谓语动词代表的是运动和运动的方式，如果将“句子代表的事件看作一个宏事件，那么它是由一个主事件和副事件复合而成的”(沈家煊，2003b)，主事件是由凸象、背衬、运动和路径四个要素构成的，副事件表达的是位移的方式和成因，它是由伴随事件动词来表达的。此外，汉语中还使用方位词来表示以背衬为参照表达凸象的空间位置的成分，如轻读的“上/里”等①。

一、位移事件的表达

（一）通过路径动词表达

本节引言部分介绍位移事件可以通过路径动词来表达，路径动词又分为直指性的和非直指性的，下面分别来进行讨论。

1.“直指性路径动词+背衬”

这种结构在普通话中是大量存在的，但在兰州方言中却不成立。例如：

*来兰州　　*去西关十字　　*来马滩新村　　*去张掖路步行街

*赶紧来兰州。　　*明个去西关十字。　　*我昨个去张掖路步行街了。

*你来不来兰州？　　*我谋着去西关十字呢。　　*那去了张掖路步行街。

以上各例表明，兰州方言中“直指性路径动词+背衬”的格式都是不能说的，这种格式不能单独使用，不能构成短语使用，不能嵌入更大的句子中使用，直指性动词本身也不能发生变化。通过我们的调查发现，兰州方言中如果要使用直指性路径动词表达位移事件，只能是该动词与凸象表达整个事件，背衬隐含在上下文中不能出现，一般作为非常不重要的、可以忽略的信息。例如：

那下午来着又迟到了。

后头来的就后头站着。

你下午去。

你去着那说啥了？

以上各例中直指性动词的支配对象都不能出现，这实际上已经不能算作完整的位移事件了。可见，兰州方言中对直指性路径动词的限制非常严格。

2.“非直指性路径动词+背衬”

娃娃都上楼了，妈还到底下找着呢。

我先下水了，那还池子帮里做运动着呢。

你进房子去，这些冷的很。

我过我妈那去了，你今个自己饭做上吃。

这种格式在兰州方言中运用频率并不高，调查对象认为虽然此格式成立，但常见于上面这样“上楼”“下水”之类较短、较常用的组合，而如果这些非直指性路径

①沈家煊（2003b）将位移事件的四个要素分别称作凸象、背衬、运动和路径。也有学者将凸象称作前景，背衬称作背景，将动词表达的副事件称作伴随事件，如唐正大（2008b）。汉语中趋向动词本身也有复合形式，因此个别文章中也将路径动词又分出复合路径动词，指由直指性路径动词和非直指性路径动词结合而成的“上去”“下来”“回去”“过来”之类的动词。

动词语法化成为非直指性趋向补语，则使用频率升高。在我们调查的语料中随机抽选一万字发现，“上”作为非直指性路径动词出现10次，作为非直指性趋向补语出现54次。沈家煊（2003b）将汉语归属于附加语构架语言，即“汉语经常用补语表达事件的构架”，从兰州方言中的情况来看，也是非直指性路径动词作为趋向补语出现更为常见。

综上，直指性路径动词在兰州方言中的使用受到严格的限制，“非直指性路径动词+背衬”也并非兰州方言中主要的位移事件表达方式。

（二）通过趋向补语表达

背衬在位移事件中有表达起点、终点和目标三种类型，下面根据背衬表达的位移事件类型来分别考察兰州方言中相应的表达。

1.背衬表示终点的位移事件表达

由于没有直指性路径动词“来/去”，普通话可以用“伴随事件动词+非直指性路径动词+背衬（+直指性趋向补语）”，然而这种格式在兰州方言中不成立。例如：

普通话	兰州方言
小王爬上那棵树了。	*尕王爬上那个树了。
老师走进教室了。	*老师走进教室了。
石头滚下山坡了。	*石头滚下山坡子了。
贼跑下楼去了。	*贼娃子跑下楼去了。

以上例句表明，兰州方言无法使用“伴随事件动词+非直指性路径动词+背衬（+直指性趋向补语）”的格式来表达终点类位移事件。兰州方言必须将句子转换成下面的格式才能表达。

*尕王爬上那个树了。——尕王爬着那个树上（去）了。

*老师走进教室了。——老师走着教室里头（来/去）了。

*石头滚下山坡子了。——石头滚着山坡子下头（来/去）了。

*贼娃子跑下楼了。——贼娃子跑着楼底下（来/去）了。

以上例句中，兰州方言使用“伴随事件动词+着+背衬+方位词（+直指性趋向补语）”的格式来表达终点类位移事件。其中伴随事件动词与背衬之间必须加助词“着”，新派话语中也可以换作“到”，但仍是“着”的使用频率更高①。

从以上终点类位移事件的表达可以看出，兰州方言中表达这类位移事件时，背衬只能出现在伴随事件动词之后，没有别的语序。同时伴随事件动词与背衬之间不能直接结合，中间必须插入助词“着/到”。背衬之后必须出现方位词，方位信息是不能删略的。背衬之后以出现直指性趋向补语为自然的表达，但并不是强制

①唐正大（2008b）将关中方言动词和背衬之间的“着/到”看作自由变体关系，认为它们都已经虚化为副事件动词后的附缀了，文章中提到兰州方言老派话语中路径动词和背景名词之间只能用“着”。

出现的[①]。与之相比，普通话表达终点类位移事件可以用的格式除与兰州方言相同的“伴随事件动词+到+背衬+方位词(+直指性趋向补语)”格式之外，还有“伴随事件动词+非直指性路径动词+背衬”，如“爬上山顶”，动词之后没有“着/到”，也不需要直指性趋向补语。

2.背衬表示起点、途径的位移事件表达

普通话表达起点类位移事件，可以用两种格式，首先是：伴随事件动词+非直指性路径动词+背衬。例如：

普通话	兰州方言
太阳钻出地平线。	*日头钻出地平线。
考生走出教室。	*考试的娃娃们走出教室。
小鸡钻出蛋壳。	*鸡娃子钻出壳。
消防员跑出大楼。	*消防员跑出大楼。

从上面的例子可以看出，兰州方言中不用“伴随事件动词+非直指性路径动词+背衬”格式来表达起点类位移事件。

普通话还有另一种格式表示起点类位移事件：介词+背衬+方位词+伴随事件动词+非直指性趋向补语+直指性趋向补语。例如：

(普)小鸡从蛋壳里钻出来了。

(兰)鸡娃子从蛋壳子里头钻着出来了。

(普)小王从家里赶过来了。

(兰)尕王从屋里赶着过来了。

(普)小偷从王奶奶家跑出去了。

(兰)贼娃子从王奶奶屋里跑着出去了。

(普)水从杯子里洒出去了。

(兰)水从杯子里头洒着出去了。

以上几例说明，兰州方言表达起点类位移事件，可以用这种“介词+背衬+方位词+伴随事件动词+非直指性趋向补语+直指性趋向补语”的格式，但必须在伴随事件动词与非直指性趋向补语之间加上“着”，否则不成立。

如果背衬既不表示起点也不表示终点而表示途径，则有下面的表现：

(普)石头滚下山坡。

(兰)*石头滚下山坡。——石头从山坡子上头滚着下去了(起)。——石头从山坡子上头滚着下来了(起)。——石头滚着山坡子下头去了(终)。——石头滚着山坡子下头来了(终)。

---

①唐正大(2008b)分析关中方言中背衬表示终点的位移事件，得出关中方言中背衬之后必须出现直指性趋向补语，否则句子不成立。兰州方言中直指性趋向补语不是必然出现的成分，这一点上两种方言存在区别。

(普)绳子穿过走廊。

(兰)*绳子穿过过道。——绳子从过道这面穿着过去了(起)。——绳子从过道那面穿着过来了(起)。——绳子穿着过道那面个去了(终)。——绳子穿着过道这面个来了(终)。

从以上的例句可以看出,兰州方言一般要将途径改变成起点或终点来表达,也就是说兰州方言中没有专门表达途径类位移事件的格式,只能对起点类位移事件或终点类位移事件的格式做改变之后才能表达。在转变时,需要在途径信息后加入"上头""下头""这面""那面"等方位词使无边界的途径成为有边界(起点或终点)的途径。句末要加上趋向补语,不过"来/去"的选择一般不受起点类位移事件或终点类位移事件的影响①。

3.背衬表示目标的位移事件表达

普通话背衬如果是目标信息,有两种表达格式。

其一:伴随事件动词+非直指性路径动词+背衬。

这一类格式一般用于非常书面的语境,如"物资运往灾区""商品出口海外"等,普通话口语和兰州方言口语中没有这种格式。

其二:介词+背衬+伴随事件动词+非直指性趋向补语+直指性趋向补语。例如:

普通话/兰州方言

船队朝海岛开去。船队朝海岛开着过去了。——船队朝海岛开。

松鼠往树上爬去。?松鼠往树上爬着上去。——松鼠往树上爬了。

狼狗向门口扑过去。?狼狗往门口扑着过去。——狼狗往门口扑开了。

老师朝教室走过去。?老师朝教室走着过去。——老师朝教室走开了。

以上各例句中"介词+背衬+伴随事件动词+非直指性趋向补语+直指性趋向补语"格式理论上都是成立的,但是表达不自然。兰州方言如果背衬是目标信息,那么一般只用"介词+背衬+方位+伴随事件动词",最后不用趋向补语。因为句子中加入目标信息意味着动作朝某个方向发展,但不包含必然已经完成的信息,而趋向补语则隐含着结果意义,前后有矛盾。上面横线右侧的例子中,后两句在句末用了表示起始的助词"开",正是为了配合"介词+背衬"所带来的"起始"信息,兰州方言用起始体强调起始信息,表示朝某个目标进行某种动作,但排斥结果意义。不过从形式上看,目标类位移事件的表达格式其实还是起点类位移事件的表达格式,只是删略了其中的非直指性趋向补语和直指性趋向补语。

①唐正大(2008b)认为关中方言趋向补语用"来"倾向于用起点位移事件表达式,趋向补语用"去"倾向于用终点位移事件表达式。而兰州方言中相对自由,当然不能说完全自由,但"来/去"的选择一般情况下不受位移事件类型的影响。

4.使役性位移事件

如果伴随事件动词是及物动词,其宾语出现,就构成使役性位移事件。

(普)扔一条绳子下去/? 扔下一条绳子去/扔下去一条绳子/扔下一条绳子/扔来一条绳子

(兰)*扔一个绳子下去/*扔下一个绳子去/扔着下去一个绳子/把一个绳子扔着下去

以上结构中背衬没有出现,兰州方言中能用的格式是"扔着下去一个绳子"这样的动宾式,其中伴随事件动词与趋向补语之间必须出现"着",宾语只能是无定的,如果是有定形式则不成立,如"*扔着下去那个绳子"。另外,兰州方言最自然的表达还是"把"字句,且伴随事件动词与趋向补语之间必须出现"着"。同时,宾语可以是有定的,如"把那个绳子扔着下去",也可以是无定的,如"把一个绳子扔着下去"。

如果背衬出现,则有下面的表现:

(普)他往楼下扔下去一条绳。

(兰)? 那往楼底下扔着下去一个绳子。

——那往楼底下扔了一个绳子。(目标)

——那从楼上头扔着下去一个绳子。(起点)

——那把一个绳子扔着楼底下去了。(终点)

——那把一个绳子从楼上头扔着楼底下去了。(起点—终点)

(普)把书搬进屋来。

(兰)*把书搬进屋来。(途径)

——把书搬着屋里头来。(终点)

——把书从屋外头搬着进来。(起点)

——那把书从屋外头搬着屋里头去了。(起点—终点)

可以看到,兰州方言中没有"伴随事件动词+非直指性趋向补语+背衬+直指性趋向补语"的格式。换句话说,兰州方言中复合型的趋向补语不能拆开使用、分散在背衬前后,而必须合在一起作为一个整体使用。同时,伴随事件动词与趋向补语之间必须有"着"。有宾语出现的目标类位移事件,仍然受到目标语义的影响,排斥表示结果意义的趋向成分。以上使役性位移事件的表达格式从形式上看还是可以分为起点类位移事件和终点类位移事件两类格式。

二、表达趋向范畴的其他形式

以上介绍兰州方言位移事件的表达形式,与普通话相应的表达形式的差异主要表现在位移事件中因素的前后顺序,兰州方言一些成分之间必须添加虚词,没有表达途径类位移事件的专用格式,而要转换成起点或终点类位移事件。下面介绍一种兰州方言中很有特色的格式，即用助词“给”表达趋向意义，一些条件下可以代替位移事件中的直指性趋向补语和非直指性趋向补语。兰州方言中“给”的用法比较丰富，第四章中作为专题已有过描述，这里所提到的“给”仅指能够替代趋向补语的助词性的“给”。

（一）背衬是终点的位移事件表达

尕王爬着那个树上（去）了。——尕王那个树上爬给了。

老师走着教室里头（来/去）了。——？老师教室里头走给了。

石头滚着山坡子下头（来/去）了。——石头山坡子下头滚给了。

贼娃子进着厕所里头（来/去）了。——贼娃子厕所里头进给了。

用“给”来代替趋向补语的形式，表达终点类位移事件采用的格式是：背衬+方位+伴随事件动词+给，其中，方位词必须出现。需要说明的是，这种伴随事件动词加“给”的表达常隐含一种“即将遭受不幸，句子主体即将带来不好的情况”之意。因此像上面第二句凸象是“老师”，一般就不用这个格式，第四句凸象是“贼娃子”，用这种格式就非常适合。

（二）背衬是起点、途径的位移事件表达

盐从壶口口撒着进去了。——盐从壶口口撒给了。

水从杯子里头撒着出去了。——*水从杯子里头撒给了。

*石头滚下山坡。（途径）

——石头从山坡子上头滚着下去了（起）。——石头从山坡子上滚给了。

——石头从山坡子上头滚着下来了（起）。——*石头从山坡子上滚给了。

——石头滚着山坡子下头去了（终）。——石头山坡子下头滚给了。

——石头滚着山坡子下头来了（终）。——*石头山坡子下头滚给了。

*绳子穿过过道。（途径）

——绳子从过道这面穿着过去了（起）。——绳子从过道这面穿给了。

——绳子从过道那面穿着过来了（起）。——*绳子从过道那面穿给了。

——绳子穿着过道那面个去了（终）。——绳子过道那面穿给了。

——绳子穿着过道这面个来了（终）。——*绳子过道这面穿给了。

以上四组例句表明，兰州方言用“伴随事件动词+给”只能用于替换“下去”“进去”“过去”“去”这样方向向外、离“我”而去的趋向补语，而像是“下来”“过来”“来”“进来”之类向“我”而来的趋向补语不能替换成“给”，这主要是受到“给”本身词义的影响，因其只能表达“向外”的位移过程。第二例趋向补语是“出去”时也不能替换成“给”，这同样也是受到“给”词义的影响，“给”经常在给予句中表示位移过程，给予句要求有一个转移终点，因此“给”与没有终点信息的成分搭配起来是有困难的。另外，“伴随事件动词+给”只能出现在句末，背衬绝不能出现在“伴随事件动词+给”之后，因此上述例句中有宾语前置的现象。

（三）背衬是目标的位移事件表达

上文提到，兰州方言目标类位移事件不太接受表示结果的趋向补语，“给”在这里是替代趋向补语的，因此，目标类位移事件无法用“给”来表达。

本节概括了兰州方言中表达位移事件的几种方式，最常用的是表达终点类位移事件和起点类位移事件的格式。其特点体现在各种类型的位移事件都须要转换成这两种位移事件，借助其格式来表达；直指性趋向词不可或缺；动趋之间必须加上“着/到”；背衬之后一般要加上方位词，此时，动词与背衬之间也要加上“着/到”。此外，兰州方言还有一个能够替代向外的趋向补语的助词“给”，只可位于句末，经常含有一种遭受意义，因此使用这种形式表达趋向也受到很多限制。

下面我们以举例对比的方式，对普通话和兰州方言中趋向表达的形式做比较和总结：

表 5-1　普通话和兰州方言中趋向表达的形式对比

<table>
<tr><th colspan="2">位移事件表达方式</th><th>普通话举例</th><th>兰州方言举例</th></tr>
<tr><td rowspan="2">通过路径动词表达</td><td>直指性路径动词</td><td>来北京、去学校</td><td>*来北京、*去学校</td></tr>
<tr><td>非直指性路径动词</td><td>上楼、下水、进屋</td><td>上楼、下水、进屋
（仅限于常用搭配）</td></tr>
<tr><td rowspan="11">通过趋向补语表达</td><td rowspan="2">背衬表示终点</td><td>小王爬上那棵树。</td><td>尕王爬着那个树上去了。
尕王那个树上爬给了。</td></tr>
<tr><td>老师走进教室。</td><td>老师走着教室里头去了。</td></tr>
<tr><td rowspan="2">背衬表示起点</td><td>太阳钻出地平线。</td><td>*日头钻出地平线。</td></tr>
<tr><td>小鸡从壳里钻出来了。</td><td>鸡娃子从壳里头钻着出来了。</td></tr>
<tr><td rowspan="4">背衬表示途径</td><td rowspan="2">石头滚下山坡。</td><td>石头从山坡子上头滚着下去了。
/石头山坡子下头滚给了。</td></tr>
<tr><td>石头滚着山坡子下头去了。</td></tr>
<tr><td rowspan="2">绳子穿过走廊。</td><td>绳子从过道这面穿着过去了。</td></tr>
<tr><td>绳子穿着过道那面个去了。
/绳子过道那面穿给了。</td></tr>
<tr><td>背衬表示目标</td><td>松鼠往树上爬去。
老师朝教室走去。</td><td>松鼠往树上爬开了。
老师朝教师走开了。</td></tr>
<tr><td rowspan="2">使役性位移事件</td><td>扔一条绳子下去。</td><td>扔着下去一个绳子。</td></tr>
<tr><td>把书搬进屋来。</td><td>把书搬着屋里头来。</td></tr>
</table>

第三节　焦点范畴

焦点是语法学界研究的热点问题，这是说话人对信息的一种处理方式，利用某些手段突出语言中的一些片段从而使听话人注意到这些信息，被强调得以突出的语言成分就是焦点。方言中涉及这一问题的，一般讨论作为焦点标记和起强调作用的方言词汇，本节考察兰州方言中整句焦点、部分焦点的表达，探讨焦点在句中的位置，并根据焦点、强调、对比三种情况分析兰州方言中助词“是”的强调功能。

一、整句焦点

（一）无针对性的整句焦点

无针对性的整句焦点，将整句作为新信息呈现，没有预设的信息。一般是“发生了什么/怎么了”这样问句的答语。

与普通话一致，兰州方言中句子焦点有以下表现：

整句焦点	部分焦点
A：做啥了？（怎么了？）	A：车做啥了？
B：车坏掉了。	B_1：（车）坏掉了。
	B_2：车吵坏掉了。
	B_3：坏掉了，车。

以上例句右侧有部分焦点的句子中，是将主语作为已知信息的。在答句中，主语可以省略，即便主语出现也不能重读；主语后可以有话题标记，也可以主谓易位。相应的左侧有整句焦点的句子中，主语后不能有话题标记，整个句子也不能主谓易位，全句作为新信息呈现，因此句中的任何一部分都不能省略，是完整的句子。

（二）有针对性的整句焦点

这种强调类型，句子蕴含预设信息，整句作为焦点是针对预设而说的。普通话的例子如：

A：他不相信小王已经回家了。

B：是小王已经回家了。/小王是已经回家了。

B中所强调的命题是“小王已经回家了”，这个命题已经完整地出现在A中了，并不是新信息，但A中这一命题是被怀疑和否定的对象，B中蕴含了这种预设，有针对性地强调全句来确认这个命题。

普通话中表达有针对性的整句焦点所使用的手段主要是在句首或谓语核心上加上“是”，其中“是”是重读的焦点标记。这里所描述的“是”将整个句子作为有针对性的对象，强调事情发生的真实性。此时“是”已经失去了动词性，不作句子的主要成分，删略后句子仍然成立。

兰州方言中，很少直接用"是"来单独强调整句，相应的重读焦点标记为"确实(是)""真的(是)""就是"等。例如：

我还说那骗我着呢，进去屋里一看，那们屋里确实没啥东西。

你不信你牛圈里看去，真的牛没门牙。

我还想着刚买下的不可能坏，那就是坏了。

你还不服气，你就是比不过我们这个师傅。

上述四例中焦点标记有的加在句首位置，有的在谓语核心之上。在兰州方言中"是"并不具备使整句成为焦点的功能，只能由相应的副词性成分充当焦点标记。

二、部分焦点

(一)部分焦点的表达方式

1.通过重读/重音表达

在发音时，对要强调的部分加大音强，拉长读音，从而突出强调的成分，使之成为焦点，这是人类语言普遍采用的手段，兰州方言自然不例外。同时，与普通话一致，兰州方言口语中除了单用重读表示对比重音外，经常以与其他手段结合使用更为常见。

2.通过助词"是""连"和介词"把"表达

普通话"是"可以出现在判断、焦点、强调、对比四种语法范畴中，焦点、强调和对比的标记"是"都来自其原来的判断用法(石毓智，2005)。这里我们借鉴石文的标准，按照焦点、强调、对比三种情况来分别考察兰州方言中"是"的使用情况及其他标记。

(1)焦点标记

1)"是"的使用

普通话谓语动词之前的成分，如施事、时间、地点、工具等可以在其前面直接加上"是"来实现焦点化。下面描述这些成分在兰州方言中的焦点化表达。例如：

a：尕王昨个到厂里连扳手把机子修好了。

b：*是尕王昨个到厂里连扳手把机子修好了。(焦点：施事)

确实是尕王昨个到厂里连扳手把机子修好了。

c：？尕王是昨天到厂里连扳手把机子修好了。(焦点：时间)

尕王是昨天到厂里连扳手把机子修好的。

d：？尕王昨个是到厂里连扳手把机子修好了。(焦点：地点)

尕王昨个是到厂里连扳手把机子修好的。

e：？尕王昨个到厂里是连扳手把机子修好了。(焦点：工具)

尕王昨个到厂里是连扳手把机子修好的。

f:*尕王昨个到厂里连扳手是把机子修好了。(焦点:受事)

尕王昨个到厂里连扳手真的把机子修好了。

观察以上句子中不同成分的焦点化可以看出,兰州方言无法直接将“是”加在施事、受事之前使之焦点化,必须替换成其他副词性成分,如“确实”“真的”“就是”。“是”可以加在时间、地点、工具论元之前使之焦点化,但是不能单独使用,而必须要与句末“的”配合使用更为自然。这种用于句末的“的”也有强调功能,但不是直接加在焦点成分上的,可以看作广义的强调助词(刘丹青,2008a:225)。

2)主语的焦点化方式

兰州方言中,要强调主语,一般用强调代词“那”。例如:

来往的频繁那也不好。

你那是有钱人曼,把我们瞧不起。

我那犟的很,你不叫我做啥我非要做个啥呢。

那那是生物药厂的家属楼,不是商品房。(第一个“那”是远指代词“那[lei13]”,第二个“那[la51]”是第三人称强调代词,并非同一个词的重叠。)

这里的“那”并非回指代词,因为回指代词与先行词要充当不同的句法成分并担任不同的论元。这里的“那”不担任任何一个论元,只起强化先行词的信息强度的作用,因此只是强调代词,而非回指代词。兰州方言中“那”既可强调人也可强调物,还可以强调听说者本身,此时含有戏谑意味。这里的第三人称代词处在主语之后使之焦点化,属于后加性的。

3)宾语的焦点化方式

由于动宾之间不能插入“是”,因此宾语不能被直接焦点化。普通话中用改变结构的方式处理,将宾语用“把”字提前,再加“是”使之焦点化,还可以把宾语之前的主谓短语用“的”变成一个名词性从句(石毓智,2005)。我们来对比普通话和兰州方言的情况。

我们看到了一只兔子。——(普)我们看到的是一只兔子。

——(兰)我们看着的是一个兔子。

他们早上喝了牛奶。——(普)他们早上喝的是牛奶。

——(兰)那们早上喝的(是)牛奶。

床上躺着病人。——(普)床上躺的是病人。

——(兰)床上躺的(是)病人。

观察以上三例对宾语的焦点化可以发现,普通话是将宾语之前的主谓短语用“的”变成一个名词性从句。兰州方言中,将宾语之前的主谓短语用“的”改变之后,可以有条件地省略“是”,同样也能达到对宾语的焦点化。这个限制条件即宾语的类指性,上面第一例中“是”不能删略,因为该句的宾语是有指的。后两例宾语是类指的,可以删略“是”。因此,兰州方言中,类指的宾语要焦点化时,可以不用“是”,

而仅靠名词标记"的"来完成焦点化，那么兰州方言中，"是"并不必然是所有名词性成分的焦点化标记。

以上论述表明，兰州方言中，"是"并非能够单独表达焦点的专用焦点标记。此外，兰州方言主语焦点化可以使用强调代词"那"，宾语为类指名词时可以靠名词标记"的"来完成焦点化。

除了"是"之外，普通话"连"也有强调作用，强调其后的成分，被"连"所标注的成分既有焦点性也有话题性。这一点，兰州方言与普通话一致，"连"也是常用的焦点标记。

另外，兰州方言中"把"是兼有焦点标记功能的介词，在"把XV"句式中，"把"后成分一般都充当焦点，在此基础上，"把"能替换其他有焦点标记功能的介词。

你把你的心操。

你把你在，不用送了。

那把这么个事情都做不清楚曼，再做啥呢？

我把好衣裳都没有几件子曼，还出席活动呢。

前两例是"把"在特定句式"把XV"中充当焦点标记，这种句式本身决定了"把"后的成分易成为焦点。后两例中"把"相当于"连"，是兼有焦点标记功能的介词。

(2)强调标记

普通话中，"是"加在动词短语、形容词短语之前，如"他昨天是没来""她是聪明"，用这样的方法强调事件发生的真实性或强调性质的程度之高。兰州方言中这两种表达都是不存在的，要将"是"替换成"确实""真的""就是"等副词性成分，如"那昨个确实没来""那就是聪明"。

1)动词的强调

普通话中，动词的可能式可以用"是"来强调，如"家我是回不去了"。兰州方言中动词性成分无论是否与句末的"的"搭配使用，都无法用"是"来强调，只能将"是"替换成其他副词性成分，或直接用重读动词性成分的方式来强调，如"屋里我确实回不去了"。

一些动词能带上宾语从句。普通话中要强调宾语从句的内容时，就在主语和动词之间插入"是"，如"我是说我今天迟到不是故意的""我是担心孩子听到了不好"等。兰州方言中，如果动词是述说类的，不能在主语与动词之间加入"是"，只能用重读动词的方式来强调。如果动词是心理动词，则可以在主语和动词之间加入"是"。例如：

我是怕娃娃上学不习惯。

那是考虑你中午休息的问题。

我是想着这个事情先缓一缓再说。

我妈是担心出去了不安全。

如果心理动词之后没有宾语从句，普通话中也可以前加“是”表示强调，如“我你们是了解的”“这件事大家是知道的”，这样的表达在兰州方言中也不存在，一般直接用重读形式强调。

2)形容词的强调

普通话“是”在单纯的谓语形容词之前一般是强调标记，强调性质程度之高，如“我梦话说得是好”“你这东西是好”。但是兰州方言中这样的表达是不存在的，只能将“是”替换成相应的副词性成分，或者将形容词重叠，分别出现在“是”的前后，才能够表达强调，这实际上属于同一性话题强调。例如：

那的屋里就是干净。

这个娃娃真是能干。

你这个东西好是好，但是太贵了。

你考的低是低，上个高中还是没问题。

此外，形容词之后出现“的”，有指代功能时，“是A的”属于判断句，而“受‘很’类程度词修饰的形容词短语有连续性质，不能指代事物”(石毓智2005)，普通话在这类形容词前加上“是”，与句末“的”搭配使用可以表示强调。这一点，兰州方言与普通话一致，但是兰州方言中“很”只出现在补语位置，不能用于形容词前，因此形容词只能受“特别”“比较”等词的修饰。例如：

你这么做是特别危险的。

这个娃娃还是比较乖的。

你们过去是比较单纯的。

那把我们是比较好的。(他对我们是比较好的)

普通话中形容词的重叠式也能表示连续量，可以在重叠形容词之前加“是”表示强调，如“王师傅的脸是红扑扑的”“他们是踏踏实实的”，而兰州方言不存在这样的表达。普通话中也有不与“的”搭配的“这回我是真服了”“价钱是真公道”等，兰州方言相应的表达都要将“是”替换成副词性成分。例如：

那唱的真(是)好。

你这个娃真是坏的很。

我做的确实(是)有些过了。

东西倒是好着呢，就是包装破了。

综上，“是”在兰州方言中并非能够单独表达强调的专用强调标记，“是”只能用于带宾语从句的心理动词之前表示强调，或者与“的”搭配来强调受“特别”“比较”等副词修饰的形容词，其他动词、形容词类型不能加“是”来强调。

(3)对比标记

与普通话一致，兰州方言“是”也可以用于肯定、否定对比，两种不同性质的对比，以及假设、让步、条件等句子的对比。例如：

那主要是心上受不了，不是别的。

现在是认关系不认文凭。

不是我脑子转的快，是真的没办法了。

普通话“是”和“还是”可以连接两个单句，构成选择问句，如“是来硬的还是来软的”。兰州方言中选择问一般不用“是……还是……”，只用“……（呢）吗……”，如“硬的吗软的”。因此，“是”在兰州方言中不能用于选择格式表示的对比关系。

以上对兰州方言中强调、焦点、对比三种情况中的助词“是”做了分析，也描述了其他的标记。可以发现，在兰州方言中，“是”的虚化程度更低，大多数普通话能用“是”表示强调和焦点化的语境，兰州方言都不能用“是”，而必须替换成一些副词性的成分。在能够用“是”表示强调和焦点化的个别情况中，还经常需要句末“的”的帮助才能完成。因此，兰州方言中的“是”不能算作一个虚化程度高的、专用的、适用面广的强调（焦点）助词。龙果夫（1958:28）甚至认为，在甘肃和陕西的方言中，“是”已经丧失了其强调以及标明事物之间区别的意义。

3.通过移位表达

（1）句首位置

可以将需要强调的重要信息放在句首，使之得以强调，但这种情况下，放在句首的成分已经位于常规结构之外了，前后小句之间有强制的停顿，如“三点了，已经”“这么价的娃娃吵，你怎么是”。

（2）句末位置

汉语中焦点所处的常规位置为句末，但是这个位置并不是专门放置焦点的句法位置。兰州方言中，焦点成分并非只放置在句末，还可以在动词之前。

（3）动词之前

动词之前的位置可以放置焦点，而将这一位置当作放置焦点的专用位置的语言多是SOV语言或SOV为可选语序之一的语言（刘丹青，2008a:230）。第三章第一节讨论过，兰州方言相较于普通话，具有一定的SOV特征。因此，这里考察兰州方言动词之前的位置是否为放置焦点的位置，该位置是否为专用的放置焦点的句法位置，并且主要考察以下焦点成分能否在动词前出现。

1）疑问代词

疑问代词本身是句子的重要信息，一般居于句首位置而得到强调。兰州方言中，疑问代词位置较灵活。例如：

谁一个到领导屋里拜年去呢？——领导屋里谁一个给拜年去呢？

啥能把墨水印子洗掉？——墨水印子啥能洗掉？

哪塔有修鞋的呢？——修鞋的哪塔有呢？

怎么把电脑关掉呢？——电脑怎么关掉呢？

以上例句中,疑问代词可以放在句首,也可以处在动词之前的位置上,都能够得到强调,也都是常见而自然的表达。

2)形容词补语

如果形容词补语表示动作已经得到的结果,那么在兰州方言和普通话中,这样的补语都应该出现在动词之后,才符合"动作—结果"的顺序,但是如果补语表示尚未发生动作的预期结果或者正在进行的动作以某种结果为方向,兰州方言只用"往……里"这种框式介词加在动词之前作状语。因此,可以说在兰州方言中,根据补语与动词所表示动作的时间之间先后顺序的不同,存在两种互补的动补结构。如果形容词所表示的补语时间在动作时间之前,那么作补语的形容词只能出现在动词之前作状语。例如:

你往平里躺,这么窝着不难受吗?

你往高里站,下头看不清楚。

再的也不帮忙,我就慢慢往好里做着呢。

我先往完里写,写完了再说。

前两句形容词表示说话人希望的结果,后两句形容词表示动作正朝着补语所描述的结果进行着。处在动词之前的"往A里"中的A成为全句的焦点。这在兰州方言中是最自然的表达,同样的意思几乎不使用动结式来表达。"往……里"框式介词实际也可以看作表达强调(焦点)的一种手段,只是其运用范围仅限于表示动作结果的形容词。

3)状语本身

唐正大(2013a)指出,西北方言中否定词靠近谓语核心时,容易使前置的状语得到凸显,这在本章第一节的否定部分已经有过论述和证实。兰州方言中,如果用否定词否定句子时,否定词倾向于直接处在动词之前,这样状语与中心语被否定词隔开,形式上不构成整体,而使得状语单独得到强调成为焦点。例如:

嗨你书好好的没念着,肯定不及格曼。(那你没好好念书呀,当然不及格了。)

出去到处不要说。(出去别到处说。)

兰州话里"别"多不说。(兰州话里"别"不多说。)

现在的年轻人尽心尽力的不干。(现在的年轻人不尽心尽力地干。)

需要说明的是,状语得到的强调并非通过重读手段或助词手段而获得。表面上看,这种强调是由状语位置即句法结构赋予的,实际上与结构无关。冯胜利(2009:92)指出:"句子中的定语、状语成分都是修饰成分,它们是附加在句子的基本结构之上的",它们常常可以改变句子主体结构的焦点对象,它们能够自由出现,并时常以焦点重音的身份改变自然重音的形式。状语是附加在句子基本结构上的,但却能不受句子主体结构的制约,改变焦点位置或成为焦点。这说明,状语改变自然重音形式并非结构上赋予的特征,主要是因为状语本身具有的语义信息比较重要,在脱离修饰地位之后自然得到了凸显。因此,如果状语凸显成为焦点,并不是因为其所在的句法位置,而与其自身语义相关。

根据上述几种情况可以得出结论:兰州方言动词前的位置能够放置疑问代词、框式介词、状语等焦点成分。需要注意的是,焦点成分可以放置在动词前的位置上,但是动词前放置的不一定就是焦点成分。因为以上几种焦点成分之所以充当焦点,都与自身语义信息有关,它们本身就表达重要信息,其焦点地位并非动词前的位置赋予的。也就是说,这些成分无论在什么位置都会成为焦点,只不过状语和框式介词表达的焦点属于句法常规语序所允许的成分,它们不是为了成为焦点而移至此位的。它们能够放置在动词前的位置上,只表明兰州方言动词之前的位置是一种可选的放置焦点的位置,并不能因此将动词前的位置看作能够使位于这里的成分焦点化的句法位置。

我们还可以进一步考察该位置的名词性成分,看它是作次话题还是焦点。关于这一点,徐烈炯(2002)通过一系列测试已经证实,普通话动词前的位置是话题而非焦点。下面来看兰州方言中的情况:

a.老张没办什么? b.老张没办手续。/? 老张手续没办。

a.老张办手续了吗? b.老张没办手续。/老张手续没办。

第一例问句中没出现"手续",答句中"手续"表示新信息,仍然宜放在动词之后;第二例问句中已经出现"手续",答句中"手续"不表示新信息,可以在动词前也可以在动词后。因此,兰州方言中处于主语之后、动词之前的名词性成分只能够被视为次话题,而不能看作焦点成分。

综上,兰州方言动词前的位置并不是固定专放焦点成分的句法位置,句尾仍然是常规的自然焦点位置。上面所说的几种情况只是几种常规语序之间的优先取舍,也不能算作真正的焦点移位。同时,无论是句末位置还是动词前的位置,这两种位置所出现的焦点都属于信息焦点中信息强度较弱的类别,不具有穷尽性和排他性,即不能出现对比焦点。

4.通过分裂表达

"分裂"是某些语言如英语中句子的一种结构方式,具体体现在"分裂句"这个概念中。《现代语言学词典》(2000:59)对分裂句(cleft sentence)有如下定义:

> 一个小句被分成两部分,每一部分有自己的动词……分裂句及相关的假分裂句在转换语法中受特别重视。
>
> It was John who found the key.(是约翰找到了钥匙。)
>
> It was the key that John found.(约翰找到的是钥匙。)

比如上面英语的两句中,was和found分别是两个小部分的动词。

汉语中也有类似分裂句的结构,比如"是……V的O"式。这个句式是"是"的聚焦化和谓语的名物化整合而来的,其中"是"是"话题—说明"间的标记,不是句法上的必有成分,“的”的作用在于将事件“预设化”,必须出现(张和友,2005)。刘丹青(2008a:234)进一步指出,并非所有“是”与“的”搭配构成的句式都可以看作分裂句。分裂句是焦点专用的句式,因此分裂句具有穷尽性和排他性,比如“我是昨天买的车票”,焦点“昨天”排除了其他一切非“昨天”的时间。这里需要说明一个问题,我们在前文焦点标记部分提到过,兰州方言“是”无法单独在时间、地点、工具论元之前使之焦点化,必须与句末的“的”搭配才可以实现焦点化,这里用于句末的“的”属于有强调功能的助词,整个“是……的”句式虽然也用“是”与“的”配合,并且也有强调作用,但并不像分裂句那样具有穷尽性和排他性,如“我昨天是喝白酒的”,虽然有明显的理解,但仍然有“我昨天是喝白酒的,还喝了一些啤酒”这种可能。另外,分裂句“是……V的O”中的“的”实际上是名物化标记兼定语从句标记,而“是……的”句式中的句末“的”是有强调功能的助词,因此两种句式并不一样,“是……的”句式并非表达焦点特有的句式,而分裂句是焦点专用句式。下面来看兰州方言使用分裂句表达焦点的情况。

分裂句中“是”后动词不是光杆的,前面必须加上其他修饰语,否则句子不成立。兰州方言中如果“是”后动词之前加的是时间、人称等名词,则可以用“是……V的O”式,如果“是”后出现介词短语,则以省略“是”为最自然的表达。例如:

我是昨天买下的火车票。

这是主编定的稿子。

那到张掖路买的衣裳。

昨个用凉水洗的脸。

兰州方言中,除了表示时间、地点的介词同普通话一致可以省去以外,表示工具的介词也经常省略,上面后两句还可以说成“那张掖路买下的衣裳”“昨个凉水洗下的脸”。其中名词仍然是全句的焦点所在,不需要“是”或者其他介词,只用带名词化标记兼定语标记的“的”即可以表达强调(焦点)。

上面这类结构中,“是”后的紧邻成分也可以用疑问代词提问。兰州方言中,如果疑问代词作介词宾语,那么疑问句中的“是”也以省去为最自然的表达。例如:

你(是)多会买的票?

这(是)谁定的稿子?

那到哪里买下的衣裳?

昨个用啥洗下的脸?

前面焦点部分的讨论表明,兰州方言中的“是”已经不能算作一个焦点标记。龙果夫(1958:28)甚至认为在甘肃和陕西的方言中,“是”已经丧失了其强调以及标明事物之间区别的意义。这里“是……V的O”式再次说明,兰州方言的分裂式中,“是”也不是必须出现的标记,经常受到其后成分性质的影响,如果后面出现介词短语,则“是”可以省略。因此,兰州方言中“是”虚化的程度很低,不能算作专门的焦点标记，这也就决定了它只能有条件地用于强调、焦点化等语境中，上面列出的“是”所出现的各种语境中，除了对比焦点之外，基本上能在这些语境中真正起到强调作用的是“的”（无论是句尾的或者句中的“的”），而非“是”。

（二）可以通过以上方式强调的成分

1.名词短语

兰州方言中，上述各种表达焦点的手段都可以运用于名词短语之上，使之成为承担焦点功能的单位。例如：

老王不同意（不是老李）。（可以用重读使“老王”成为焦点。）

我是夜里想着起来的。（“夜里”成为焦点成分用助词“是”表示，与句末“的”配合，也可以再重读。）

那洗了一件衣裳。（“一件衣裳”要成为焦点成分是用句尾的自然焦点位置表示，也可以再重读。）

那是昨天去下的医院。（焦点成分“昨天”用分裂式表示，也可以再重读。）

通过上述四例可以看到，前面所描述的四种表达焦点的手段可以结合使用。

2.形容词

(1)近动型形容词的强调

变化形容词属于近动型形容词，通常可以与时间副词“已经”和体标记“了”同现（张国宪，2006:99）。兰州方言中这一类形容词主要是通过重读、助词以及句尾常规焦点位置来强调。例如：

已经红给了一个礼拜的花儿基本就蔫掉了。（可以用重读“红”使之成为焦点。）

饭熟是熟了，就是难吃的很。（焦点“熟”本身需要重叠，再通过助词表示，属于同一性话题强调，也可以再重读。）

你洗下的那个衣裳干了。（“干”要成为焦点，可以通过句尾焦点位置表示，也可以再重读。）

你往清楚里说，呜呜啦啦的都是啥曼。（焦点“清楚”通过框式介词表示，放置在动词前，也可以再重读。）

变化形容词不能用分裂式来表示强调。

(2)近名型形容词的强调

近名型形容词要是指性质形容词和状态形容词。这一类形容词语法上不能带“了/着”等形态标记。兰州方言中这一类形容词可以通过重读、助词、句法位置来实现强调。例如：

红衣裳（不是灰的）。（可以通过重读“红”，使之成为焦点。）

那们有啥事了及时给人不说。（“及时”成为焦点是通过否定词隔开与动词之间的直接修饰关系，使自身语义凸显，也可以再重读。）

这个娃娃文静是文静着呢,就是反应慢些。(焦点“文静”本身需要重叠,再通过助词表示,实际上属于通过同一性话题强调,也可以再重读。)

3.动词

兰州方言中,动词主要通过重读、助词、句末焦点位置以及同一性话题实现强调。例如:

老乡走了。(“走”要成为焦点是通过句尾焦点位置表达的,也可以再重读。)

这个消息你是不是听见了。(“听见”要成为焦点,通过“是不是”作标记表达。)

我一天饭做是做呢,就是做的不好。(焦点“做”是通过同一性话题来强调的,也可以再重读。)

动词一般不用分裂结构来表达强调。

(三)焦点移位的相关句法现象

上文中已有同一性焦点的例子,即有一个被强调成分的拷贝形式。这类结构让同一成分在话题和焦点位置出现两次。兰州方言中名词、动词、形容词都可以使用这种结构来表示强调。其中,动词、形容词拷贝须要加上助词“是”,有时还可以加上助词“去”。例如:

那收拾是收拾,就是不利索。

房子大是大着呢,就是朝向不太好。

便宜去便宜着呢,东西不好着。

做饭去做着呢,就是不好吃。

名词也一样可以通过拷贝来强调,但是名词拷贝强调重叠之后,可以不加助词。例如:

那厂长是厂长,可是不管事。

眼睛眼睛看不着,牙齿牙齿也掉光了,再活啥呢。

水水那么紧张,电电动不动就停掉了。

领导领导不上班,员工员工溜须拍马,现在就成这么价的了。

不用助词的名词拷贝式,大多要求两项名词前后对举。

本节我们考察了兰州方言整句焦点、部分焦点的表达,根据焦点、强调、对比三种情况分析了兰州方言助词“是”的强调功能。我们认为在兰州方言中,“是”并非虚化程度高的、专用的、适用面广的焦点标记,句末的“的”经常与“是”配合或单独表示强调。此外,兰州方言动词前的位置能够放置疑问代词、框式介词、状语等焦点成分,但这些焦点成分充当焦点主要是因为本身的语义凸显。因此,兰州方言动词前的位置只是一种可选的放置焦点的位置,而非句法上专用的具有焦点化作用的句法位置。

第六章 兰州方言语法受藏语影响的考察

第一节 兰州方言受藏语影响的可能性

一、地理环境

距离兰州最近的藏语方言区主要使用安多方言，藏语安多方言分布在甘肃省、青海省的各藏族羌族自治州、化隆回族自治县和循化撒拉族自治县的部分地方以及四川省阿坝藏族自治州的部分地方（瞿霭堂，1981；西羲郎，2002），内部还可分为不同的土语，如牧区话、农区话、半农半牧区话以及四川道孚、炉霍方言。就目前已经掌握的材料来看，青海方言、河湟地区花儿以及临夏方言都存在与安多藏语的接触影响现象。从地理位置上看，甘南藏族自治州州府合作市距离兰州243公里，青海西宁距兰州的直线距离约220公里，是与兰州直线距离最近的省会城市，临夏市距兰州也只有160公里。地理上的接近，使兰州方言受藏语影响成为可能。

二、历史背景

据《兰州市志·民族宗教志》介绍，公元7世纪，松赞干布建立吐蕃王朝，军事势力扩展到今天的青海、甘肃地区，与唐朝发生直接的政治、经济、文化关系。至670年，唐高宗遣右威卫大将军薛仁贵为逻娑道行军大总管，率兵十万（一说五万）讨伐吐蕃，在今青海湖南为吐蕃大败，此后吐蕃连年攻唐，714年攻抵兰州，虽为唐将击败，但安史之乱开始，吐蕃伺机东侵，763年占领兰州、河州（今甘肃临夏）、鄯州（今青海乐都）、洮州（今甘肃临潭）等，陇右地区成为吐蕃属地。自此，吐蕃久居原州（今宁夏固原）、兰州之间，以牛运粮。公元8世纪到9世纪之间的100余年间，吐蕃一直是兰州乃至甘肃地区居于统治地位的民族，在这一百年间，吐蕃征服其他民族，除汉族外还有羌、吐谷浑、氐、党项等民族，吐蕃强迫被征服的民族改服装，说蕃语，强迫被征服的民族为奴，为吐蕃奴隶主服务劳作。同时，为了加强管理，吐蕃统治者杂糅蕃汉，设置节度使等统治汉族和其他民族，导致各族人口迁徙流亡，而大批吐蕃军士和随军奴役则散居各地，受汉文化影响，融入民间，逐渐与汉族和其他民族杂居融合，开始定居牧耕。吐蕃政权崩溃之后，吐蕃人多纠合为部落，至五代宋金时期，主要集中在甘青两地，其中居于兰州的共有三十六族，接受宋朝各地州县的管辖。至11世纪，兰州又先后被西夏、金国所占据，1081年宋收复兰州之后，兰州吐蕃人逐渐与汉等其他民族融为一体了（《兰州市志·民族宗教志》，2007：46–48）。

吐蕃占据兰州，也是藏族先民在兰州活动之始，几个世纪中，藏族与汉族的接触、影响是频繁而深远的。新中国成立后，藏族比较集中的兰州市永登县西北部被划分出去，成立了天祝藏族自治县，距兰州138公里。至1990年人口普查，兰州市少数民族人口中藏族居第三位，仅次于回族和满族，共2760人。如今在兰州的藏族居民多操安多方言，同时通晓汉语（《兰州市志·民族宗教志》，2007：97–100）。

三、经济因素

在漫长的历史进程中，兰州由于其地理位置，一直是中原与西北边陲、青藏高原以及欧亚的经济、文化交流通道和极为重要的贸易中心。随着陆上丝绸之路的兴起，藏区出产的青稞、牛肉、银器，以及内蒙古地区出产的牛羊马匹和奶制品，甚至是川渝地区的粮食和锦缎都汇聚到这里，使得兰州成为西北最重要的商品集散地。前文已经谈到，兰州到周围藏族聚集区的距离，最远者也没有超过300公里，按照马车每小时20公里和牛车每小时15公里的平均速度来计算，周边商旅可以在一昼夜内到达此地，这就促进了兰州与甘肃藏区的贸易往来，商客之间的交流也直接导致语言接触、渗透，甚至替代的产生。

地理上的接近，民族融合的悠久历史，以及贸易集散地的经济促动力，使得兰州方言受到藏语尤其是安多方言影响成为可能，但是，这里需要明确，语言或方言中存在的受民族语言影响的现象主要有四个类型，拿汉语方言来说：第一是直接影响，这是指方言直接拿民族语言中的用法来用；第二是思维、结构上的影响，即方言中有一些语法现象是受到民族语言结构的影响，拿汉语中的相似结构去附会民族语言的现象；第三是汉语中本来没有表达某些语法意义的形式，因为民族语言中存在这些语法形式，依照这种形式，方言自身创造出与民族语言相应的语法形式；第四是最复杂的一类，即受到民族语言影响的同时，又与汉语中本来具有的现象融合而符合汉语习惯，这种影响是一种不完全的影响。由于本人不懂藏语，本节研究的目的也并非解释兰州方言受藏语影响的轨迹，因此这里只客观描写兰州方言中受藏语影响的现象，供相关学者以及之后研究所用，而不对其接触过程做过多讨论，只做一些初步探讨。

第二节　相关研究概况

目前，对于兰州方言中受到民族语言，尤其是藏语影响的研究基本是空白的。学界所关注的藏语对汉语方言的影响主要集中在临夏方言和青海方言。如张建军(2009)是从接触史的角度关注藏语与河州(今甘肃临夏)方言的接触过程和接触类型。谢晓安、华侃、张淑敏(1996)的文章运用对比的方式分类描写了临夏方言语法中的安多藏语语法现象，共揭示了七大类对应的特点。莫超(2007)描述和讨论了临夏方言的几种程度表示方法，认为其中通过加长音长来表示程度加深的用法主要出现于临夏、临潭、迭部、河湟、岷县，甚至是兰州方言中也透露出一些痕迹，这种表示程度的方法与安多藏语、蒙古语有映射关系。仁增旺姆(1991)比较了河州方言与藏语的句子结构，主要涉及助词与语序两方面的比较，认为河州方言是由藏语的句子结构和汉语的语音、词汇结合而成的语言混合体。雒鹏(2004)将河州方言与东乡语、保安语等阿尔泰语言做了比较，认为河州方言语法的形成过程，“先是操藏缅语的民族与汉族接触融合，形成了一种具有区域性特征的‘SOV’型语言”。蒙古族进入后也使用“SOV”型语序，与之前的结构一致，进一步融合，互相影响使得今天的河州方言具有“格”的范畴。贾晞儒(2006)描述了青海方言中吸收的藏族、蒙古族、土族等少数民族的词项，他的另外一篇文章(贾晞儒，2011)则从语音、词汇、句子结构几方面分析青海方言中的语言接触痕迹。敏生智(1989)从词汇、语序、虚词等方面考察描写了青海方言中的安多方言现象，认为青海方言与安多方言既有同源成分又相互影响，而影响是主要的。扎西东珠、马岱川(1994)讨论安多藏语与河湟花儿的内在联系，从地理环境、历史背景两方面说明了河湟花儿中出现安多藏语现象的可能性，又通过对比几种虚词的用法进一步证明语言接触影响的存在。此外还有一些硕士论文也涉及包括藏语在内的民族语言对方言的影响，如马梦玲(2007)就讨论西宁方言中的“SOV”句式所体现出的类型学特点。目前的研究集中在临夏方言和青海方言，主要是因为这两种方言中有非常明显的异于汉语普通话和官话方言的特点，而这些特点都与藏语的相关特点有系统的对应关系。谢晓安、华侃、张淑敏(1996)的文章中指出，临夏市距兰州只有160公里，但临夏方言与兰州方言有十分明显的差异，这种差异主要是受到了藏语的影响。该文章做出这一判断的依据是，兰州方言“把”字句高频使用，而临夏话中没有“把”字句；兰州方言中“VO”和“OV”都是可选的语序，而临夏话中只有“OV”，没有“VO”。我们认为，首先，仅凭借两个特点就得出结论显然是证据不充分的；其次，兰州方言语法的全面描写本身有较大的空白需要弥补，学者们自然无法全面探讨兰州方言中可能存在的民族语言现象；最后，兰州方言中许多特点并非直接受到藏语的影响，而是藏语与汉语方言如临夏方言、青海方言等接触之后进一步扩展而来的，因此往往没有临夏方言或青海方言所体现的藏语现象那么突出，而是处于中间状态，这些特点都值得深入探讨。以上所介绍的研究成果能够为我们提供有力的参考，已知某种汉语方言中存在藏语现象，那么兰州方言中如果也存在相似的现象就可以类推，证明兰州方言中的该现象也是受到了藏语的影响。同时，以上研究成果中的个别结论还存在偏颇之处，通过与兰州方言对比可以发现，某些看似是受到藏语影响的现象实则广泛分布在汉语方言中，属于汉语系统的显著特征。还有个别现象，目前未见相关论文中涉及，而兰州方言中存在，通过翻阅相关藏语资料可以直接判定是受到藏语的影响，也可以为以后的研究提供材料。

第三节　兰州方言受藏语影响的现象①

一、词缀

(一)名词前缀“阿”

汉语方言中亲属称谓使用前缀“阿”属于较为普遍的现象，主要分布在我国南方的一些省市②，方言尤其是西北方言中亲属称谓前一般没有前缀“阿”，而使用这种前缀的几个西北方言，如临夏方言和青海方言，都已经被证实明显地受到了藏语的影响，藏语的亲属称谓大多都使用前缀“阿[a]”。兰州方言亲属称谓大多与普通话一致，只保留了一个“阿舅”异于其他亲属称谓，显然不属于同一个系统，因此我们认为兰州方言“阿舅”可能间接受到了藏语的影响。

(普)舅舅

(兰)阿舅

(藏) a　－　ʐaŋ

前缀　舅父

(二)后缀“收”(同音字)

兰州方言中有一个跟在动词之后构成名词的后缀“收”，表示动作的状态、动作呈现的样子，经常用于贬义、戏谑的语境中。“收”只是一个同音字，表达的意义与“接受”“接到”“取得”等意义无关，无法从汉语中找到这个词缀的来源。例如：

①本节讨论兰州方言受到藏语影响产生的语法现象，得到瞿霭堂教授的指导和帮助，瞿霭堂教授不仅对我们提出的现象加以甄别，还提供了藏语例句，在这里对他的帮助表示衷心的感谢。

②根据黄伯荣(1996:38-39)的记录，上海，安徽歙县，湖南酃县、汝城、福建厦门，广东汕头，浙江温州、宁波等地的方言中都存在亲属称谓之前用前缀“阿”的现象。

你看你那个吃收,吧唧吧唧的,让人笑话呢。(你看你吃的那个样子,吧唧吧唧的,让人笑话呢。)

你看这个人的走收,将个半蔫汉曼。(你看这个人走的样子,好像半身不遂的人。)

那喝开酒了那个喝收把人吓坏呢。(他喝起酒来那个样子把人吓坏呢。)

藏语中有一个动词后缀也表示动作方法,发音为[su],表示“方法”的意思。例如:

sa-su吃法　　　　ndʐə-shu问法

hta-su看法　　　　ȵo-su买法

根据调查,藏语这个后缀加在动词之后可以表示中性意义的方式方法,如“写法”“看法”等,也可以表示贬义色彩,指动作呈现的状态差强人意,登不上台面。兰州方言动词之后的“收”只表示后一种意义,“收”与[su]的发音接近,语义相似,因此我们认为应该是受到了藏语后缀的影响,目前尚没有学者介绍说明过这一现象。在我们的调查中发现,甘肃其他地方也有类似的后缀,如靖远。以上提到的兰州方言中异于其他西北官话方言的一个前缀和一个后缀都是西北官话中本来没有,直接将藏语中的现象拿来用的,属于本章第一节中提到的四种影响方式中的第一种影响方式。

二、虚词“给”

在普通话给予句中,动词后也可以加“给”,构成连动关系,因此动词之后加“给”属于汉语中本来就有的现象。兰州方言除给予义动词外,其他动词也可以与“给[kɯ·]”结合,动词之后的“给”有许多异于普通话的表现,这些现象都受到藏语的影响。因此兰州方言动词后的“给”属于汉语原有结构与藏语融合的产物,是比较复杂的一类影响类型。

第四章第二节我们专门讨论了兰州方言中动词之后的“给”,根据“给”与动词结合的紧密程度,以及语义内容的虚实将其分成助词和附缀两类。下面主要根据“给”所表达的语义分类考察兰州方言动词后的“给”受藏语影响的情况。

1.“给”表示动作的结果,相当于“上”

这一类“给”多用于已然或未然的环境中。用于未然环境的“给”可以出现于祈使句和陈述句,只表示动作向着某种结果进行,但不一定已经完成。藏语里表示自主完成的意思时,也使用一个来源于“给”的虚词taŋ。

(普)早上起来,先把茶泡上。

(兰)早上起来,先把茶搭给。

(藏)　naŋdi　jarlaŋ　ni,　taŋwo　tɕa　ɦilək　taŋ　zək.

直译:早上　起来　后　首先　茶　泡　助词

(普)吃完了饭赶紧把水烧上。

(兰)饭吃罢了赶紧把水烧给。

(藏) sama si ni rempa tɕhə khu taŋ zək.(吃完饭后马上烧水了。)

直译: 饭 吃 后 赶紧 水 烧 助词

2.复指动词之前的指人对象

这个“给”与藏语中的趋向助词有关,藏语中这个虚词放在对象的后面,汉语放在动词的后面,但汉语这种句子中对象前面已经有一个介词“给”,动词后面再加一个附缀“给”,与藏语的虚词对应。这是一种汉语受藏语影响后产生的混合结构。

(普)你告诉奶奶,我今天不去了。

(兰)你给奶奶说给,我今个不去了。

(藏) tɕhu ani a ɕod dʐa, ŋa deraŋ ndʑo dʑə mən.

直译: 你 奶奶 助词 说 我 今天 去 不

(普)赶紧把牛奶喂给孩子。

(兰)赶紧给娃把奶子喂给。

(藏) rempa oma ɕaji a hter ra.

直译: 马上 奶子 孩子 助词 喂 助词

三、“一个”

兰州方言中数量词“一个”用在句中可以表示量和非量,这两种用法是汉藏语中都具有的。此外,兰州方言“一个”可以用在句末,表示多种功能,这种现象受到了藏语的影响,将藏语中在句末充当语气词的“一个”用在兰州方言中。藏语中用在句末的“一个”主要表示一种随意而不确定的态度,发音为“zək”如:

(普)他是老师。

(兰)那是老师一个。

(藏) khərga figergen zək red.

直译: 他 老师 一个 是

(普)我叫了半天,他还是不去。

(兰)我叫给了半天,那还是没有去一个。

(藏) ŋi thaŋ maŋ ŋa zək we ni, kərga dawoŋ ma soŋ zək.

直译: 我 次 好多 量词 叫 了 他 还是 没 去 一个

兰州方言中,这种用在句末的“一个”主要有两种使用环境:一是判断句末尾,可以与“是”搭配表示判断以及表示前面的名词是类指的成分;二是其他句子末尾,使用的人群一般是中青年的女性,表示某种娇嗔、造作的口气(李炜,1988)。可以说,兰州方言中用在句末的“一个”来源于藏语表示随意而不确定态度的“zək”,是直接拿来用的,属于最简单的一种影响方式,但在此基础上,兰州方言的“一个”又发展出了更多的功能。

四、“不是”

兰州方言“不是”经常用于复句中，否定其前面的分句，表示“如果不是这样”“不然的话”之意。这种用法未见于其他官话方言，而藏语中却有相应的表示法，显然来源于藏语。

(普)我没吃，不然的话，你就没有吃的了。

(兰)我没吃，不是，你就没有吃的了。

(藏)　ŋa ma si，mənna，tɕho　sadʑə　med kə.

直译：我 没 吃，不然，　你　吃的　没有

(普)我不去，不然的话，你就不会来了。

(兰)我不去，不是，你就不会来了。

(藏)　ŋa mə ndʑo，mənna，tɕho joŋ dʑə ma red.

直译：我 不　去，　不然，　你　来　的　不会

这种“不是”显然也是来源于藏语，直接拿来用在兰州方言中的，属于最简单的影响方式。

五、正反问

普通话正反问的正项和反项之间不能有别的语法成分，兰州方言虽与普通话不同，却与藏语一致，正项和反项之间必须有语法成分，而且语音都拉得比较长。兰州方言语法成分是“(呢)吗”。例如：

(普)你去不去？

(兰)你去呢吗不去？

(藏)　tɕho ndʐo　ni　mə ndʐo gə?

直译：你　去　助词　不　去

(普)你抽不抽烟？

(兰)你抽烟吗不抽？

(藏)　tɕho　to　then　ni　mə　then gə?

直译：你　烟　抽　助词　不　抽

六、语序

典型的SVO语言中，宾语是挤不走的，汉语普通话中至少处置式中的宾语可以提前，因此普通话已经不是典型的SVO语言(刘丹青，2001)。第四章第一节描述了兰州方言“把XV”构式，在这种构式的基础上，兰州方言“把”在提宾功能之外还获得了强调功能，这种功能的进一步扩展使得兰州方言介词“把”能够替换其他具

有强调功能的介词,如“连”“对”“让”“比”等,因此兰州方言介词“把”可以支配的宾语类型远多于普通话介词“把”,兰州方言“把”字句可以只提宾但不表示处置意义,还可以表达处置意义之外的其他意义,这就使得兰州方言中“把”字句的使用频率大大增加。第三章第二节的讨论也证明,兰州方言语序受到了临近少数民族语言SOV语序的影响,在一定程度上已经具备了SOV语序的一些典型特征,与普通话相比,其SOV语序使用频率更高更自然。

兰州方言受周边藏语、蒙古语等少数民族语言影响,SOV语序成为一种可选的语序,主要表现在以下两个方面。

(一)宾语前置

我们选取十个调查对象共一万字语料,观察采用SOV语序的句子在十万字中所占比例。经过统计,在一万字的语料中,共包含953个小句。其中出现宾语前置的有156句,“把”字句115句,否定句18句,其他宾语前置句23句,选择SOV语序的句子占16%。例如:

(普)你有八十了吧?

(兰)你八十有了吧?

(藏) tɕho lo ɦdʑatɕə ə jod gə?

直译:你 岁数 八十 有 助词

(普)奶奶,您认识这个字儿吗?

(兰)奶奶,你这个字儿认得呢不?

(藏) ane, tɕhu jike ndə ə ɕi gə?

直译:奶奶, 你 字儿 这个 认识 吗

(二)否定词的位置

兰州方言中否定词“不”一般紧靠在谓语动词之前,藏语也一样。

(普)你不认识我。

(兰)你把我不认识。

(藏) tɕhu ŋa mə ɕi gə.

直译:你 我 不 认识

(普)你不给我盖章。

(兰)你给我章子不盖给。

(藏) tɕhu ŋa a thetsi mə ɦdʑap gə.

直译:你 我 助词 章子 不 盖 助词

否定词“没”在句中也经常紧挨在谓语动词前。也可以构成谓语动词“没有”,经常以“没有的”形式出现在句末,藏语也一样。

(普)我没给他说。

(兰)我给那没说。

(藏)　ŋi kərga　a　ma　ɕad　zək.

直译：我　他　助词　没　说　助词

(普)我再没钱了。

(兰)我再钱儿没有的。

(藏)　ŋa　a　toŋ tshe　med　gə.

直译：我 助词　钱　　没有

第四节　其他相关现象的讨论

谢晓安、华侃、张淑敏(1996)的文章比较详细全面地揭示了临夏方言中存在的安多藏语现象，为我们对比发现兰州方言中的相同相似现象提供了非常有力的参考。不过，该文中提及的一些语法现象，作者认为是受到藏语影响，但经过我们调查发现，并非来自于藏语，而来自于汉语自身。下面我们就来分析这些现象。

谢文认为临夏方言中表示假设、条件、转折、顺承的关系复句与普通话结构不同，没有配套使用的关联词，而是单用的连词，出现在前一个分句句末，有时停顿不明显，我们发现这种现象同样存在于兰州方言中。谢文认为藏语中表达假设、条件、转折、顺承关系也只在前一句末使用单个连词，因此临夏方言中相应的现象是受到了藏语的影响。为更好地分析这种观点，我们将谢文所举例句转引如下，方言例句使用兰州方言的表达。例如：

(普)那件事如果别人知道了，就不得了了。

(兰)那个事情别人知道时，不得了了。

(藏)　ɕa wa tə hde ɣə ɕ′i　s′oŋ na，ȵan　nə　ma　ret.

直译：事 情 那 别　人 知道 了　　　成　　不　　是

(普)只要不旱，庄稼就会丰收。

(兰)天不旱时，庄家讨给呢。

(藏)　t′an ba ma joŋ na tʂoŋ　ʥa　jak　ʥe ret.

直译：　　旱 没 来　　庄　稼　好　会　是

(普)想买彩电，但是没有钱。

(兰)买电视时，钱儿没有。

(藏)　ts′e den　ȵo sam ngə　ra hgor mo　me kə.

直译：彩　电　　想　买　　　钱　没　有

(普)孩子吃了饭，就去上学了。

(兰)娃娃饭吃过时，学校里去了。

（藏） ɕa ʐi ɣə sa ma se taŋ ŋe lop tʂa naŋ ŋa wə ta.

直译：孩子 饭 吃 了 学 校 里 去了

以上四句，谢文认为从前到后依次表示假设、条件、转折和顺承关系，临夏方言和兰州方言均使用“时”作为标记，放在前一分句末尾。因为藏语中在同样的格式里也使用了相应的虚词，因此谢文认为这是受藏语影响的现象。根据我们所掌握的材料，用在各个分句之后的“时”是广泛存在于汉语方言中的现象，而且上述前两句是表示假设和条件的，第三句并非表示转折，第四句也不表示顺承，两句中“时”前的成分都是话题。首先，将“时”理解为转折和顺承标记是不符合兰州方言语感的，而作者之所以将“时”看作转折和顺承标记，是由于普通话例句中有表示转折的“但是”，有表示顺承的“就”，就类推出“时”也表示转折和顺承。其次，这在结构上说不通，普通话“但是”和“就”都出现在后一分句之前，而方言里“时”则在前一分句末。

我们在第二章语气词部分详细讨论过兰州方言语气词“时”，观察其从时间名词兼有假设语气到成为假设标记最后成为话题标记的表现，上面四句完全符合这种虚化轨迹。同时，我们在其他方言中也发现了该现象，“时”作为表示假设的标记在方言中分布比较广泛，南方赣、湘、客家等方言中有，北方陕西、甘肃等地的方言中也可见。据邢向东(2002)的介绍，陕北府谷、神木、佳县等地的方言中也有类似的标记“时价”。项梦冰(1997)详细描写和分析了连城客家话的话题标记“时”。因此，这个标记是广泛存在于汉语方言中的，如果认为兰州、临夏等地的“时”是受到藏语影响而产生的还能勉强接受的话，那么赣、湘、客家语言中的相应标记也说受到藏语影响就解释不通了。因此，我们认为临夏方言和兰州方言中的“时”都不是受藏语影响而产生的，而是来自于汉语内部。

第五节 小结

本章初步探讨了兰州方言语法中存在的受到藏语影响的现象，以往研究没能注意到这些方面主要是因为兰州方言本身的描写比较欠缺，无法提供丰富的材料。通过上面的列举描写可以将兰州方言受到藏语影响的情况分成四类：第一是直接影响，即兰州方言直接拿藏语中的用法来用，比如前缀“阿”、后缀“收”、否定词“不是”都是汉语中没有，直接从藏语中拿来用的。第二是思维、结构上的影响，即兰州方言中有一些语法现象是受到藏语语言结构的影响，拿汉语中的相似结构去附会藏语的现象，如动词后附缀“给”的一些用法是将汉语中本来具有的“给”字结构与藏语趋向助词结构融合产生的混合结构。第三是汉语中本来没有表达某些语法意义的形式，因为藏语中存在这些语法形式，依照这种形式，兰州方言自身创造出与藏语相应的语法形式,比如句末语气词“一个”。汉语的数量词“一个”本身并没有语气词的功能,而藏语中可以用在句末当语气词,于是依照这种形式,兰州方言也出现了用在句末的语气词“一个”,并且发展出更多的用法。第四是最复杂的一类,即在受到藏语影响的同时,又与汉语中本来具有的现象融合而符合汉语习惯,这种影响是一种不完全的影响。上述各种语序的错配,以及兰州方言“把”字句的高频使用都属于这一类。兰州方言正是受到藏语SOV语序的影响,又无法直接将宾语无条件前置,为了符合汉语习惯,才高频使用“把”字来将宾语提前。

这里列举描写的各种影响现象只是初步的探讨,每一种现象的影响发展过程,以及方言中可能存在的更多受影响而产生的现象还没有得到深入的挖掘和揭示,这也是今后研究需要深入的方向和内容之一。

结　语

本书是对兰州方言语法的择点研究，采用描写和比较的方法研究兰州方言中一些有特色的语法现象，考察兰州方言重要的几个词类、句式、范畴，分析兰州方言句子的语序特征，也对受到藏语影响的现象做了初步的探索，既揭示了兰州方言语法与普通话语法的共性，又展现了兰州方言语法的独特面貌。通过考察兰州方言中一些有特色的语法项目，主要得到了以下一些结论。

1.词类方面

文章主要讨论指示词、副词、介词、助词、语气词等词类中有特色的成员，发现兰州方言以上这些词类中都含有不同于普通话的成员，同时一些与普通话相同的成员也存在句法功能上的差异。

兰州方言指示词“这”“那”无法直接修饰名词，必须与量词“个”结合为整体来使用，如“这*(个)衣裳”“那*(个)学生”。根据调查，兰州方言指示词“这”“那”与量词“个”结合之后能够在篇章中引出新的对象，用来回指成分，指上文所述事件；与“这个”“那个”结合的名词可以是有定的、通指的，还可以是无指的；“这个”“那个”的功能进一步扩展，可以修饰动词、形容词；“这个”可以作话题标记、定冠词。指示词与“个”结合成整体使用也得到了语音上的支持，“这个”“那个”都发生了合音现象，“这个”读为[tʂɣ^{44}]，“那个”也整体读为[nɣ^{44}]。因此，兰州方言“这”“那”已经不能对事物起指别和替代的作用，而“个”也并不表明事物的数量，它们结合成整体发生了虚化。

兰州方言常用副词、介词中有一些成员保留了近代汉语的某些用法，比如表示过去时间的副词“待”，在近代汉语中以“才待”“恰待”“恰才待”的形式使用；表示动作重复发生的副词“可”“原”在近代汉语中也已有相同的用法；“投”作为表示时间的介词在宋元清时大量使用，可以单用，也可以以“投到”“投至”的形式出现。

兰州方言的框式介词“往……里”使用频率很高，如“往完里吃”“往平里躺”“往高里站”等，与动补式相比，该框式介词更注重过程义和可控性。虽然普通话也有类似的框式介词，但普通话中该框式介词的使用限制多，出现频率低；兰州方言介词“把”可以介引的对象除了受事、与事外，还能介引施事如“把我们有啥呢，功劳是大家的”，介引比较对象如“我把你大下一轮呢”。“把”还可以表示动作方向，相当于“对”，如“校长就是把你好”。

兰州方言中有不同于普通话的助词，如“的”兼作定语、状语、补语的标记；表示完成体意义的助词除了“过”还有“下”；“上”可以作完整体和持续体的标记；“的”“到”是表示持续体的助词；表示短时尝试的意义不用动词重叠形式，而用“给(一)下/阵子”。兰州方言中与普通话一致的助词也有不同的句法表现：“了$_1$”是完整体标记，但其动态性、完整性和现实性都不如普通话的“了$_1$”，兰州方言的“了$_1$”无法与静态动词搭配，要求句中出现其他表示有界性的手段配合才可以使用。

兰州方言语气词系统的成员丰富，表达语气多样。有一些语气词普通话中不使用，如“价”“呢吗”“曼”“吵”“时”“嗨”“着”“下子的”“下的个”。还有一些语气词的用法与普通话有差异，如“呢”，兰州方言中“呢”除表示疑问语气之外，主要用于表达确定语气；普通话语气词“呢”与“吗”不联合使用，兰州方言中二者结合专门用于表达选择问和正反问。兰州方言还有专门表示虚拟语气的“时”，它是由时间名词语法化而来的。

兰州方言兼类虚词“着”功能多样，可以作结构助词、时助词、介词、体助词、语气词，兰州方言“着”最突出的特征即“泛时空性”强，因此动补结构也能加“着”表示持续，小句成分也可以加“着”成为更大句子的状语。

2.句法方面

文章选取语序、选择问句、从属小句、“把”字句、“给”字句、“了”的相关句式展开专题讨论。通过对这些句式和语序的考察，我们主要得到以下结论：

通过对简单句的考察发现，兰州方言句子的基本论元仍然主要选择SVO语序，但当动词为“来/去”时，地点宾语必须提前，动词为“住”时，宾语在动词前后语义上存在差异，一般也以前置为自然的表达；观察有修饰成分的句子中宾语前置的情况可以发现，兰州方言除疑问、否定这些容易诱发话题化的句法条件之外，当句中有尝试体标记、动补结构、连动式等成分时，宾语前置是自然的表达，句子语序表现出向SOV语序靠拢的趋势；考察兰州方言几个特殊的状语在句中的位置以及“把”字句对宾语、动词的要求可以发现，兰州方言句中有否定词、“把”字结构时，必然出现语序的错配。“把”字句成为高频使用的句式，宾语可以是无定的成分，动词可以是光杆形式。基于以上特点我们认为，兰州方言语序受到周边少数民族语言的影响，语序上表现出一些SOV的特征。

兰州方言的选择问不用连词“还是”连接前后项，而是用语气词“(呢)吗”，构成“A(呢)吗B”形式，如“你吃呢吗说呢”“你走吗不走”。经过分析，我们认为兰州方言选择问句中的“呢”是表示陈述语气的，不表示疑问，而“吗”的传疑功能明显弱化，关联性明显增强，这可以通过陈述句中“吗”的连词用法体现出来。也就是说“吗”在兰州方言中已经初步发展出了与普通话“还是”相同的关联功能。

兰州方言名词从句的标记除了与普通话相同的“一个”以及转指的“的”之外，起自指作用的“的”、无定冠词“个”以及二者结合而成的“的个”都具有取消句子独立性的作用；定语从句中，介词“给”的宾语、兼语动词“叫”“让”的宾语在关系化过程中经常删略，其他兼语动词的宾语在关系化过程中也可以删略，但需要将支配兼语成分的前后两个动词用助词“着/上”联系起来；兰州方言助词“着”“了”“时”可以充当状语标记，将小句成分整合进更大的句子中充当状语，构成状语从句。

兰州方言中有一类特殊的“把”字句，记作“把XV”。我们认为，这种句式与兰州方言“把”字句可以不表示处置意义的特征密切相关。这种句式中，动词取光杆形式，这使得“把”和提前的动词的宾语在韵律分量上超过动词，句子的焦点因此落在宾语上，“把”自然获得了焦点标记的功能，这种焦点标记功能进一步扩展之后，兰州方言介词“把”可以与其他有焦点标记功能的介词替换，如“对”“连”“比”等，当“把”替换了这些介词后，整个“把”字句就不再表示处置意义了。因此，兰州方言“把XV”句式是兰州方言“把”字句功能扩展的起点。

兰州方言给予句可以出现三个“给”，但给予句式只有一种形式，即N_1+给+N_2+V+给+N_3。我们将动词后的“给”分为两类，助词性的“给”在动词之后表示动作的结果、方向、可能等意义，附缀性的“给”与动词结合成整体，失去了词的独立性，语义上只能复指动词前的受事成分。

兰州方言除大致对应于普通话的“了$_1$”和“了$_2$”外，还有一个用于短语层面的“了$_3$”，这个“了$_3$”经常表示虚拟的条件，动态性不强，失去了具体的时空性，在此基础上，“了$_3$”还扩展出了话题标记的功能。因此，与之结合的成分常常变成一种虚拟的情况，动态降低，能够进入更大的句子中充当状语。

3.表达范畴方面

文章考察了兰州方言否定、趋向、比较和焦点四个常见的表达范畴，主要有以下发现：

兰州方言否定词在句中紧挨在谓语核心之前，造成语序的错配，因此否定词的辖域不遵守“右向原则”。这种错配现象在非限定性句子中，以及状语复杂的情况下更容易发生；兰州方言中位移事件最主要通过两种格式表达，一个是起点类位移事件格式，另一个是终点类位移事件格式，其他位移事件类型一般都要转换成这两种格式表达，功能上相对规整。此外，兰州方言助词“给”也能够替换趋向补语表达位移事件；兰州方言等比句和极比句的表达方式与普通话大体一致。差比句中，兰州方言除了与普通话一致的标记“比”之外，还有“把”。“把”字构成的差比句一般要与助词搭配，表示说话人的主观态度；与普通话相比，兰州方言中的“是”虚化程度低，不是专用的、适用面广的焦点标记，经常需要句末强调语气词“的”的配合才能表达焦点。受SOV语序特征的影响，兰州方言动词前的位置也能够放置焦点，但这一位置并非句法上专用的焦点位置，出现在这一位置的成分能够充当焦点主要是由自身语义决定的。因此,兰州方言动词前的位置只是焦点成分的一种可选位置。

4.藏语对兰州方言语法的影响

兰州方言受到藏语影响有地理、历史、经济等方面的原因,兰州方言常用的词缀如表示动作状态的后缀“收”直接来源于藏语;句末语气词“一个”和表示否定的“不是”也是直接将藏语中的相同词汇拿来使用;动词后的“给”,即表示动作结果的助词“给”,以及与动词紧密结合、复指动词前受事成分的附缀“给”,这两个“给”都是在受到藏语影响同时考虑汉语表达习惯而产生的;兰州方言否定词的错配现象以及宾语前置现象也都能在藏语中找到对应的表现。

参考文献

中文文献：

[1]鲍红.安徽安庆方言“着”的虚词用法[J].方言,2007(3).

[2]包萨仁.从语言接触看东乡语和临夏话的语序变化[J].西北第二民族学院学报,2006(2).

[3]北京大学中文系现代汉语教研室.现代汉语(重排本)[M].北京:商务印书馆,2014.

[4]曹广顺.祖堂集中的“底”(地)、“却”(了)、“著”[J].中国语文,1986(3).

[5]陈昌来.现代汉语介词的内部差异及其影响[J].上海师范大学学报,2002(5).

[6]陈芙.汉语方言否定范畴比较研究[D].武汉:华中师范大学,2013.

[7]陈刚.试论“着”的用法及其与英语进行式的比较[J].中国语文,1985(1).

[8]陈满华.湖南安仁方言的句段关联助词[J].中国语文,1993(3).

[9]陈满华.《汉语方言语法比较研究》评介[J].国外语言学,1996(2).

[10]陈满华.体词谓语句研究[M].北京:中国文联出版社,2008.

[11]陈满华.关于构式语法的理论取向及相关问题[J].外国语(上海外国语大学学报),2014(5).

[12]陈鹏飞.林州方言“了”的语音变体及其语义分工[J].南开语言学刊,2005(1).

[13]陈平.论现代汉语时间系统的三元结构[J].中国语文,1988(6).

[14]陈前瑞.汉语体貌研究的类型学视野[M].北京:商务印书馆,2008.

[15]陈汝立.新疆汉语方言语法述要[J].新疆师范大学学报,1992(2).

[16]陈淑梅.湖北英山方言志[M].武汉:华中师范大学出版社,1989.

[17]陈小荷.汉语口语里表“…再说”的语素“着”[A]//语言学与汉语教学[C].北京:北京语言学院出版社,1990.

[18]陈瑶.汉语方言里的方位词“头”[J].方言,2003(1).

[19]陈月明.时间副词“在”与“着”[J].汉语学习,1999(4).

[20]陈泽平.福州话的否定词与反复疑问句[J].方言1998(1).

[21]陈治文.元代有指物名词加“每”的说法[J].中国语文,1988(1).

[22]崔维真.跟语序有关的不对称现象专题研究[D].上海:上海师范大学,2013.

[23]崔振华.益阳方言研究[M].长沙:湖南教育出版社,1998.

[24]戴维·克里斯特尔.现代语言学词典.[M].第四版.沈家煊译.北京:商务印书馆,2000.

[25]戴耀晶.现代汉语表示持续体的“着”的语义分析[J].语言教学与研究,1991(2).

[26]戴耀晶.现代汉语时体系统研究[M].杭州:浙江教育出版社,1997.

[27]戴耀晶.汉语否定句的语义确定性[J].世界汉语教学,2004(1).

[28]戴耀晶.试论现代汉语的否定范畴[J].语言教学与研究,2007(3).

[29]邓明.兰州史话[M].兰州:甘肃文化出版社,2009.

[30]邓思颖.汉语方言受事话题句类型的参数分析[J].语言科学,2006(6).

[31]邓云华.汉语联合短语的类型和共性研究[D].长沙:湖南师范大学,2004.

[32]董思聪.语缀问题研究综述[J].现代语文,2013(3).

[33]董秀芳.宾语提前的话题结构的语义限制[J].汉语学报,2006(1).

[34]都兴宙.西宁方言中的虚词“着”辨异[J].青海民族学院学报,1993(2).

[35]段业辉,张怡春.论现代汉语并列结构内部构造的紧凑[J].暨南学报,2006(6).

[36]方霁.现代汉语祈使句的语用研究(上)[J].语文研究,1999(4).

[37]方霁.现代汉语祈使句的语用研究(下)[J].语文研究,2000(1).

[38]方梅.从“V着”看汉语不完全体的功能特征[A]//语法研究和探索[C].北京:商务印书馆,2000.

[39]方梅.指示词“这”和“那”在北京话中的语法化[J].中国语文,2002(4).

[40]方绪军.“V向……”和“V往……”[J].语言教学与研究,2004(2).

[41]房玉清.实用汉语语法.[M].第二次修订本.北京:北京语言大学出版社,2008.

[42]费元春.说“着”[J].语文研究,1992(2).

[43]冯胜利.汉语韵律句法学[M].上海:上海教育出版社,2000:103.

[44]冯胜利.汉语的韵律、词法与句法[M].北京:北京大学出版社,1997:88-93.

[45]甘振业.兰州方言语音生成方法研究[D].兰州:西北师范大学,2007.

[46]高葆泰.兰州音系略说[J].方言,1980(3).

［47］高葆泰．兰州人学习普通话的正音问题［J］．宁夏大学学报，1980(3).

［48］高葆泰．兰州音变略说［J］．宁夏大学学报，1983(3).

［49］高葆泰．兰州语音和北京语音的对应规律（上）［J］．社会科学，1983(4).

［50］高葆泰．兰州语音和北京语音的对应规律（下）［J］．社会科学，1983(5).

［51］高葆泰．兰州方言的叠音名词［J］．宁夏大学学报，1984(4).

［52］高葆泰．兰州方言音系［M］．兰州：甘肃人民出版社，1985.

［53］高本汉．中国音韵学研究［M］．赵元任，罗常培，李方桂译．北京：商务印书馆，1940.

［54］高田时雄．古代西北方言的下位变体［J］．史淑琴译．敦煌研究，2013(2).

［55］高名凯．汉语语法论［M］．北京:商务印书馆，1986.

［56］高晓红．助词“了”在山东方言中的对应形式及相关问题［J］．语言科学，2010(2).

［57］龚千炎．汉语的时相、时制、时态［M］．北京：商务印书馆，1995.

［58］谷向伟．河南林州方言的“动”和“动了”［J］．方言，2007(2).

［59］郭风岚．论副词“在”与“正”的语义特征［J］．语言教学与研究，1998(2).

［60］郭慧．宁武方言三区话的“给”［J］．山西农业大学学报，2010(2).

［61］郭芹纳．近代汉语中的时间词语［J］．语言研究，1995(2).

［62］郭芹纳．“这搭、那搭、哪搭、兀搭”疏证——关中方言词语疏证之二［J］．陕西师范大学大学学报，2001(4).

［63］郭锐．汉语动词的过程结构［J］．中国语文，1993(6).

［64］郭玮，董印其．新疆汉语方言形容词结构方式特点分析［J］．新疆大学学报，2007(1).

［65］郭云婷．语言接触视角下阿尔泰语系诸语言对新疆汉语方言的影响——以典型句式“V+走/开”为例［D］．武汉：华中师范大学，2013.

［66］郭志良．时间副词“正”“正在”和“在”的分布情况［J］．世界汉语教学，1991(3).

［67］郭志良．时间副词“正”“正在”和“在”的分布情况（续）［J］．世界汉语教学，1992(2).

［68］何春燕．语用否定的类型及使用动机［J］．解放军外国语学院学报，2002(3).

［69］何天祥．兰州方言里的叠字［J］．兰州大学学报，1984(1).

［70］何天翔．兰州方言里的第三人称代词［J］．兰州大学学报，1986(2).

［71］何天翔．兰州方言里的“上”与“下”［J］．兰州大学学报，1987(4).

［72］何文彬．论语气助词“了”的主观性［J］．语言研究，2013(1).

［73］贺阳．试论汉语书面语的语气系统［J］．中国人民大学学报，1992(5).

[74]何元建.现代汉语比较句式的句法研究[J].汉语学习,2010(5).

[75]黑维强.陕北方言助词“也[ia]是的”[J].语文研究,2007(3).

[76]黑维强.陕北绥德方言的指示代词[J].汉语学报,2011(1).

[77]洪波.“给”字的语法化[J].南开语言学刊,2004(2).

[78]胡建华.汉语长距离反身代词化的句法研究[J].当代语言学,1998(3).

[79]胡明扬.北京话的语气助词和叹词(上)[J].中国语文,1981(5).

[80]胡明扬.北京话的语气助词和叹词(下)[J].中国语文,1981(6).

[81]胡明扬.语气助词的语气意义[J].汉语学习,1988(6).

[82]胡裕树.现代汉语(重订本)[M].上海:上海教育出版社,2011.

[83]黄伯荣.汉语方言语法类编[M].青岛:青岛出版社,1996.

[84]黄伯荣,廖旭东.现代汉语.[M].增订5版,北京:高等教育出版社,2011.

[85]黄伯荣,赵浚.兰州方言概说[J].西北师大学报,1960(1).

[86]黄国营.“吗”字句用法初探[J].语言研究,1986(2).

[87]黄正德.从“他的老师当得好”谈起[J].语言科学,2008(3).

[88]贾莹.兰州方言“V给3”结构性质讨论[A]//西北语言与文化研究(第一辑)[C].上海:华东师范大学出版社,2013.

[89]贾晞儒.语言接触中的汉语青海方言词[J].青海民族学院学报,2006(2).

[90]贾晞儒.语言接触影响与汉语青海方言[J].青海民族学院学报,2011(4).

[91]江蓝生.时间词“时”和“后”的语法化[J].中国语文,2002(4).

[92]江蓝生.跨层非短语结构“的话”的词汇化[J].中国语文,2004(5).

[93]蒋平.零形回指现象考察[J].汉语学习,2004(3).

[94]蒋绍愚.把字句略论——兼论功能扩展[J].中国语文,1997(4).

[95]蒋绍愚.动态助词“着”的形成过程[J].周口师范学院学报,2006(1).

[96]金立鑫,杜家俊.“就”与“才”主观量对比研究[J].语言科学,2014(2).

[97]金立鑫.成分的定位和状语的顺序[J].汉语学习,1988(1).

[98]金立鑫.试论“了”的时体特征[J].语言教学与研究,1998(1).

[99]金立鑫.“S了”的时体意义及其句法条件[J].语言教学与研究,2003(2).

[100]柯理思.西北方言的惯常性行为标记“呢”[J].咸阳师范学院学报,2009(3).

[101]柯蔚南.中古到现代西北方言的发展[A]//西北语言与文化研究(第一辑)[C].张建军译.上海:华东师范大学出版社,2013.

[102]兰大中文系语言研究小组.兰州方言[J].兰州大学学报,1963(2).

[103]兰州大学中文系临夏方言调查研究组.临夏方言[M].兰州:兰州大学出版社,1996.

[104]兰州市地方志编纂委员会(民族宗教志编纂委员会).兰州市志·民族宗

教志第四十二卷[M].兰州:兰州大学出版社,2007.

[105]兰宾汉.西安方言语法调查研究[M].北京:中华书局,2011.

[106]雷汉卿.河西宝卷所反映的西北方言浅说[A]//汉语史研究集刊(第五辑)[C].成都:巴蜀书社,2002.

[107]雷汉卿.西北方言词语在近代俗语词考释中的价值略论——以《金瓶梅词话》《醒世姻缘传》和《聊斋俚曲集》为例[J].西北民族研究,2005(3).

[108]雷汉卿.青海乐都话中“们”的用法探索[J].重庆大学学报社会科学版,2008(2).

[109]黎天睦.论“着”的核心意义.功能主义与汉语语法[M].北京:北京语言学院出版社,1994.

[110]李宝伦,潘海华,徐烈炯.对焦点敏感的结构及焦点的语义解释(上)[J].当代语言学,2003(1).

[111]李宝伦,潘海华,徐烈炯.对焦点敏感的结构及焦点的语义解释(下)[J].当代语言学,2003(2).

[112]李得军.靖远方言介词初探[D].兰州:西北师范大学,2013.

[113]李杰.试论现代汉语语气副词状语的信息功能[J].新疆大学学报,2005(2).

[114]李蓝.贵州大方话中的“到”和“起”[J].中国语文,1998(2).

[115]李蓝.现代汉语方言差比句的语序类型[J].方言,2003(3).

[116]李蓝.“着”字式被动句的共时分布与类型差异[J].中国方言学报,2006(1).

[117]李蓝,曹茜蕾.汉语方言中的处置式和把字句(上)[J].方言,2013(1).

[118]李蓝,曹茜蕾.汉语方言中的处置式和把字句(下)[J].方言,2013(2).

[119]李讷,石毓智.论汉语体标记诞生的机制[J].中国语文,1997(2).

[120]李倩.宁夏中宁方言的虚词“着”[J].语文研究,1997(4).

[121]李巧兰.汉语方言中儿化增音现象的成因探讨———以河北方言为例[J].唐山学院学报,2012(4).

[122]李树俨.中宁方言的语法特点[J].宁夏大学学报,1987(4).

[123]李炜.兰州方言给予句中的“给”——兼谈句子给予义的表达[J].兰州大学学报,1987(3).

[124]李炜.兰州方言的两种“一个”句[J].宁夏大学学报,1988(2).

[125]李维琦.祁阳方言研究[M].长沙:湖南教育出版社,1998.

[126]李向农,张军.“V着V”结构的意义关系及结构中“V”的语义特征分析[J].华中师范大学学报(人文社会科学版),2001(3).

[127]李向农,余敏.状位“往/向”差异性考察[J].汉语学报,2013(3).

[128]李小平. 河北方言中的语气助词“着”[J]. 河北师范大学学报,2014(3).

[129]李映忠.《兰州方言志》名词理趣探微[J]. 牡丹江师范学院学报,2010(4).

[130]李志忠. 北疆方言特色虚词“给”书证[J]. 喀什师范学院学报,2005(5).

[131]李作南,李树新. 呼和浩特汉语方言中常见的构词词缀[J]. 内蒙古大学学报,1986(3).

[132]梁青青. 兰州方言的声学特征分析和语音合成的研究[D]. 兰州:西北师范大学,2010.

[133]刘成德. 兰州方言词语保存古语举例[J]. 甘肃教育学院学报,1996(1).

[134]刘春卉. 河南确山方言中“给”的语法化机制考察[J]. 语言研究,2009(1).

[135]刘丹青. 吴语的句法类型特点[J]. 方言,2001(4).

[136]刘丹青. 语序类型学与介词理论[M]. 北京:商务印书馆,2003.

[137]刘丹青. 试谈汉语方言语法调查框架的现代化[A]// 汉语方言语法研究和探索——首届国际汉语方言语法学术研讨会论文集[C]. 哈尔滨:黑龙江人民出版社,2003.

[138]刘丹青. 汉语关系从句标记类型初探[J]. 中国语文,2005(1).

[139]刘丹青. 汉语方言语法调查研究的三种模式[J]. 中国方言学报,2006(1).

[140]刘丹青. 语法调查研究手册[M]. 上海:上海教育出版社,2008.

[141]刘丹青. 汉语名词性短语的句法类型特征[J]. 中国语文,2008(1).

[142]刘丹青. 语法化理论与汉语方言语法研究[J]. 方言,2009(2).

[143]刘丹青,唐正大. 方言语法调查问卷(稿),中国社会科学院,2003.

[144]刘公望. 兰州方言里的“给给”[J]. 中国语文,1986(3).

[145]刘公望. 兰州方言语气助词“一个”的分布及来源[A]// 汉语助词论[C]. 北京:民族出版社,1994.

[146]刘光明,储泽祥,陈青松.“单音节动词+往”里“往”的语法化[J]. 古汉语研究,2006(2).

[147]刘凯.“花儿”中的方言语法结构及一些虚词使用简题的探讨[J]. 青海师范学院学报,1982(4).

[148]刘宁生. 论“着”及其两个相关的动态范畴[J]. 语言研究,1985(2).

[149]刘瑞明. 晋语前缀“日”的几个问题[J]. 语言研究,2001(4).

[150]柳修五. 读《甘语举例》后[J]. 新光,1949(11).

[151]刘勋宁. 现代汉语句尾“了”的来源[J]. 方言,1985(2).

[152]刘勋宁. 现代汉语句尾“了”的语法意义及其与词尾“了”的联系[J]. 世界汉语教学,1990(2).

[153]刘勋宁. 现代汉语的句子构造与词尾“了”的语法位置[J]. 语言教学与研究,1999(3).

[154]刘勋宁.现代汉语句尾“了”的语法意义及其解说[J].世界汉语教学,2002(3).

[155]刘育林.陕北方言略说[J].方言,1988(4).

[156]刘月华.状语与补语的比较[J].语言教学与研究,1982(2).

[157]刘月华.动态助词“过$_2$、过$_1$、了$_1$”用法比较[J].语文研究,1988(1).

[158]刘月华,潘文娱,故韡.实用现代汉语语法[M].北京:商务印书馆,2004.

[159]龙果夫.现代汉语语法研究[M].郑祖庆译.王力,吕叔湘,邵荣芬,等校.北京:中国社会科学出版社,1958.

[160]雒鹏.一种只有两个声调的汉语方言——兰州红古话声韵调[J].西北师大学报,1999 (6).

[161]雒鹏.甘肃汉语方言声韵调及特点[J].西北师大学报,2001(2).

[162]雒鹏.河州话语法——语言接触的结果[J].西北师大学报,2004(4).

[163]雒鹏.甘肃方言第三人称代词[J].西北师大学报,2006(1).

[164]雒鹏.甘肃汉语方言研究现状和分区[J].甘肃高师学报,2007(4).

[165]雒鹏,邵云英,张艺玮.甘肃方言人称代词初探[J].丝绸之路,2013(22).

[166]雒鹏年.甘肃方言几类实词中存在的一些语法现象[J].西北师大学报,1997(1).

[167]罗自群.现代汉语方言持续标记的比较研究[D].北京:中国社会科学院,2003.

[168]罗自群.现代汉语方言持续标记的类型[J].语言研究,2004(1).

[169]罗自群.现代汉语方言表示持续意义的“住”[J].中国语文,2005(2).

[170]陆俭明,马真.现代汉语副词散论[M].北京:北京大学出版社,1985.

[171]陆俭明,马真.形容词作结果补语情况考察[J].汉语学习,1996(1).

[172]陆镜光,张惠英.汉藏系语言和汉语方言称谓词的比较[J].语言研究,2001(4).

[173]吕叔湘.释《景德传灯录》中“在”“着”二助词[A]// 中国文化研究所集刊(第一卷)[C].北京:商务印书馆,1941.

[174]吕叔湘.汉语语法分析问题[M].北京:商务印书馆,1979.

[175]吕叔湘.中国文法要略[M].北京:商务印书馆,1982.

[176]吕叔湘.疑问·否定·肯定[J].中国语文,1985(4).

[177]吕叔湘.汉语语法论文集(增订本)[M].北京:商务印书馆,1999.

[178]吕叔湘.现代汉语八百词(增订本)[M].北京:商务印书馆,1999.

[179]马梦玲.西宁方言SOV句式类型学特点初探[D].南京:南京师范大学,2007.

[180]马敏.浅析新疆汉语方言中“把”字句的泛化及其原因[J].伊犁师范学院

学报,2011(2).

［181］马企平.临夏方言语法初探［J］.兰州学刊,1984(1).

［182］马树钧.河州话代词说略［J］.中央民族学院学报,1988(1).

［183］马伟.试探河州话的产生基础［J］.青海民族研究,1997(2).

［184］马文忠.大同方言语助词“着”［J］.中国语文,1992(1).

［185］马学恭.固原话否定词语札记［J］.固原师专学报,1981(1).

［186］毛玉玲.云南方言语法特点［J］.玉溪师专学报,1987(1).

［187］梅祖麟.关于近代汉语指代词［J］.中国语文,1986(6).

［188］梅祖麟.汉语方言里虚词“著”字三种用法的来源［J］.中国语言学报,1988(3).

［189］梅祖麟.梅祖麟语言学论文集［M］.北京:商务印书馆,2000.

［190］孟庆泰,罗福腾.淄川方言志［M］.北京:语文出版社,1994.

［191］米娜.天水方言语法研究［D］.兰州:兰州大学,2012.

［192］敏生智.汉语青海方言与藏语安多方言［J］.青海民族学院学报,1989(3).

［193］莫超.也谈兰州及周边方言的“们3”［J］.语言科学,2004(6).

［194］莫超.元曲与甘肃方言［A］// 中国古代小说戏剧研究丛刊(第二辑)［C］.兰州:甘肃教育出版社,2004.

［195］莫超.白龙江流域汉语方言语法研究［M］.北京:中国社会科学出版社,2004.

［196］莫超.白龙江流域汉语方言的介词［J］.甘肃高师学报,2004(3).

［197］莫超.“动宾短语+开/起”西北方言补例［J］.中国语文,2005(2).

［198］莫超.甘肃临夏方言的程度表示法［J］.西北成人教育学报,2007(4).

［199］莫超.甘肃汉语方言语法特点综述［J］.西北成人教育学报,2009(2).

［200］莫超.近代西北方志方言文献中的“语助词”［J］.甘肃高师学报,2012(6).

［201］牛保义.“把”字句语义建构的动因研究［J］.现代外语,2008(2).

［202］潘国英.现代汉语状语语序研究［D］.华东师范大学,2010.

［203］潘海华,陆烁.从“他的老师当得好”看句法中重新分析的必要性［J］.语言研究,2011(2).

［204］潘家懿.交城方言的语法特点［J］.语文研究,1981(1).

［205］潘家懿.临汾方言的语法特点［J］.山西师大学报,1987(4).

［206］彭锦维.现代汉语受事前置句研究［D］.北京:北京语言大学,2005.

［207］彭兰玉,吴启主.论汉语方言语法的研究［J］.湖南师范大学社会科学学报,2002(5).

［208］彭清深,张祖煦.西北地区汉语方言之纵向考察［J］.西北民族学院学报,2000(4).

[209]齐沪扬,王爱红.形容词性短语与形容词的功能比较[J].汉语学习,2001(2).

[210]乔全生.洪洞方言“着”的共时研究[J].语言研究,1989(1).

[211]秦洪武.第三人称代词在深层回指中的应用分析[J].当代语言学,2001(1).

[212]瞿霭堂.藏族的语言和文字[J].中国藏学,1992(3).

[213]瞿霭堂.论汉藏语言的虚词[J].民族语文,1995(6).

[214]瞿霭堂.汉藏语言研究的理论问题[J].汉字文化,1996(6).

[215]瞿霭堂,金效静.藏语方言的研究方法[J].西南民族学院学报,1981(3).

[216]瞿霭堂,劲松.汉藏语言研究的理论和方法[J].语言研究,2000(2).

[217]饶宏泉.汉语方言三种体标记的共用分布与特征互动[J].语言研究,2011(3).

[218]任碧生.西宁方言的前置宾语句[J].方言,2004(4).

[219]任永辉.关中方言的比较句[J].咸阳师范学院学报,2009(3).

[220]任永辉.宝鸡方言的“给”字句[J].咸阳师范学院学报,2010(3).

[221]邵敬敏.“比”字句的替换规律刍议[J].中国语文,1990(6).

[222]邵敬敏.现代汉语通论(第2版)[M].上海:上海教育出版社,2007.

[223]邵敬敏,赵春利.“致使把字句”和“省隐被字句”及其语用解释[J].汉语学习,2005(4).

[224]邵敬敏,周娟.汉语方言正反问的类型学比较[J].暨南学报,2007(2).

[225]邵则遂.天门方言研究[M].武汉:华中师范大学出版社,1991.

[226]沈家煊.语法化研究综观[J].外语教学与研究,1994(4).

[227]沈家煊.不对称和标记论[M].南昌:江西教育出版社,1999.

[228]沈家煊.复句三域“行、知、言”[J].中国语文,2003(3).

[229]沈家煊.现代汉语“动补结构”的类型学考察[J].世界汉语教学,2003(3).

[230]沈明.太原话的“给”字句[J].方言,2002(2).

[231]沈文玉.包头方言中若干虚词的用法[J].包头师专学报,1983(2).

[232]施春宏.动结式形成过程中配位方式的演变[J].中国语文,2004(6).

[233]施春宏.动结式论元结构的整合过程及相关问题[J].世界汉语教学,2005(1).

[234]施春宏.汉语动结式的句法语义研究[M].北京:北京语言大学出版社,2008.

[235]施春宏.动词拷贝句句式构造和句式意义的互动关系[J].中国语文,2010(2).

[236]施春宏.从句式群看“把”字句及相关句式的语法意义[J].世界汉语教

学,2010(3).

[237]施关淦."给"的词性及与此相关的某些语法现象[J].语文研究,1981(2).

[238]施其生.汉语方言里的"使然"与"非使然"[J].中国语文,2006(4).

[239]施其生.闽南方言表实现体貌的"了"[J].语言科学,2014(3).

[240]石毓智.现代汉语的否定性成分[J].语言研究,1989(2).

[241]石毓智.论现代汉语的体范畴[J].中国社会科学,1992(2).

[242]石毓智.表物体形状的量词的认知基础[J].语言教学与研究,2001(1).

[243]石毓智.现代汉语语法系统的建立——动补结构的产生及其影响[M].北京:北京语言大学出版社,2003.

[244]石毓智.汉语研究的类型学视野[M].南昌:江西教育出版社,2004.

[245]石毓智.论判断、焦点、强调与对比之关系——"是"的语法功能和使用条件[J].语言研究,2005(4).

[246]石毓智.汉语方言中动词重叠的语法意义和功能的差别[J].汉语学报,2007(4).

[247]石毓智.汉语方言语序变化的两种动因及其性质差异[J].民族语文,2008(6).

[248]石毓智.汉语方言中被动式和处置式的复合标记[J].广西师范大学学报,2008(2).

[249]石毓智,刘春卉.汉语方言处置式的代词回指现象及其历史来源[J].语言研究,2008(3).

[250]史秀菊.山西晋语区与官话区人称代词之比较[J].晋中学院学报,2010(4).

[251]宋金兰.甘青汉语选择问句的特点[J].民族语文,1993(1).

[252]宋金兰.汉藏语选择问句的历史演变及类型分布[J].民族语文,1996(1).

[253]宋文辉.现代汉语两类双及物动结式的配位方式[J].世界汉语教学,2006(4).

[254]宋秀令.汾阳方言中的"的"[J].语文研究,1988(2).

[255]宋玉柱.连谓结构,还是偏正结构[J].逻辑与语法学习,1984(2).

[256]苏丹洁,陆俭明."构式—语块"句法分析法和教学法[J].世界汉语教学,2010(4).

[257]苏丹洁.构式—语块教学法的实质——以兼语句教学及实验为例[J].语言教学与研究,2011(2).

[258]孙朝奋.再论助词"着"的用法及其来源[J].中国语文,1997(2).

[259]孙利萍.北方方言中表可能的"了"的历时演变[J].华侨大学学报,2008(2).

[260]孙立新.关中方言的"个"[A]//汉语方言语法研究——第二届国际汉语方言语法学术研讨会论文集[C].武汉:华中师范大学出版社,2004.

[261]孙立新.户县方言的"给"字句[J].南开语言学刊,2007(1).

[262]孙立新.关于户县方言"着"字的补充讨论[J].宝鸡文理学院学报,2011(4).

[263]孙汝建.语气和口气研究[M].北京:中国文联出版社,1999.

[264]孙汝建.句末语气词的四种语用功能[J].南通大学学报,2005(2).

[265]孙锡信.元代指物名词后加"们(每)"的由来[J].中国语文,1990(4).

[266]太田辰夫.中国语历史文法[M].蒋绍愚,徐昌华译.北京:北京大学出版社,1987.

[267]唐正大.关中方言第三人称指称形式的类型学研究[J].方言,2005(2).

[268]唐正大.与关系从句有关的三条语序类型原则[J].中国语文,2006(5).

[269]唐正大.关系化对象与关系从句的位置——基于真实语料和类型分析[J].当代语言学,2007(2).

[270]唐正大.关中永寿话的关系从句类型[J].方言 ,2008(3).

[271]唐正大.关中方言趋向表达的句法语义类型[J].语言科学,2008(2).

[272]唐正大.关中方言否定结构——兼谈西北方言中否定与状语的辖域[A]//语言研究集刊(第十一辑)[C].上海:上海辞书出版社,2013.

[273]唐正大.关中(永寿)方言的完成体[J].咸阳师范学院学报,2013(3).

[274]童树荣.间接言语行为[J].浙江大学学报(社会科学版),1991(1).

[275]汪国胜.湖北大冶方言的比较句[J].方言,2000(3).

[276]汪化云.西北方言指代词兼第三身代词现象的再探讨[J].语言科学,2013(1).

[277]汪忠强.青海方言中几个特殊的助词[J].青海师专学报,1983(2).

[278]王丹荣.从"给"字看襄樊话的方言类型[J].襄樊学院学报,2005(6).

[279]王福堂.《汉语官话方言研究》评介[J].中国语文,2012(2).

[280]王东.河南罗山方言的"给给"[J].语文研究,2008(2).

[281]王洪钟.汉语方言普通名词的定指表达类型[J].语文研究,2008(2).

[282]王晖.山东临朐话的时间助词"着"[J].中国语文,1991(2).

[283]王景荣.新疆汉语方言的"把"字句[J].新疆大学学报,2002(1).

[284]王可峰.甘肃洮州方言成因探析[J].西北民族大学学报,2013(5).

[285]王力.汉语史稿[M].北京:中华书局,1980.

[286]王力.中国现代语法[M].北京:商务印书馆,1985.

[287]王明华.二十年来汉语句型研究[J].浙江大学学报,2001(4).

[288]王求是.孝感(孝南)话语气词"了"和"的"的连用[J].孝感学院学报,

2003(5).

[289]王群生.湖北荆沙方言[M].武汉:武汉大学出版社,1994.

[290]王森.甘肃临夏方言的两种语序[J].方言,1993(3).

[291]王森.《金瓶梅词话》中所见兰州方言词语[J].语言研究,1994(2).

[292]王森,赵小刚.兰州话音档[M].上海:上海教育出版社,1997.

[293]王森,王毅.兰州话的"V+给"句——兼及甘宁青新方言的相关句式[J].中国语文,2003(5).

[294]王世群.现代汉语框式介词研究[D].南京:南京师范大学,2013.

[295]王双成.西宁方言的差比句[J].中国语文,2009(3).

[296]王双成.西宁方言的介词类型[J].中国语文,2012(5).

[297]王文胜.浙江遂昌话的"着"[J].浙江外国语学院学报,2012(6).

[298]王曦.甘肃天水方言中的"把"字句[J].现代语文,2011(10).

[299]王志.时间副词"正"的两个句法位置[J].中国语文,1998(2).

[300]王志敬.论藏汉语同源持续体标记[J].语言研究,2007(3).

[301]魏燕.西北方言调查研究论著索引(1979—1997.6)[J].宁夏大学学报,1997(4).

[302]温端政.沂州方言中的"了$_1$""了$_2$"和"了$_3$"[J].沂州师范学院学报,2002(6).

[303]温云水.现代汉语句型与对外汉语句型教学[J].世界汉语教学,1999(3).

[304]吴福祥.也谈持续体标记"着"的来源[J].汉语史学报,2004(1).

[305]吴福祥.汉语语法化研究的当前课题[J].语言科学,2005(2).

[306]吴福祥.汉语方言里与趋向动词相关的几种语法化模式[J].方言,2010(2).

[307]吴云霞.万荣方言语法研究[M].北京:语文出版社,2009.

[308]武氏河.现代汉语语序研究[D].南京:南京师范大学,2006.

[309]武玉芳.晋北方言中的"给给"[J].山西师大学报,2012(2).

[310]伍云姬.长沙方言的动态助词[J].方言,1994(3).

[311]西義郎.藏语的方言[J].周炜译.西藏研究,2002(4).

[312]项菊.英山话的"了"字句[J].汉语学报,2006(4).

[313]项梦冰.新泉方言的"时"[J].韶关大学学报(社会科学版),1994(1).

[314]项梦冰.连城客家话语法研究[M].北京:语文出版社,1997.

[315]项梦冰.连城方言的话题句[J].语言研究,1998(1).

[316]夏俐萍.汉语方言的完成持续体标记——以"路上停着一辆车"的标记类型为例[J].汉语学报,2009(4).

[317]萧国政.武汉方言助词"左"[A]//胡明扬.汉语方言体貌论文集[C].南

京:江苏教育出版社,1996.

[318]萧国政.武汉方言"着"与"着"字句[J].方言,2000(1).

[319]肖奚强."正(在)""在"与"着"功能比较研究[J].语言研究,2002(4).

[320]肖治野,沈家煊."了$_2$"的行、知、言三域[J].中国语文,2009(6).

[321]谢留文.南昌县(蒋巷)方言的两个虚词"是"和"着"[J].中国语文,1998(2).

[322]谢自立.二十年来苏州方言研究综述[J].方言,2001(4).

[323]谢小安,华侃,张淑敏.甘肃临夏汉语方言语法中的安多藏语现象[J].中国语文,1996(4).

[324]邢福义.关于形容词短语[J].荆州师专学报,1988(1).

[325]邢福义.汉语复句研究[M].北京:商务印书馆,2001.

[326]邢福义.现代汉语.[M].修订版.北京:高等教育出版社,2011.

[327]邢向东.内蒙古西部汉语方言祈使句的常用格式和语气词[J].内蒙古大学学报,1995(2).

[328]邢向东.陕西神木话的助词"着"[J].中国语文,1997(4).

[329]邢向东.神木方言的代词[J].方言,2001(4).

[330]邢向东.神木方言研究[M].北京:中华书局,2002.

[331]邢向东.论现代汉语方言祈使语气词"着"的形成[J].方言,2004(4).

[332]邢向东.陕北晋语语法比较研究[M].北京:商务印书馆,2006.

[333]邢向东.陕北神木话的话题标记"来"和"去"及其由来[J].中国语文,2011(6).

[334]徐宝华.汉语方言大词典[M].北京:中华书局,1999.

[335]徐春兰.新疆汉语方言补语结构特征[J].新疆大学学报,2005(6).

[336]徐丹.北京话中的语法标记词"给"[J].方言,1992(1).

[337]徐丹.从北京话"V着"与西北方言"V的"的平行现象看"的"的来源[J].方言,1995(4).

[338]徐丹.汉语河州话及周边地区非指人名词的复数标记"们"[J],民族语文,2011(6).

[339]徐丹.甘肃唐汪话的语序[J].方言,2013(3).

[340]徐凤云.贵阳方言的语气助词[J].中国语言学报,1997(8).

[341]徐复岭.山东方言比较句式溯源简说[J].中国语文,1995(2).

[342]徐杰.词缀少但语缀多——汉语语法特点的重新概括[J].华中师范大学学报,2012(2).

[343]徐晶凝.语气助词的语气义及其教学探讨[J].世界汉语教学,1998(2).

[344]徐赳赳.现代汉语联想回指分析[J].中国语文,2005(3).

[345]徐烈炯.汉语是话题概念结构化语言吗?[J].中国语文,2002(5).

[346]许国萍.现代汉语差比范畴研究[M].上海:学林出版社,2007.

[347]严辰松.构式语法论要[J].解放军外国语学院学报,2006(4).

[348]闫慧.宝鸡方言语法初探[D].西安:陕西师范大学,2007.

[349]延俊荣.山西平定方言"给给"的使用条件[J].语言研究,2006(3).

[350]杨芳.枞阳方言中的虚词"着"研究[D].合肥:安徽大学,2014.

[351]杨国柱.兰州人口语中常见之"合音"[J].新西北月刊,1943,6(8).

[352]杨鸿武.一个面向言语工程的兰州方言语料库[J].西北师大学报,2009(6).

[353]杨平.副词"正"的语法意义[J].世界汉语教学,2000(2).

[354]杨永龙.汉语方言先时助词"着"的来源[J].语言研究,2002(2).

[355]杨子仪.固原话语法特点撮要[J].宁夏大学学报,1986(1).

[356]易花萍.汉语名词陈述句研究[D].上海:复旦大学,2009.

[357]易洪川.武汉话"给给他"探源及其他[J].语文建设,1988(1).

[358]一虚.甘肃汉语方言词法初探[J].西北师大学报,1994(6).

[359]游汝杰.现代汉语兼语句的句法和语义特征[J].汉语学习,2002(6).

[360]俞理明.佛经文献语言[M].成都:巴蜀书社,1993.

[361]袁毓林.现代汉语祈使句研究[M].北京:北京大学出版社,1993.

[362]袁毓林.关于认知语言学的理论思考[J].中国社会科学,1994(1).

[363]袁毓林.从焦点理论看句尾"的"的句法语义功能[J].中国语文,2003(1).

[364]岳立静.《醒世姻缘传》助词研究——兼语现代山东中西部方言助词比较[D].北京:北京语言大学,2006.

[365]扎西东珠,马岱川.试论安多藏语与河湟花儿的内在联系[J].西藏研究,1994(2).

[366]张安生.同心方言研究[M].银川:宁夏人民出版社,2000.

[367]张安生.宁夏同心话的选择性问句——兼论西北方言"X吗Y"句式的来历[J].方言,2003(1).

[368]张安生.西宁回民话的引语标记"说着""说"[J].中国语文,2007(4).

[369]张斌.现代汉语附缀研究[D].上海:上海师范大学,2013.

[370]张赪.《分类词——名词分类系统的类型》介绍[J].当代语言学,2009(3).

[371]张成材,莫超.甘肃方言特点举要[J].甘肃高师学报,2005,1(3).

[372]张成材.西宁及周边方言介词初探[J].青海师范大学学报,2006(3).

[373]张成材.甘肃方言特点举要[J].甘肃高师学报,2007,2(1).

[374]张成材.论汉语方言儿尾的表现形式和表意功能[A]//西北语言与文化研究(第一辑)[C].上海:华东师范大学出版社,2013.

[375]张成材.是助词,还是后置介词?——王双成《西宁方言的介词类型》读后[J].青海师范大学学报(哲学社会科学版),2014,36(1).

[376]张春柏.试论关于否定范围的“右向原则”[J].现代外语,1984(4).

[377]张国宪.现代汉语形容词功能与认知研究[M].北京:商务印书馆,2006.

[378]张和友.英语分裂句的来源——兼论英汉分裂句差别之因由[J].外语教学与研究(外国语文双月刊),2005(2).

[379]张恒.开封话的“给”与“给”字句[D].开封:河南大学,2007.

[380]张慧英.汉语方言代词研究[J].方言,1997(2).

[381]张慧英.汉语方言代词研究[M].北京:语文出版社,2001.

[382]张慧英.语缀现象评议[J].汉语学报,2011(4).

[383]张健,陶寰.论组合性并列连词[J].汉语学习,1993(5).

[384]张建军.河州方言语法特点说略[J].甘肃广播电视大学学报,2007(2).

[385]张建军.藏语和河州汉语方言的接触史及接触类型[J].西藏研究,2009(2).

[386]张军.藏缅语话题结构的特征与类型[J].民族语文,2012(6).

[387]张军.陕北横山话的话题标记“是”[J].语文研究,2012(3).

[388]张林林.九江话里的“着”[J].中国语文,1991(5).

[389]张邱林.陕县方言选择问句里的语气助词“曼”——兼论西北方言选择问句里的“曼”类助词[J].汉语学报,2009(2).

[390]张盛裕,张成材.陕甘宁青四省区汉语方言的分区[J].方言,1986(2).

[391]张淑敏.兰州话“着”字研究[J].社会纵横,1996(6).

[392]张淑敏.兰州方言研究概述[J].甘肃社会科学,1998(2).

[393]张树铮.山东省寿光方言的助词[J].方言,1995(1).

[394]张文轩.舌尖后音在兰州话中的分化[J].兰州大学学报,1981(1).

[395]张文轩.兰州方言中的古入声字[J].兰州学刊,1982(4).

[396]张文轩.兰州方言中的谚语,[J].兰州大学学报,1984(1).

[397]张文轩.兰州方言中的成语[J].兰州大学学报,1986(4).

[398]张文轩.兰州方言中“下”的两种读音[J],美国《中国语言学报,1988(2).

[399]张文轩.兰州方言新名词举隅[J].兰州学刊,1989(4).

[400]张文轩.兰州话中的歇后语[J].国文天地,1994(2).

[401]张文轩.兰州方言的艺术奇葩——张保和兰州快板的语言特点[J].甘肃社会科学,2002(1).

[402]张文轩.兰州方言的最早文献[J].兰州大学学报,2004(3).

[403]张文轩.兰州方言的历史演变(一)——由《方言》所见西汉方言词汇[J].甘肃高师学报,2005(4).

[404]张文轩.高本汉所记兰州声韵系统检讨[J].西北师大学报,2006(1).

[405]张文轩.《兰州市志·方言志》序跋[J].甘肃高师学报,2008(1).

[406]张文轩.兰州方言的文白异读[J].西北师大学报,2011(5).

[407]张文轩.河桥话与兰州城区话的语音异同[A]// 西北语言与文化研究(第一辑)[C].上海:华东师范大学出版社,2013.

[408]张文轩,莫超.《兰州方言词典》引论[J].方言,2008(2).

[409]张文轩,莫超.兰州方言词典[M].北京:中国社会科学出版社,2009.

[410]张谊生.现代汉语副词研究[M].上海:学林出版社,2000.

[411]张谊生.从错配到脱落:附缀“于”的零形化后果与形容词、动词的及物化[J].中国语文,2010(2).

[412]张云秋.现代汉语口气问题初探[J].汉英学习,2002(2).

[413]张子华.山西方言助词“了”及相关结构研究[D].石家庄:河北师范大学,2014.

[414]张振兴.现代汉语方言语序问题的考察[J].方言,2003(2).

[415]赵春利,石定栩.语气、情态与句子功能类型[J].外语教学与研究,2011(4).

[416]赵金铭.敦煌变文中所说的“了”和“着”[J].中国语文,1979(1).

[417]赵久湘,杨雅丽.“不敢”一词在西北方言中的祈使用法探源[J].长江师范学院学报,2014(2).

[418]赵浚.甘肃音略[J].西北师大学报,1960(5).

[419]赵浚,张文轩.兰州市志·方言志[M].兰州:兰州大学出版社,2002.

[420]郑宏.近代汉语“把”字被动句及其在现代汉语方言中的地域分布[J].西北大学学报,2012(3).

[421]郑懿德.时间副词“在”的使用条件[A]// 语法研究和探索[C].北京:北京大学出版社,1988.

[422]周磊.乌鲁木齐话“给”字句研究[J].方言,2002(1).

[423]周磊.兰银官话的分区(稿)[J].方言,2005(3).

[424]周韧.韵律的作用到底有多大[J].世界汉语教学,2012(4).

[425]周一民.名词化标记“一个”构句考察[J].汉语学习,2006(2).

[426]朱德熙.与动词“给”相关的句法问题[J].方言,1979(2).

[427]朱德熙.语法讲义[M].北京:商务印书馆,1982.

[428]朱德熙.自指和转指——汉语名词化标记“的、者、所、之”的语法功能和语义功能[J].汉语学习,1983(1).

[429]朱文夫.苏北泗洪话的“给”字句[J].阜阳师范学院学报,2009(5).

[430]朱文文.现代汉语形容词状补语序选择机制研究[D].北京:北京语言大

学,2008.

[431]朱晓亚.否定句研究概观[J].汉语学习,1992(5).

[432]朱秀兰,李巧兰.从轻动词理论角度看汉语方言中的"使感结构"[J].兰州学刊,2007(8).

[433]宗守云.汉语量词研究方法论的嬗变[J].扬州大学学报,2008(1).

[434]宗守云.晋语中的"往DV"结构[J].语言研究集刊,2014(1).

[435]宗守云,张素玲.晋语中的"往CV"结构[J].语文研究,2013(3).

外文文献:

[1]Feng S. Prosodically constrained syntactic changes in Early Archaic Chinese [J]. Journal of East Asian Linguistics, 1996, 5(4).

[2]Hashimoto O K Y. Comparative Chinese dialectal grammar : handbook for investigators[J]. Collection Des Cahiers De Linguistique Dasie Orientale, 1993.

[3]Huang C T J, Li Y H A, Li Y. The syntax of Chinese[M]. Cambridge University Press, 2009.

[4]Lakoff B G, Gao Y, Fuyi T. Ten lectures on cognitive linguistics[J]. 2007.

[5]Langacker B R, Gao Y, Thomas F. Ten lectures on cognitive grammar[J]. 2007.

附录

发音合作人信息表

（调查时间2014年2月到2014年5月）

编号	性别	年龄	方言区生活时间	职业	文化程度
001高	女	56岁	56年	营业员	高中
002郭	女	57岁	57年	工人	高中
003倪	男	57岁	57年	个体户	高中
004王	男	59岁	59年	干部	高中
005闫	男	60岁	60年	农民	初中
006马	男	61岁	41年	干部	大专
007贾	男	58岁	52年	干部	大专
008吴	男	63岁	60年	工人	中专
009贾	女	60岁	53年	干部	初中
010贾	男	63岁	50年	工人	小学
011胡	男	57岁	57年	出租司机	小学
012花	女	58岁	57年	工人	初中
013柴	男	58岁	58年	出租司机	初中